རྗེ་བཙུན་ཙོང་ཁ་པའི་རྣམ་ཐར།

起信津梁

——宗喀巴大師傳記合刊——

❖《起信津梁》譯場成員 ❖

真 如

眼睛
因感動的淚水盈滿
沿著這些字跡流轉
心念
徹底的全神貫注
任由這昂貴的承載充滿
口中
不由自主
輕輕傳誦那高潔而動人的詩篇

一道光芒
就那樣
直透心間。
千頃碧波
洗卻邪見的垢染；
絢麗光焰
照臨無信的深淵。

千番智火的燒燃
萬錘心念的冶煉

痛切鑄成
千柄寶劍！
劍輪
旋轉
碎裂
邪見的高山；
破除
從未聽聞的黑暗。
心為純淨的赤子之心所撼動的同時
多少劫業障的厚重
竟薄如蟬翼
輕如浮塵
可輕輕翻轉！

開放著的
那千重善說的白蓮
牽引著
我們宿生的善緣
吸吮著
這慰勞生死饑渴的甘露清泉
純美香甜。
不知不覺
如夏日江河般增長的
是我們的信心福善。

正如宗大師語心子言：
「憶念上師，可消除累劫的惡業」
只透過輕輕心念的動轉
神祕之手
竟以千鈞之力
一掌推開
障礙的千重黑山
你我心續的洪流
匯入了由滴滴信淚流成的
汪洋之海
高高昂起心志的風帆
遠航佛地
蓬勃向前
在永不消失的心念相續中
鑄成我們生命最最美麗的璀璨！

正如宗大師在緣起讚中說：
「願於一切生中捨生命，
光弘顯耀甚深緣起性，
住持能仁妙善之教法，
雖僅剎那亦不稍慢緩。」

大海的波浪往復連綿濤湧不斷
生生相繼永無止息的是我的祈願
穿越時空您的決斷沉洪如雷破空傳來
無論何時那都是我心中最熾烈的渴盼

願如尊者願所願：
「勝乘善知識您的名諱經劫罕遇
以此善業，願我生生世世終不捨棄
將您的足下之塵
奉為頂嚴，永作依止！

在此，我三門一切的行為
所努力的只為令您歡喜
願能因此流淌出您的心髓精要
我的存活，依靠您的甘露法語

勝乘道的主幹菩提心
正見扼要以及二次第之道
願能對此獲得無謬的定解
以精進修持您的語教作為心要。」

2019年11月10日 真如於美國敬書

起信津梁

❧——宗喀巴大師傳記合刊——❧

🌸目錄

編輯凡例

一、本書的藏文原本《起信津梁》以青海民族出版社1982年版《起信津梁》（簡稱青海本）為底本，拉薩的雪印經院版本（簡稱雪本）、四川的德格印經院版本（簡稱德格本）、青海的塔爾寺本（簡稱塔爾本）作為校本。凡漢文無法表達歧異者，概不出校。各本僅出異於青海本的部分，同青海本的部分不另說明。他本異文優於青海本則據他本修改。

另外幾個短篇《密傳寶穗》、《傳記附篇》、《清淨雪山頌》、《密傳祈請文》則是以中國藏族出版社2015年11月出版；西藏色昭佛教古籍編委會所編纂的《至尊宗喀巴大師傳記匯編》為底本進行翻譯。

二、本書所譯法相名詞，主要依據現今常見的名詞譯法為主。未見先賢譯法，或漢藏法相差異較大者，則逕從藏文直譯。

三、《起信津梁等宗喀巴大師傳記合刊》全書以敘事為主軸，中間糅合論述。為宗喀巴大師親傳弟子所寫，乃格魯派最權威的大師傳記。為能忠實傳達藏文原意，翻譯時以直譯為主，儘量保存藏文原貌。間或直譯文字在漢文語法中極難理解，方進行必要性調整。

本書中有些涉及地方方言，或特殊之佛法術語，不易理解處，以詳查相關解釋，或請益諸大善知識所得之答覆而翻譯。

四、文中編號，及上下引號等標點為原文所無，為翻譯過程加入，旨在幫助讀者易於分辨、理解正文。

五、《起信津梁》當中序文及跋文，以及每篇最後之頌文，皆為偈頌體。為使讀者見其原貌，兼能品嚐其詩韻之意涵，故並存偈頌體與散文體之翻譯方式。然克主傑大師之修辭卓越難及，許多藏文修飾之優美難以完美譯出，故偶用註解以作說明。

六、《起信津梁等宗喀巴大師傳記合刊》中之人名地名等，為六百年前之名稱，涉及藏族歷史地理，多數不易為漢地讀者所易解。書中儘量一一考證當時人物的情況、具體地理位置等等，加以註釋。註解之依據，係參考歷代藏族大德之著作，抑或歷史學家所編纂之工具書（書目詳見本書最後參考資料）。然由於時代久遠，無法查明其人其地者，則付之闕如。

七、地名之註解，亦儘量註明現今所使用之名稱與位置，故書中附上簡易之藏區地圖，以供讀者根據現今地圖，瞭解宗喀巴大師一生行跡。

八、本書附錄宗喀巴大師年表，以及當時重要人物之大事記。主要依據本書之傳記內容，並援引其他可信傳記而補充之。俾以時間軸整理全書所提及之大師生平大事，能簡明瞭解大師一生。

九、本書雖經反覆審校，然詞義舛誤，掛一漏萬之處難以避免，懇請博雅碩學，十方大德不吝斧正是幸！

導 讀

釋性景

⬥ 前言

　　在大師示寂後三十年，後藏扎什倫布寺附近的山頂上，五十七歲的一切智・僧成大師，望著東方的雪山，一陣思念之情，難以抑制，於是唱出以下歌詠：

> 「東　皚皚雪山峰頂上，白　雲朵相逐於虛空，
> 　睹　此景油然憶上師，恩　念之念之信心生。
> 　白　雲朵盤旋之東方，卓　甘丹尊勝大寺中，
> 　住　難以呼名之大寶，父　善慧稱揚父子尊。
> 　弘　兩種道次第瑜伽，極　甚深廣大佛正法。
> 　總　雪域境內具緣者，汝　依怙深恩不思議，
> 　尤　令我怠惰者僧成，心　些微趣向於教法，
> 　皆　至尊父子恩德致，恩　實為浩瀚諸父子。
> 　從　今起直至菩提間，除　至尊父子汝等外，
> 　更　不求其餘歸救處，祈　悲心鐵鉤垂攝護。
> 　恩　固難如實作酬報，然　不隨貪瞋動其心，
> 　於　執持依怙汝聖教，願　一切時中恆精勤……」

這首遙呼宗喀巴大師父子三尊的詩歌，被多少格魯弟子傳揚著，每個格魯弟子都有一個魂牽夢縈的家園，那就是宗喀巴大師父子三尊的身邊。看著東方的雪山，看著天上白雲，想著甘丹寺，念著兜率天，就像久久漂泊在他鄉的孩子，拿著父親賜予的家寶，想著回到父親身邊的憧憬。兩本《道次第》，就是大師給我們的遺囑，字字句句的叮嚀，讓我們根本忘不掉大師父子三尊那深情的教誨。

這兩本《道次第》，已經在六百年間，持教大德們一次一次傳授給弟子眾，一字一句毫無增減地傳誦。而學者也反覆地讀誦了上億、上兆次，但從未失去它的光彩，可以說就是大師父子三尊生命的延續。

從古至今多少辯論場上討論著父子三尊的學說，就是想要掌握住他們的思想，大家都會驚歎宗喀巴大師的見地是那麼獨到，賈曹傑是那麼博學，而克主傑又是那麼犀利。當問難者一開口引據大師父子三尊的論典時，立宗者馬上就把頂上的僧帽摘下來，就像大師父子三尊親臨現場般，恭敬地聆聽著。

在西藏偏遠的高山上，那渺無人煙的岩穴中，許多格魯派的修行者，在完成了顯密教典的聞思後，效學父子三尊的行踪，以閉關專修度諸晝夜。溫薩巴・善慧義成大師就是這樣將宗喀巴大師口傳的即身成佛教授，全部實證出來，驗證了大師教法中即身成佛的傳說！然而他並不是六百年來的唯一一人，在溫薩耳傳、色舉傳承、雄舉傳承，這三個大師耳傳教授的珍寶河流中，造就出了無數的成就者；即使物換星移、幾度寒暑，那文殊傳下來的耳傳教授之加持力，卻始終歷久彌新！

在北京熙熙攘攘的雍和宮，章嘉國師若必多吉，傳授宗喀巴大師傳下來的中觀正見等教法時，寫下了著名的《甚深正見道歌》——《與空性老母相見歌》。其中提到：「不見母親卻只知道名字，久久與深恩的父母失散，在奮力下突然與母親相遇，聖者龍樹其恩德浩瀚！宗喀巴大師其功德浩瀚！」在他的知名著作《宗義建立‧聖教須彌莊嚴》中又說：「賈曹一切遍智云：『若時未遇殊勝至尊師，爾時於其能斷三有根，緣起離邊中觀之正道，不能證得其中之少分。』像這樣等同印度的贍部洲六莊嚴的正理自在大師，他自己也說在沒見到宗喀巴大師之前，連離邊中觀正見的少分完全都無法證達。又說：『由以殊勝上師之善說，得於緣起離邊中觀義，如同怙主龍樹所宣說，佛護月稱以及寂天尊，同一密意如實作闡明。』這句話說明賈曹傑大師自己，由於宗喀巴大師的恩德而證達了離邊中觀義。」

而在甘肅，嘉木樣一世妙音笑大師建立了拉卜楞寺，他每年都會為僧俗大眾講授一遍《菩提道次第廣論》的教授，也特別重視上師瑜伽結合《密集瑪》的修持，他說：「如果能結合觀修方式，唸滿《密集瑪》十萬遍，宗喀巴大師就會親自現身加持。你們能唸多少就看你們的時間，但最下我要向你們乞討每天七遍的《密集瑪》！」

在蒙古一望無際的大漠荒原上，哲布尊丹巴建立了蒙古的甘丹寺，逐漸地聚集了一萬名僧眾在那裡修學，高僧輩出，後來逐漸形成了一個規模龐大的城市，即今日的烏蘭巴托。

在四川漢藏教理院，法尊法師譯筆未曾間歇，縱使身逢二戰期間，頂

著頭上的空襲警報，卻從未停下翻譯的手，法尊法師將宗喀巴大師幾部極其重要的論典都翻譯過來，對於漢人認識教法功在千秋萬世。

即便在其他教派，那些遠離「宗派、門戶偏執」，一心弘揚佛陀聖教的大德，也對於宗喀巴大師的行誼，生起虔誠的淨信。如噶舉派的大寶法王‧噶瑪巴不動金剛曾說：

「當此北方境域之佛教，大都專門奉行顛倒法，能做無誤取捨宗喀巴，日窩甘丹者前作稱讚！薩迦達波噶當桑樸等，藏地教法幾近衰微時，廣弘新興聖教宗喀巴，日窩甘丹者前作稱讚！」

薩迦派的達倉譯師慧寶，本來對宗喀巴大師所弘揚的唯識、中觀等宗義見解，提出二十七處自相矛盾，後來由於閱讀了宗喀巴大師所寫的《金鬘論》，內心大為震撼，因此寫下如下的讚頌：「即便是您年少時的心意日輪，就已可使《般若經》及《現觀莊嚴論》的蓮苑盛開，由於見到這點，我心傲慢睡蓮收起而緊閉，在深廣智慧寶庫的您尊前作祈請！

在此北方境域中，僅能通達經論文字就已很稀有，能在義理上斷除增益那就更為稀有，而能將所開示的內涵拿來修持，唯是幾近傳說般地稀有。在這三者上達到究竟的您，我至心頂禮！」

在藏地，六大寺（衛區甘丹寺、哲蚌寺、色拉寺、後藏扎什倫布寺、青海塔爾寺、甘肅拉卜楞寺）等顯教聞思僧院難計其數，其中的學僧們全心投入聞思顯教五大論，這是宗喀巴大師父子三尊訂立下來的修學制度，

透過二大車軌的教典，瞭解《般若經》顯義空性與隱義道次第。而上密院、下密院等密法講修院，則專修大師師徒所傳下來之四部密續的講說、儀軌、作法、修持。就如同克主傑大師所說那般，西起印度雜蘭達惹，東至漢地大海，宗喀巴大師的美名遍揚。其造就出如滿天星辰般精通顯密、教證圓滿的大德，代代相傳，從未間斷。

為什麼宗喀巴大師能在短短六十三年的生命中，帶給西藏甚至整個世界的佛教這麼大的影響？

這就是我們要深入學習宗喀巴大師傳記的目的。

我的恩師日常老和尚，在1988年宣講《菩提道次第廣論》的時候，就特別提到：「宗喀巴大師在十六歲的時候，也受了他師長的影響，進拉薩求學，以後一生就在拉薩，而且把西藏的佛法整個復興、整個復興。」

「經過了宗喀巴大師這樣一次徹底地改革以後，西藏的佛教如日中天，到今天已經有六百多年了。宗喀巴大師改革以前，已經是很衰頹，一下達到那個頂峰，而且能夠維持這個局面，經過很長一段時間。現在也慢慢地向下，雖然向下，但是它還保持著非常完整的內容在。」

「剛才說到宗喀巴大師，把那個完整的教法提起來了，那麼現在我們也有機會接觸到。雖然它現在已經向下了，但是的的確確把我們中國固有的東西，以及現在這個配合起來的話，我的感覺，不管我們自修也好，對佛法的前途也好，那真是前途無量、前途無量！」

常師父一生遍學漢系各宗教法，後來也學習藏系各大教派深廣教授，而師自述真正將這一切教法現為教授的關鍵，是從真正受用《菩提道次第廣論》開始，因此最後師父一心一意要傳持弘揚的，就是宗喀巴大師的圓滿教法。常師父最常告誡僧俗弟子的，就是要祈求宗喀巴大師父子三尊無上的加持！筆者自十一歲在常師父座下出家以來，每次聽到師父憶念宗喀巴大師都是如此殷切，甚至有一次在法會中，因為憶念大師父子三尊而失聲痛哭。每年到了圓根燈會，常師父總是帶著所有僧俗弟子，以最虔誠的心，認真祈求大師父子三尊親臨加持！祈願大師的圓滿教法，能夠長久住持在自他心續當中，利樂一切世間。

　　至尊具恩上師真如老師開示的《廣論・四家合註》中，提到宗喀巴大師的十五種無與倫比時說：「想到我們的師父，一提到宗喀巴大師，常常痛哭流涕、講話都講不出來，跑回他的房間去哭。我們要在外面等著，等一會兒師父又出來，眼睛還是紅的。然後講、講、講，師父又不行了，又會進去哭，才會看到到底什麼叫至誠恭敬。看師父每一次拜佛的時候，在佛堂裡頭低下去、再抬起來，我就在師父旁邊也在後面跟著拜，看了真覺得是我們虔誠的楷模。他到了佛菩薩面前，那種虔誠怎麼形容呢？就像一個小嬰兒依靠母親的那種感覺，非常非常地純潔，又像一朵花一樣，我不知道該怎麼形容，他看著佛菩薩那個眼神，純潔到讓你都忘了呼吸。我就這樣看著他，心想：這是什麼景象啊！

　　為什麼對於宗喀巴大師的深恩，師父每次都感動成那樣子？因為《廣論》上的幾句話、幾個字，救了多少人啊！那些拚命想要從輪迴中掙脫出去，想要了解什麼是離苦之道、什麼是戒、什麼是定的人，這裡面講得如

此地清晰。有的人修了二十年,一看《廣論》就放聲痛哭:『要是早看到這本書,我這二十年的光陰不至於越走越遠啊!』」

老師還說:「對於經續不分類別的這種學習情形,在傳記中都有詳細地記述。縱使印度的世親菩薩,以及藏區的布敦大師,被認為是學習圓滿究竟的量,但依舊沒有如所學習地而通達了解,所以無法與至尊宗喀巴大師相匹敵。這樣的情形就像克主傑大師在《吉祥三地頌》裡面寫的:『不以詞鬘水泡為滿足』,意指詞義如同水泡一般,不以這個而為滿足,而到達『俱胝殊勝智者難證處』,就是數不清的智者也很難證達的,那個甚深語義所標誌的內心證悟的甚深處。注意喔,學教典證達到這樣。『以極細微無垢之正理,無餘見諸法者我祈請。』對於見諸法的您啊,我祈請!這是克主傑尊者常常對宗喀巴大師作這樣至誠恭敬、極其虔誠的祈禱。」

又說:「往昔成就的善知識,有一些是自己沒有證達空性;就算是證達了,也沒有把它寫出來;就算把它寫出來,也沒有廣傳。可是宗喀巴大師卻著作了五部具足證達、顯明、廣傳三者的論著,就是有關於正見的善說。這五部論是什麼呢?《辨了義不了義善說藏論》、《中觀廣解正理大海》、《入中論善顯密意疏》、《廣論‧毘缽舍那》、《略論‧毘缽舍那》。

這一點,我聽仁波切講的時候,他也講了很多。他說:『過去在西藏沒有證空性的人是很多的;而有些人有了空性的見解,可是自己不知道他的見解是對還是不對,處在一種懷疑的狀態;還有一種人不會懷疑自己的見解,他已經證得空性了,但是講不出來。』有遇到這種狀況吧?心裡了

解、沒講出來，不知道該怎麼講。宗喀巴大師不僅他自己確信，很真實地證得空性的見解，而且能夠很清楚地幫助別人了解，為他們解釋。就像這裡講的：具足證達、顯明、廣傳三者，所以他是在見解門無與倫比的。」

宗喀巴大師的十五種無與倫比，完全概括大師的功德與恩德，理應全數列出。但顧慮到篇幅過長，以上隨舉幾例，還請讀者從恩師真如老師開示的《廣論‧四家合註》中了解。

而這本《起信津梁──宗喀巴大師傳記合刊》，是從記載大師一生事蹟的角度，來讓我們走回大師的時代，能有機會從大師的親近隨侍的角度，一睹大師其人其事。

關於宗喀巴大師的傳記

這本書的傳記都是由宗喀巴大師的大弟子所著，其中最主要的《至尊上師宗喀巴大師傳記‧起信津梁》（以下簡稱《起信津梁》）的作者，即是大師唯一心子克主傑大師。1407年克主傑大師二十三歲，見到大師的時候，大師已經是五十一歲，在往後的十二年間，跟隨在大師身邊遍學顯密教法。三世貢唐大師《清淨雪山頌釋》中說：「雖然傑仁波切語教所出生的弟子，具備善巧與成就二種功德的殊勝士夫，有如天上星星般極為繁多。但在這之中，贍洲莊嚴克主言說昊日，是具有現見一切至尊上師的共通傳記──善巧、戒嚴、賢善三者，及不共傳記──三密幻網的慧眼，在心子中最為無上。」

關於宗喀巴大師的傳記，類型非常之多，這六百年間，不斷有格魯派甚至其他教派的大德編著宗喀巴大師的傳記。而其中最根本的依據，就要追溯到宗喀巴大師的親傳弟子寫的傳記。目前能找到的有克主傑大師《起信津梁》、《宗喀巴大師密傳大海略說一滴‧寶穗》（以下簡稱《密傳寶穗》）、《具德三地頌》、《清淨雪山頌》、文殊海大師《傳記附篇》、妙音法王《至尊上師宗喀巴大師密傳祈請文》（以下簡稱《密傳祈請文》）、貢汝幢賢大師《宗喀巴大師證道歌‧善方策傳釋》、直貢梯寺說法師蔣揚喀切《八十宗喀頌》。這當中，《具德三地頌》、《密傳祈請文》、《八十宗喀頌》是偈頌體的傳記，以總攝略述的方式陳述。貢汝幢賢大師的《宗喀巴大師證道歌》，則是以大師的教法特點來講述大師的功德，不是以此生事蹟來詮述。而克主傑大師的共通、不共兩本傳記，是最為權威而完整地記錄大師一生的事蹟，文殊海大師的附篇則是在這之上的補充。繼後所有後世大德學者所著的宗喀巴大師傳記，也都是以《起信津梁》為底本而作補充的。所以後代學者有將《起信津梁》、《密傳寶穗》、《傳記附篇》、妙音法王的《密傳祈請文》，稱為四部宗喀巴大師根本傳記。

　　這當中，妙音法王的《密傳祈請文》早在2002年即已翻譯出來，成為福智僧團祈願法會的課誦。根據盛成的《宗喀巴生卒年考》一文得知，《起信津梁》一書曾於1934年於蘭州出版，由監樣監錯口譯，鄧孝廉（鄧隆）筆述，但是今日難獲其書，所以前面四本尚未見中文翻譯版本。中文方面目前能夠找到的宗喀巴大師傳記，就是周加巷法王所寫的《宗喀巴大師廣傳》，還有永津班智達所寫的《菩提道次第師師相承傳》當中宗喀巴大師的傳記。另外就是法尊法師節譯的《宗喀巴大師傳》，以及近代

修慧法師所整理的《宗喀巴大師應化因緣集》。《宗喀巴大師廣傳》與《師師相承傳》，在藏地是非常著名的傳記，格魯派三大寺在最後六年的格魯大考當中，就是以周加巷法王的《廣傳》作為考試的內容。周加巷法王是西元1840年左右的色拉寺格西，後來擔任十世與十一世達賴喇嘛的經論侍讀（經論侍讀通常都是由當代頂尖學者擔任）。他將四百多年來許多宗喀巴大師的傳記作完整地整理，可謂集大成者。但由於內容較為深廣，所以一般讀者不容易深入閱讀。

而就直接講述宗喀巴大師生平，或是前後世授記事蹟的傳記，目前筆者能直接看到原文的，就已達六十多種（詳見參考資料）。這還不包括有看到書名而未找到原本，以及如《具義讚及其自釋》這種專述大師教法殊勝特點的名著，還有各派許多大德的禮讚類詩篇。如果連同讚文計算，那就不可勝數了！在這為數眾多的大師傳記中，《起信津梁》的地位是不一樣的，它是所有大師傳的根本源頭，最能直接體現六百年前，大師住世時期的情況，而且最不共的特點是——這本傳記是由大師親自開許心子克主傑大師寫下來的。

本書最後提到，勸請著述的人名為大上座寶幢。寶幢大師從大師三十六歲捨世專修前就開始依止，而且是隨大師閉關的八位清淨侍從之一，在大師壽難閉關期間長期擔任侍者，甚至大師圓寂前還叮囑他：「你應該知道是這個情況了，要修菩提心啊！」可見寶幢大師和大師的關係是極為親近的。但是大師的傳記不是由寶幢大師寫，而是寶幢大師請克主傑大師寫，這是有理由的：因為大師曾親自開許克主傑大師寫，而且寶幢大師一定也清楚，克主傑就是傳持大師法脈的心子。

克主傑大師在撰寫大師的傳記時，特別分為共通傳記《起信津梁》，以及不共通的傳記《密傳寶穗》。這點在《密傳寶穗》最後有說明，因為大師對於自己如何親見本尊佛菩薩或是一些密法上的成就，是非常在意保密、不向外宣揚的，這點也是格魯派的傳規。依克主傑大師的描述，大師對於這點是非常嚴格的，如果不是非常具信或有特殊目的絕不會講。

在《起信津梁》中，許多處克主傑大師都提到：「然而大部分的人們確實難以理解這個道理，大師也看到我們信心和意樂普遍下劣的本性，機緣如此，所以大師也不予承認，因此我無法多加闡述。」

「關於至尊文殊的身語顯現等傳記的細節，是不能直接公開的。」

「關於在中陰現證圓滿報身，我雖能詳盡講述：『大師此生心中都已善為生起了成就它的眾因』等的理由，但由於不被開許在大眾中宣講，所以在此不作敘述。」

《密傳寶穗》最後結語時，克主傑大師提到：「這位大師的教證功德，雖然圓滿富饒，說之不盡，但是卻沒有絲毫自滿與增上慢的氣息。不僅如此，連微小的現證功德，也都藏起來而不外現，更不用說那些特別偉大的了。大師早在無量劫前，就連在夢中都已經遠離為了恭敬利養以及名聲等等而彰揚自己，不僅如此，就算那些對自己極其努力修習信心的弟子們殷重地勸請，大師也好像難以言之的樣子。」由此可見，大師對於比較不為常人理解的事蹟，是非常嚴謹的。

甘丹赤巴福稱大師的《噶當法源》中提到：有一位宗喀巴大師的弟子名叫芒康稱賢大師，他曾經與達波十難論師光明獅子一起在大眾集會中討論法義，當時稱賢大師將中觀見闡述地非常好，光明獅子問他：「你是向誰學的？」稱賢大師回答：「我是向上師仁波切（即宗喀巴大師）學習的。」「那麼宗喀巴大師是向誰學的？」「是聽文殊菩薩講的。」當時光明獅子心生不悅地說：「四處說這些過上人法的大妄語！」後來這位大德曾經一次和宗喀巴大師請教問題，大師的回答令他啞口無言，他最後也成為了大師的弟子。由此可知，對於不具信的人宣講這些，會令其生邪見、不信，進而毀謗。而對於密法上的修持，如果不善加守護律儀，而向他人誇耀，恐會成為密法修持的大障礙。這點對於我們當今的修行人，還是非常重要的指導原則。

　　還有人可能會因為《宗喀巴大師傳記》當中，有這麼多親見本尊佛菩薩的事蹟，而開始追求親見本尊的境界，或是認定自己曾經出現過的感應故事是完全無誤的。這點要特別的慎重！大師傳記數數強調，如《起信津梁》中喇嘛鄔瑪巴對於自己見到文殊的情況一直不能確定，四處尋求明師指點。《密傳寶穗》：「由於大師認為（親見無量壽佛等諸佛）這都是悟境，並不是非常的確定，所以也不認為這些境像有太大的意義。然而多登文殊海上師是一位真實無誤現見至尊文殊身相，親聞至尊文殊語教的人，至尊文殊對他說：『大師所見到的現象，並非普通的悟境，因此，要猛力地祈禱，未來會有殊勝的緣起。』多登巴的這些境像，也在大師跟前作過多次的觀察。大師還詢問了甚深的法要，大抵也都得到無誤的答覆，因此心中善為生信。」「由於大師心想，對於這些心中的境像，不必太過相信，因此至尊文殊仍然如同之前那般，對大師說：『這不是普通的心中境

像，應當猛力地祈禱，依靠他們的論著，有成就自他廣大饒益的緣起。』」大師自己在《廣論‧解脫正道》中也特別說：「大覺窩弟子吉祥阿蘭若師謂內鄔蘇巴云：『智燃，後有人問汝弟子眾，以何而為教授中心，則定答為已發神通或見本尊。然實應說於業因果漸漸決定，於所受戒清淨護持。』」

隨著時日，大師的秘密功德漸漸地為大眾所瞭解並熟悉，對大師親見文殊等本尊，也不會再生起邪見，所以後來的傳記，基本上就都把大師的秘密功德全部寫在同一本書裡了。

◈ 作者簡介

一、《起信津梁》、《密傳寶穗》、《清淨雪山頌》作者：克主傑大師

克主傑大師（格勒貝桑，西元1385-1438），第三任甘丹赤巴。生於後藏拉堆絳的多雄，其父母共有三位孩子，大師是長子，次子是第六任甘丹赤巴巴梭法幢，第三位名福祥。克主傑大師自幼即具有與眾不同的慧力，由於憶念起許多前世的情況，曾有一世生為克主天王，因此從小就被大家稱為「克主」。

七歲時出家，得名「善妙吉祥賢」。其後依止仁達瓦大師學習量學、阿毗達摩、《般若》學、中觀學、毘奈耶等，達到究竟。並從諸多上師求

得許多密法傳承。十六歲時，當代大智者博東尊勝十方到了薩迦寺破斥薩迦班智達的《理藏論》，一時無人能回答。克主傑應薩迦寺眾智者祈請，出面與博東尊勝十方辯論，將他辯得理屈詞窮，無奈說出「經部宗承許有不從因生的實事」，從此克主傑善辯的美名傳揚十方。

　　二十歲時在仁達瓦大師座下受近圓戒，然後因為仁達瓦大師的推薦，克主傑大師二十三歲時（1407年），到了色拉確頂寺拜見宗喀巴大師。師徒一見面就極為歡喜，大師親自授予能怖金剛的灌頂及口訣等。從那之後，克主傑跟隨大師遍學顯密所有教授，克主傑大師傳記當中記載：

　　「克主仁波切對至尊宗喀巴大師生起堅固不變的信心，於上師座前，完整聽受了一切佛經及釋經密意諸論的要義、一切佛及佛子所共履行的唯一大道——菩提道次第的引導耳傳教授及除障增益法，二大車軌無垢正理的難點處，與四續部相關的一切口訣。尤其在格丹尊勝林寺，經由向傑仁波切供養薈供輪等無量供養，並獻純金曼荼羅而猛烈祈求，傑仁波切於十個月當中，每天持續不斷地為他在白晝中傳授續部及諸大論的講說，夜間傳授諸生圓二次第的口訣，特別是唯由親口傳授才能了解的一切扼要。他對所授教法，一字不漏都銘記住於心，精進修持而獲得定解。

　　那時，克主仁波切向一切智宗喀巴大師獻上薈供輪等無量供品及純金曼荼羅而作祈求，宗喀巴大師即將自己的《不共密傳》及眾多密法教授向他作秘密傳授，然後說：『我今天已經為你圓滿解說了所有口訣，應該對我的密法教本中諸難點扼要作筆記，自己也去修持，如果遇到一、二位具器所化機的話，可以傳給他們。對我的顯密諸論，著作清淨釋論來解釋其

中的密意，尤其應當廣弘甚深中觀見及我的密續諸法！」如此將教法全圓託付給克主仁波切。此外，克主傑也在宗喀巴大師的心子賈曹・盛寶，以及持律師・稱幢等的座前，聽受了眾多口訣。」宗喀巴大師也曾將自己的一顆牙齒賜予克主傑，有一篇《授齒文》詳述這件事。

　　宗喀巴大師示寂後，克主傑長期住在後藏江熱寺、檔千山等處，一心修持，並撰寫了許多顯密著述。期間曾因江孜人主堅固普賢的迎請而住持吉祥輪寺，一度格魯教法的講修極其興盛。後來人主極固請來薩迦派智者絨敦釋迦勝幢，要和克主傑辯論。雙方約好了辯論的地點、日子，結果在預定辯論當天，絨敦大師由於畏懼而沒有到場，反而派了幾個弟子，聲稱克主傑的上師賈曹傑敗於絨敦大師，所以沒有必要進行這場辯論。克主傑寫了一篇頌文，將當時的情況記錄下來，並做了如下的獅子吼：「住於佛教雪山中，十萬論典鬃毛飾，正理利爪具大力，我乃唯一智者王！」張貼在吉祥輪寺大門上，就離開了該寺，在後藏僻靜處中一心專修。

　　1431年，賈曹傑來到後藏南尼寺，克主傑大師前去拜見，賈曹傑指示克主傑務必承接甘丹赤巴這個重任。於是師徒倆一起從後藏回到衛區，抵達哲蚌寺時，妙音法王為首的一切僧眾向克主傑頂禮，請求法教。到色拉寺，貢汝幢賢為首僧眾也如是恭敬頂戴。最後到了甘丹寺，由東頂上座寶幢大師親自獻上卡達，祈請克主傑升上甘丹寺法座。在如是各方祈請下，克主傑成為了守護宗喀巴大師教法的教主。在擔任甘丹赤巴八年期間，克主傑大師建立起講修五大論體制的法相學院，每年傳授一次《菩提道次第》的廣泛引導。對於宗喀巴大師弟子中不清淨的學說，也進行了校準。並迎回賈曹傑大師的舍利，將它供奉於宗喀巴大師靈塔右方；將宗喀

巴大師的靈塔，增建了純金打造的寶蓋，作為無上的孝敬。

克主傑大師在宗喀巴大師示寂後，因由極其堅固猛利的信心，一心虔誠向大師祈禱，曾感得大師五次現身為作安慰的情況。最後，由於長時憶念宗喀巴大師，一心想要回到上師身邊，便於五十四歲那年2月21日，在眾多稀有徵兆下，示寂於甘丹寺。

二、《傳記附篇》作者：文殊海大師

文殊海大師（蔣貝嘉措，西元1356-1428），為宗喀巴大師法脈中傳持耳傳不共教授的祖師。生於宗喀，由於天生嚮往一心專修，於是效學常啼佛子，年屆十八時前往衛區尋求善知識。

在德哇巾寺見到宗喀巴大師，聽大師講《集學論》，隨後大師指示：「想做到修行為核心，必須獲得完整了解一切道的知解。而這又必須依靠學習諸大車教典，並以無垢正理抉擇法與非法，所以要學習《量論》。」由於依循大師指示，文殊海大師去了桑樸寺等處，學習顯宗教典達到究竟。

當文殊海大師心想這一生應當完全遠離人群，去到渺無人煙之境盡壽修行，這時宗喀巴大師剛好從後藏回來，由於喇嘛鄔瑪巴傳達至尊文殊的指示，大師已經決斷要去捨世專修，文殊海大師便想：「上師去捨世專修需要帶隨侍，就算我去其他任何地方，都不會比這個更為殊勝。」因此向宗喀巴大師啟白。大師說：「我也要去修行，你也要請問一些道果的教

授，來吧！」而至尊文殊指示捨世專修的隨侍當中，文殊海大師也是其中一位。就這樣，文殊海大師跟隨著大師一同去沃卡閉關。師徒們遵循著噶當派的傳規，從共通道為主來修持，當時是不允許帶密法的書籍及聖像。而文殊海大師由於對文殊菩薩特別有信解，所以帶了一尊文殊聖像，以及《道果》。宗喀巴大師為文殊海大師傳授了至尊文殊修法，文殊海大師依之而修，不久就親見至尊文殊的身語顯現，堅固恆常。上座賢護大師說：「宗喀巴大師所見的文殊很威嚴，言語不多；而文殊海大師所見的文殊，則是會一再給予指示。」

　　當時雖然有施主願意護持，但是師徒仍然以苦行堅持度日，避免過多散亂因緣。弟子們勸請宗喀巴大師與蔣嘎瓦上師不需堅持苦行，而其他的弟子都是每天只吃柏子丸八十粒，其中文殊海大師一天只吃三十粒柏子丸就可以。護持的居士達澤巴對此非常不忍，要送食物來，由於文殊海大師當時厭離心非常強，完全不隨順人情，心想：「送這東西做什麼？」拒絕不收。如此以柏子丸辟穀三年，人們稱文殊海大師為柏子丸行者。

　　由於文殊海大師以修行供養，令宗喀巴大師極其歡喜，長時依止聽聞顯密所有教法。至尊文殊還為宗喀巴大師及文殊海大師傳授了格魯耳傳教授——《幻化寶籍》。而後文殊海大師長時間地在僻靜處一心專修這些教授，如實生起了證量，而成為格魯派耳傳教授的傳持者。由文殊海大師將此耳傳再傳給了巴索法幢大師及懂哦慧幢大師，成為日後著名的溫薩耳傳教授。

　　曾有人問文殊海大師：「您這樣猛利一心專修，究竟獲得了什麼證

量？」他說：「我沒什麼其他功德，只能把握來世不會墮落惡趣。去年曾經一度瀕臨死亡，當時去觀察風息收攝的情況，沒有看到墮落惡趣的風息收攝情況。」可能有些人會認為這沒什麼，永津班智達智幢大師說：「這是很不可思議的功德！實際上墮落惡趣是見道所斷，這是諸大經論所說，要得到把握不墮惡趣，至少也要得到加行道忍位。」

文殊海大師於1428年1月1日示現圓寂。

三、《密傳祈請文》作者：妙音法王

妙音法王本名吉祥具德（札西巴登，西元1379-1449），哲蚌寺寺主。大師生於桑耶地區，幼時修持白文殊法即獲得殊勝加持。於澤塘寺出家，並在那裡背誦《善說金鬘論》。之後前往桑樸寺學習《般若》、量學等；在覺摩隆寺學習毘奈耶、阿毗達摩；在甘丹寺宗喀巴大師座下廣泛學習《辨了不了義》、《中論廣釋》、《入中論善顯密意疏》、廣略兩本《菩提道次第》、《密宗道次第》等，智慧無與匹敵。

之後由宗喀巴大師作為親教師，持律師名稱幢作為羯磨阿闍黎，賈曹傑作為屏教阿闍黎，而圓滿受持近圓戒。

妙音法王背誦能力特別超勝，他曾在宗喀巴大師座前立誓要背下七十部的教典，實際上後來做到能從心中背出一百三十部的教典。曾經有段時間，大師每天宣講密集、勝樂的法類，都是由妙音法王作為複誦師，將大師當天所說的全部內容，於大眾中毫無差錯地背誦出來。

宗喀巴大師曾將法螺賜予妙音法王，囑咐他要建立一座寺院。妙音法王依教奉行，在他三十八歲那年（西元1416）開始建立吉祥哲蚌寺。寺院竣工後，對各個聞思僧院，妙音法王都任命了阿闍黎，建立起宗喀巴大師的講修傳規。妙音法王任哲蚌寺主三十二年，每次講法都會在一座間講八部顯宗教典，搭配著各自的釋論。修持方面，恆常修持密集、勝樂等多位本尊的近修，每天唸文殊心咒兩千，《文殊真實名續》三遍，六字大明咒一萬，法王曾說自己唸六字大明咒總計過兩億。妙音法王將自己的資財分為三部分：一部分拿來造塔、造像印經典，一部分扶傷濟貧，一部分拿來攝受徒眾。

妙音法王示寂前，夢見宗喀巴大師在中國五台山，要他也前往等諸多瑞兆，於是在1449年4月18日圓寂。

❦ 書名解釋

《起信津梁》之名，克主傑大師在本書最後的跋文中提到：「故於尊師德藏源，我在起信津梁上，漸次築起詞句階，撰寫此論洗心塵。」藏源就是大海的意思，因為海裡藏有無量寶藏，故古來多有入海求寶的典故。「起信」就是生起信心；「津梁」就是渡口的意思，此詞在《大智度論》卷十一：「得道涅槃之津梁。」而《左傳·昭公八年》「今在析木之津」句下，唐·孔穎達《正義》：「隔河須津梁以渡。」結合這些詞義解釋即：要在宗喀巴大師功德的浩瀚大海汲取出信心的寶藏，必定要依靠一個渡口。渡口也可作為階梯理解，在《廣論·四家合註》第一冊：「賢種趣

脫最勝津」，箋註為「度越輪迴大海最勝階磴或津梁」，就是搭起一個階磴，讓我們能順利從岸邊登上舟船，進而順風張帆進入大海，獲取其中功德的寶藏之意。

至於《宗喀巴大師密傳大海略說一滴・寶穗》之名，「穗」即稻麥等禾本科植物聚生在莖上頂端的花或果實。在《博多瓦喻法寶聚詳解》中「空心禾穗」一節，提到：「上師說：智者知道我慢是所斷，所以我慢輕微，無知者不知那點，所以慢心很大。無德之人與無果之樹才僵直著，有德之士及有果之樹是低垂的。」這顯示越有功德的人就會越謙下。對於這些秘密功德，大師都很低調不宣揚。在《密傳寶穗》中有幾句話：「這些是我從大師無有窮盡、深底難量的現證功德大海中，取出毫髮端許，而在此敘說完畢。」意思是大師的功德就像大海，我只能以毛端取其一分，但這一分卻已經是結實纍纍的珍寶，能賜予我們安樂。

文殊海大師的《至尊宗喀巴大師廣傳之附篇・總攝善說》，書名裡的《宗喀巴大師廣傳》就是指《起信津梁》，然後在這之上做的補充，所以文殊海大師自己就題名為附篇。文殊海大師是大師弟子當中德高望重的一位。他於1386年左右在德哇巾晉見大師（比克主傑早二十年），也是最初大師捨世專修的清淨八徒之一，也是這些徒眾當中最早親見文殊的人。他一生刻苦修行，說法不多，就是努力修持大師傳下來的顯密教法，最後得到大師傾囊相授文殊最秘密的即身成佛教授，後來成為溫薩耳傳，這是格魯派密法中最為珍貴的教授。

文殊海大師與大師同鄉，都是生在宗喀，比大師早一年出生，比大師

晚一年入藏求學。在文殊海大師這本《傳記附篇》中，講了許多大師出生前後的事蹟，顯然是他在家鄉就已經聽說，所以非常具有權威性。而且文殊海大師本人從大師早期求學、閉關，乃至最後建甘丹寺後遇到壽難，也是找清淨八徒來護關。文殊海大師直接聽到大師講許多行誼想法，也會聽到文殊菩薩對大師的授記與指示，因此這部分毋庸置疑是極其清淨的教授！

《清淨雪山頌》由克主傑大師所撰寫，主要宣說宗喀巴大師往昔身為至尊文殊的長子，在王頂如來座前發心，得到如來授記將來成佛的情況。這些內容的依據，主要是源於洛札大成就者虛空幢大師請問其本尊金剛手菩薩：宗喀巴大師將來成佛的情況。金剛手菩薩說，這部份應由至尊文殊來說。後來上座寶幢大師、賈曹傑大師、持律師等勸請文殊海大師請示本尊至尊文殊，經過文殊海大師殷重祈禱，本尊作了詳細的開示。克主傑大師後來將這部份內容以偈頌的方式紀錄下來，即為此篇《清淨雪山頌》。

《密傳祈請文》是由妙音法王所撰寫，基本上就是把《密傳寶穗》當中的內容，整理成易於背誦的偈頌，提綱挈領地完整帶出大師一生秘密修證功德。

特別需要提出的一點，「傳記」一詞在藏文中叫作解脫，這在漢文中是無法直接透過翻譯表達出來的。所謂的解脫，我們經常認為就是中士道所說從輪迴中解脫。但解脫一詞有許多理解，就像法相名詞有所謂的八解脫、九遍住等，那是從禪定的違品中解脫；三解脫門則是一般理解的從輪迴解脫。而講到善知識的傳記時所言及的解脫，可結合三士道：讓我們透

過聞思上師的行誼，生起效學之心，改變自己三門惡行，從惡趣當中脫離，是為下士道的解脫；從自身煩惱輪迴中出離，是為中士道的解脫；從自利作意的我愛執中解脫，發心為一切眾生而去成佛，是上士道的解脫。善知識的一生行誼，不叫作歷史故事，而叫解脫，就是讓具緣者透過善知識的傳記，種下解脫的因，能從三士道的違品中解脫，而最初一定是從自心對上師三寶不信的障礙中解脫。

🎎 宗喀巴大師一生行誼略攝

克主傑大師的《起信津梁》有一個特點，就是會在大師行誼重要的段落中開展自己的論述。而在第五品大師〈略述大師成為法王之後，如何利益聖教及眾生〉這一篇的末尾，克主傑以極大篇幅總攝了大師的一生功德。其中多次出現了：「這種恩德，過去雪域境中從未有過！」「許多雪域大德的行誼難以比擬！」等等。具體闡述宗喀巴大師的出世，對於佛陀聖教有哪些獨一無二的建樹，這對於後世的弟子深入認識大師功德與恩德，極其重要！在這裡稍舉幾例：

《起信津梁》說：「總而言之，一切世間唯一的眼目——我們的這位導師，被殊勝本尊所直接攝受，以及一切善樂的根源——大乘善知識所攝受的情況，是無與倫比的。而且對於極其微細的三乘律儀遮戒，都如同保護眼珠般珍愛執持，而成為一切執持能仁禁行者中的頂嚴。恆時一心思慮著聖教及有情，以如是大乘清淨增上意樂的偉大佛子心力所推動，連一切三門極細的行為，也都沒有無義空過的時候。在正理上以許多勤勞努力進

行多聞，心的能力達到極致，這樣的人無論如何善加觀察，也無法探測其底的圓滿智慧整體。大師以善為勤習無垢理路的殊勝近取因，由無邊集資淨障的助伴而恆時修習，由多聞的不可思議俱有緣所執持，所以對於獲得佛陀授記解釋一切佛法佛的密意諸開大車軌師，分辨其如何解釋的密意，絲毫無有錯亂垢染；在一切執持大寶聖教不隕勝幢的人當中，宛如第二導師能仁。」

這段一氣呵成的文字裡，講述了大師得上師本尊攝受、清淨持戒、大乘發心及菩薩行、勤求正理、淨罪集資、廣大聞思、獲得能仁密意，執持大寶聖教。這當中不是隨便地排列，最初即提出大師無與倫比的親近善知識行誼，即是大師一生顯密道證的核心功德。其後是三主要道的內涵：持戒闡述了出離心功德；大乘發心及菩薩行闡述了菩提心功德；聞思修空正見及淨罪集資的修持，則闡述了證空性見的次第。

宗喀巴大師的教法之所以影響深遠而且扭轉了當時佛教呈現的弊端，常師父指出是由於大師將圓滿的教法全部振作起來。而過去王森教授的《宗喀巴傳論》認為格魯派之所以有如此巨大的影響力，是因為得到了地方政權的扶持，這點應非關鍵因素。以外在條件而言，格魯派教法也經歷了不少坎坷的過程。個人認為呂澂的《西藏佛學原論》所論述的較為中允：「宗喀巴之學自明季迄今，六百餘年流行未替。藏中學者雖以派別之殊研學方便容有異軌，但以宗喀巴之說組織完滿超越古今，推論正宗獨繫於此。試舉以與漢土流行之佛學相較，則其得失短長，實有不容輕議者。但自其表論之，宗喀巴之學至少有二特點，為漢傳學說所未嘗見；其一：備具印度晚期大乘之風範，而極其置重於實踐也……其二：即以實踐為據

而於諸家有所抉擇組織也……」

　　大師對佛教的復興，已經不是僅僅侷限在某個法類，某個單一思想，幾乎由顯而密，由小乘到大乘，都因為宗喀巴大師的清晰抉擇而得到去蕪存菁的功效。

　　這點在貢唐寶教燈大師的《具義讚自釋》有詳盡的論述，其中極其重要的抉擇：通達一切聖教的關鍵在於對空性緣起的無誤抉擇。由於抉擇出最究竟的佛陀密意，掌握住這個核心，所有的教法就得以各安其所。所以當大師抉擇出中觀應成派見解之後，大師顯教的思想體系就已經大抵確立。隨後在沃卡桑丹林寺，通曉了密集根本續與瑪爾巴大師教授的深義。對於父續密集法類與母續勝樂法類都獲得定解，而後十年中寫了許多密法的教授論典。

　　關於大師糾正時下教法的弊端，可以從見解、修持、行持三者來說明，亦即代表著慧學、定學、戒學，讀者可以從本書中讀到此一核心脈絡。

　　宗喀巴大師能夠做到對這一切的教法都能徹達領悟，並不是天生就如此，在這本書中可以看到多次大師刻苦勤學的情況，而在仁達瓦上師傳記則記載道：「當時的衛區一切格西都傳說：善慧法王（即是宗喀巴大師）親見了文殊，不管走到哪裡都帶著四隻犏牛馱著大小經典，晝夜無休止地研閱。其善於背誦的功德，連善背者盛寶都在瞬間傾倒。仁達瓦聽了，非常驚奇！」大家看得到大師在求學期間，甚至捨世專修期間，都是居無定

所，時常更換地點，但從未間斷自己聞思修及為弟子們講法。

大師自己雖然身上擁有極其深廣的教法，但在引導有情的時候，則是完全依循阿底峽傳授下來的道次第來引導。《起信津梁》：「大師說：『由於具德阿底峽的教授，是將一切佛語及其釋論、口訣皆編為一個道次第而開示，如果善說者如實講說，善聽者也如實行持的話，不僅是瑣碎的教授，而且一切佛語都能連貫起來。因此，對於需要以共通道修心來引導的所化機，不用開示許多不同的引導。』大師只會以道次第為主來接引。」克主傑大師這邊引用大師的話，實際上就是大師寫給喇嘛鄔瑪巴的信中原話。大師在給許多弟子的信中，也是反覆強調這一點：一定要依循著三主要道層層上進，不然即便是修所謂高深大法，而忽略了共通道次第的修心基礎，也難免有墮落三惡趣的危險。

所以今天我們能學習到《菩提道次第廣論》，不禁令我憶念根本上師日常老和尚的深恩，讓我這種薄福有情能夠在末世值遇如此殊勝的教授！因為即便今天宗大師親自來到我們面前引導、教授我們的，也就是這本《廣論》的教授。

《菩提道次第》的第一個法類，就是「道之根本親近知識軌理」，真正能受用大師的教法，其關鍵入手處就在親近善知識法類。這點大師本人的行持是我們的典範。大師早年求學期間就寫下《常啼菩薩傳》，旨在效學常啼菩薩依師學法的行誼。而後一生師從噶舉、薩迦、噶當、夏魯、寧瑪等三十多位當代有德有證的上師學習教法，最後依循文殊菩薩的引導，而證得顯密教法中最隱微的真理。雖然大師天生已經是智慧超群，但是在

學習的時候仍展現不可思議的精進力，在大師最初學習現觀時，十八天背完《現觀莊嚴論》及其釋論的字句，而後在兩個月學完現觀。後來走遍當時的大寺院進行巡迴立宗，也就是在那個寺院立宗，讓所有僧眾對他的立宗提出問難。《起信津梁》寫到的巡迴立宗次數高達十次，而且這十次出現巡迴立宗都是在各大寺院立宗，所以次數遠遠不只十次。

　　大師三十四歲時，由於長期以來不斷探尋空性見解，所以遇到喇嘛鄔瑪巴而得以請教文殊菩薩問題時，是傾盡所有時間、心力一心求教。對於大師前十六年苦學所認定的空正見抉擇，文殊菩薩一度直接否定，說：「那個什麼宗義也不是！」而大師當時對於進行講聞來利益聖教非常有心，喇嘛鄔瑪巴也這樣認為，經過請示文殊，文殊說：「必須一心捨世專修。」後來大師想要去印度尋求成就者以及中觀教授，也是文殊阻止，加上洛札大成就者虛空幢上師的勸阻，大師都聽了他的上師們的意見，從不自己作主。

　　即便到了四十五歲時，聽說仁達瓦大師從阿里來衛區，大師還親自迎接承事禮拜。在三位法王在南澤頂講戒時，勝依吉祥賢譯師問大師說：「仁達瓦上師有什麼不為人知的功德？」大師說了一些，然後就感動地淚流不已。在祈願回向的時候，殷重祈請仁達瓦大師能長久住世，如是三返。然後和仁達瓦大師一同住熱振寺三個月的期間，以極其上妙的供事令上師歡喜。從不會因為自己已經很有名氣，徒眾比仁達瓦多，而失去對上師的敬意。四十六歲時仍向止貢懂哦法王學習那若六法。一個人要在自己已經很有成就的情況，還能去完完全全聽從上師的教示，就是完全展示了依止法的核心——依教奉行。在大師尋求密法教授的時候，《起信津梁》

有句話：「傑仁波切曾說：『密法一切成就的根本，主要唯有依靠令上師歡喜，所以每次灌頂的時候，都是在上師歡喜的情況下所傳授的。』並說：『這有著很大的可觀察處。』」

❧ 善巧戒嚴賢善、講說辯論著述的功德

在後代的宗喀巴大師傳記中，常常以「善巧、戒嚴、賢善三種」及「講說、辯論、著述三種」，來宣說大師的功德。因為所有事業當中，是以這六種為主。雖然《起信津梁》當中並沒有這樣的分類，但在書中全部都見得到這樣的內容。讀者可以自己深入，以下謹做一些摘要。

一、善巧

通曉五明一切所知。

在一切明處中內明為最，其中《般若經》是總攝一切佛法的經中之王，大師最初即專攻《般若》學，而後經過閱藏，把所有印藏解釋《般若經》及其釋論都進行深入研究。《起信津梁》：「住在蔡寺，仔細閱讀了所有藏文翻譯的經論，心中生出許多觀察一切經教內義的角度。也就是在那時候，大師開始撰寫一部關於《現觀莊嚴論》及其釋論的廣釋。」其他傳記說大師在蔡寺住了四年，筆者認為就是在深入研閱《大藏經》。在《金鬘論》跋文中提到，大師在收藏有《大藏經》的蔡寺開始著手撰寫《金鬘論》，最後在三十二歲那年在德哇巾完稿。

不僅是聞思，大師還追求完全斷除內心對法性的疑惑。《起信津梁》說：「大師當時心想：聖龍樹父子究竟密意的正見、密集五次第，其中尤其是幻身的部分，特別難以證達。若能證達，意義非凡；若不能證達，則極有可能落入顛倒險處。想到在修習真實義，以及依靠無上密道成佛等都只剩下空談。便說：『如果有如同怙主龍樹父子的密意，能無誤開示這些的善知識，無論是在印度、藏地、尼泊爾，或在衛區、後藏、康區，不論何處，只要我能找到，即便為此捐軀、行任何難行苦行，都心甘情願，當下就可以出發。那時有著這樣極強的心力！』」

　　證得空性後，大師在沃卡認真修持空性見兩年。《起信津梁》中說：「這樣以正理斷盡對真實義的增益執後，大師精勤修持一心平等安住空性的三摩地，由於以真實的回憶識善加修習，其修持達到超勝，大師曾敘述其力量，說：『現在因為善加修習，在後得位時，各種行相，都會呈現為空而現有的如幻如化，幾乎不會出現未經空性印證的凡庸顯現。』這是智者所歡喜而難以測量的行誼，是連佛菩薩聖眾都會以讚譽的花鬘來讚歎的對境，更遑論我輩！」

　　不只對內明，大師對於聲韻修辭也是非常地善巧，文殊海大師《傳記附篇》云：「在沃卡等處，從博東派聲明學家虛空賢，聽聞了《迦羅波》及《旃陀羅波》等，而善為通達，但是大師沒有親口承認。大師還從那位上師聽聞、學習了《詩鏡》等諸多修辭論典，成為極其善巧者。當時所著的《妙音天女讚》『蜂眸湧動蓮花美容顏』等文，被稱道為體現了修飾法的感覺。隔年，懂哦名稱菩提上師示寂，由於僧俗有地位者等勸請為作傳記，大師因此著了《須彌傳》，被譽為無有更勝於此的修辭。後來修妙音

天女，在桑普寺得見尊顏以後，恆時得其攝受，因此講論著的事業極其廣大。尤其是大師著的瑜伽部及無上密護法等聖眾的讚頌音調、道歌法頌等，都音聲悅耳、婉轉動人，比其他更為超勝。其中瑜伽等大讚音，已經達到究竟顯赫的程度。」

在工巧明上，大師對於密續中繁複的儀軌做法，都完全掌握嫻熟。《起信津梁》說：「此後，大師想要聽聞瑜伽部的誦授與講說，而想要在之前先學習儀軌做法。當初在夏魯，布敦仁波切最主要的儀軌侍者，是號稱於瑜伽部的做法極其善巧的壽王瑜伽師，他有一位高徒——怙賢瑜伽師，大師迎請了他一同前往娘區上下部的邊界，住在契雜康，向他學習《金剛界》、《吉祥勝》、《金剛頂》等所有瑜伽部大壇城的繪線、舞蹈、歌詠、壇城儀軌、手印等等，並極為嫻熟。」

二、戒嚴

大師嚴格持守三乘律儀，特別是對別解脫戒的復興校準。三位法王在南澤頂一起講戒，《起信津梁》：「三位法王都想著，要做一個大寶佛教清淨的準則，而只要佛陀的內在庫藏——毘奈耶完整存續，那麼佛教就存在；假若毘奈耶不住世，佛教就不存在。這件事在心裡變得沉重，因而懷著純粹為了聖教的心意，各廣講了一遍《律經》的解釋。在那時候，善加建立起如下的清淨傳規：實踐從《十七事》所說的微細遮戒以上，現今補特伽羅可以行持的部分，以及違越《分辨教》中所說遮戒的一切墮罪，由各各名類而還淨的儀軌，遵照儀軌而行的做法。當時大多數聽聞毘奈耶的人，都各自觀察內心，一切粗細墮罪的懺悔境多寡之別，和先行捨離物品

的治罰等，根據毘奈耶所說的作法來還淨。從此之後，原本就是大師隨從的人，大都每天觀察自心相續，不與墮罪長久共處而還淨。即使是加持資具、結淨地、不過夜宿等行持，也很努力去做，更不用說其他不難持守的戒律。因此使得佛教根本——別解脫戒的基礎得到圓滿復興，在利益聖教的事業中，這是很稀有的。」

菩薩戒及密乘戒。《起信津梁》：「大師來到噶東寺，由於思考到：那些自許是大乘的人，對於如何修學在一切佛菩薩作證下所承許之發心學處的道理，如果不能了知這一切並如理修學的話，所謂的大乘人也不過是空名而已。而如果想要趣入密咒金剛乘，在善以共通道修心的基礎之上，親近上師的軌理要比共通大乘所開示的更加超勝。透過那樣的軌理，而從具備德相的上師獲得符順續部的灌頂，對於當時所承許的誓言與律儀，必須珍愛如護眼珠，尤其要善加守護根本墮，縱使捨命也不違犯。否則捨棄了所承許的誓言，雖號稱是學習密乘道，也不過是在開啟殘酷的惡趣之門。大師心想：『哎呀！這些自許為修學總體大乘與殊勝大乘的人，何不以這樣的方式去行持！』於是以絲毫無法忍受的大悲心為等起，對於所化機也作如上的教誡，因此詳細講解了《菩薩地‧戒品》、《事師五十頌》、《十四根本墮》等。」

三、賢善

出離心與菩提心的功德。《起信津梁》中關於出離心策動而決斷不回家鄉那一段的論述：「從多麥傳來母親殷切的懇求，大師心中曾生起過一次想要回多麥的想法，於是來到了墨竹拉隴，並開始學習一些儀軌。到某

個段落時，忽然領悟到：『如此又能怎樣？這樣毫無意義，現在我要發誓絕對不朝多康及家鄉的方向去！』當下生起了很猛利的厭離心，決斷不返回多麥。」（緊接著克主傑大師有長篇論述大師的出離心功德。茲不詳述。）「所以，在上師的一生當中，任何時候都完全沒有提過『心裡特別留戀這樣的資具』，或說一粒青稞以上的饋贈『是我的』；未曾為了生活及財產，哪怕將一升的田地說成『是我擁有的』，所以大師從一開始就自然斷除不如法的世間事業。這雖然只是傳記中的一小部分，但是光這一點，也是許多雪域大德的行誼所難以比擬的。」

「我曾聽大師說過：『由於增長大乘種姓能力的稀有方便相當稀有，菩薩的心力難以思量，因此菩薩行極其偉大而行相無邊。經藏中所說過去菩薩已經學的、現在和未來的菩薩正學及將要學的這些無邊行持，我也為了從現在就對趣入這樣的行持，能完全不起怯弱，並能猛利歡喜地趣入，於是將經中所說菩薩的心力及行誼中那些偉大的行持，一一取為目標，當作修心的所緣行相，長時照著去修。雖然剛開始會感到艱難，但後來善加串習之後，不需策勵，就自然能對稀有難思的菩薩心力及行持完全不生退卻，而且油然踴躍地趣入。』即便就是這句話，對於想要修學大乘的所化機，也是最稀有的教授。對強大心力的人而言，也是難以思量的行誼。」

在二世妙音笑無畏王大師《甘丹法源》中，有一段很生動的描述：「在南澤頂時，噶瑪寶童大師擔任法會糾察師，他在集會中說：『勝依吉祥賢法王！你的一些弟子說在世俗中存在不一定存在。這是輕毀業果，是聖教的賊，所以在仁達瓦大師與宗喀巴大師為證下，我要和你辯論，或是仁達瓦大師與我一同和你辯論。現在和宗喀巴大師沒法辯論，他早已生起

賢善的菩提心，即便對於惡劣的宗義，也不做愛憎分明的行為……」」而宗喀巴大師自己最後對弟子的言教，就是：「要知道是這個情況了，應修菩提心！」

四、講說

　　《起信津梁》：「大師的講說，將一些大論各以一部藏地的廣釋作為基礎，在這之上，對許多解釋的說法透過破非立是來抉擇；其他諸論則大都根據論典各自的釋論，詳細地講說所有論典詞句的深淺內涵。歷時三個月，將十七部論典全數講完。」而在《傳記附篇》則說，在捨世專修前，曾達到一次講二十九部大論的情況。

　　對於善巧將法義送入所化心中這一點，《起信津梁》提到：「大師依次來到勒普寺，第一次到那裡，就對許多具慧三藏法師，以理路引導出《釋量論》的一切主要所詮，將此論排列為道的次第、結合修持而宣說。在場所有三藏法師，都因為領納聞所未聞的殊勝善說甘露妙味，而不由自主地傾心奪意，終日稱讚不已；從此以後，大師就時常會開示。過去雪域所認為的量論，僅限於詞句間的揣度，或是在廣泛剖析外在知識時，為了令慧力變得稍加猛利，能瞭解其他論典，才會需要的條件，誰也不曾懷疑過這是修持所需要的，因此大部分人生起非理的認知。而現在，具有智慧而公正客觀的人，都把《釋量論》看作開示修持的一本稀有教典；單就這一點，全都是仰賴傑仁波切的悲心，僅僅這一個恩德，所有藏人都難以報答。」

五、辯論

《起信津梁》：「就在這兩年間，大師對於《現觀》的文意已經極為善巧，並在十九歲時，前往桑普寺及德哇巾寺等地作巡迴立宗，以抉擇慧的鐵鉤，牽動著善士智者們的心意，智慧與法音圓滿的美名，從此遠播。」

「大師說，其實還可以作其他十幾本論著的巡迴立宗，但因為當時寺院的僧眾普遍沒有辯論其他論典立宗的傳規，所以並未這樣進行。隨後馬上去了衛區，春季在貢唐寺待了十天，然後依次去了桑普寺、澤當寺等大寺院，由於過去已經立過《現觀》的宗，所以這次是針對其他四部論來巡迴立宗。當時衛藏諸大寺院中海會雲集的三藏格西，都領受了大師智慧寶庫所生新穎善說的喜宴而感到滿足。智慧大鵬鳥王的掌心伸出事勢正理的兇猛利爪，令對方膽顫心驚；深廣無際的妙智大海，止息我慢驕傲的波浪，以調伏的功德，令具信者信毛直豎；終日遊戲於一切世間都感到稀奇的善說喜宴，將美名的飛幡樹立在三地。」

當時沒有人敢和大師辯論。當時仁達瓦徒眾中辯論第一的賈曹傑，一聽大師講法講到四依止，就完全折服；達波十難論師討論幾句話就被折服。以致大師在世時期沒有任何異說反對，那些反對的聲音都是等到大師示寂之後才敢發聲，這些都顯示了大師的辯論功德無人能及。

六、著述

　　大師一生都在著述。在《傳記附篇》中提到大師整天定課當中，會用吃飯的時候撰寫著作。根據《起信津梁》，大師從二十九歲左右開始正式寫書，到示寂那一年都還寫出論述。有許多顯密論著都是文殊菩薩親自授記要大師寫的，甚至當大師在寫完《菩提道次第廣論・奢摩他》時，想到末世有情將難以理解毘缽舍那的空性內涵，就算寫下來意義也不大，因此不想再寫。這時文殊親自現身勸請：「無論如何要寫下去，能有中等的義利。」有這樣的事蹟。而對於完整密續的內涵，大師也有極其詳盡的闡述，類似於詳細顯明密集根本續圓滿次第內涵的《密集四本合釋》空前的善說，是非常多的。而在《廣論》所說的撰寫論著三個條件：第一通達五種明處；第二從佛陀輾轉傳來，期間善士不間斷地修持其中內涵的教授；第三親見本尊得到開許。隨具一個都可以撰寫論著，而大師全部都具足。一生有總共十八函著作，猶如金剛詞句，沒有智者能動其一字！因為大師的論著，即使一個字也能收攝廣大內涵於其中，這是被許多智者所頂戴稱揚的！

　　另外，一般稱為宗喀巴大師的四大事業，在本書也都有講述到：一、修復精奇寺的彌勒佛；二、在涅區令僧和合、講戒重振戒律；三、興辦祈願法會；四、建立密續大經堂揚巴金。

✤ 歷代對宗喀巴大師傳若干疑問之探討

宗喀巴大師傳記當中，有幾個問題一直是被許多大德拿出來抉擇的：

一、授記

在《宗喀巴大師廣傳》當中花了極大篇幅，敘述佛陀及傳承祖師對大師的授記。其中有過去生中為大志菩薩、梵志童子、龍樹菩薩、覺慧譯師等事蹟，以及大師來世將投生兜率內院，於稀有殊勝種種眾莊嚴淨土成佛，佛號獅子吼佛等將來授記。其中最根本的授記就是在《清淨雪山頌》裡講的，大師在王頂如來前發誓：「願我能在諸多不淨的剎土中，不顧身命，弘揚結合清淨正見的密法！」令一切諸佛菩薩極為稱讚！

我們為何要瞭解這些授記？就是瞭解大師的發心。大師無量劫以來就已經為了生在不淨剎土中的我們，發起強烈的大悲心！「佛初發心，中集資糧，最後現證正等正覺，一切皆為利益有情。」大師這一生，也多次在拉薩大昭寺主尊覺沃佛的面前，發下這樣的弘誓！我們有幸值遇大師教法，假使能發起與大師願力相應的心，一定能生生世世值遇大師。因此恩師真如老師時常帶著弟子們發願：生生世世追隨師父，學弘大師清淨圓滿教法！

大師之所以能清淨傳持顯密所有教法，並且久長不衰，取決於清淨發心。在《悲華經》中也記載了釋迦牟尼佛因地中如何發大心，也是這樣的道理。

而這些授記絕對不是自己編造的，後代有些人出於嫉妒的原因，編撰了一些所謂蓮花生大師的授記，毀謗大師是善星比丘轉世，自己上演了一齣取出伏藏的過程。這個在大師《廣傳》等歷代大德著作中都有詳細破斥。

二、更改覺沃佛的形相

　　這個在當時引起一些人的質疑，但克主傑與文殊海大師已經針對這個問題在本書中有解釋。

　　佛陀在《傳授經教王經・辨聖教清濁品》當中親自授記，由於宗喀巴大師興辦祈願法會，做廣大供養殷重祈願，因此佛陀教法得以延長住世一千年。

三、黃帽

　　黃帽並不是宗喀巴大師自己創造的。過去在朗達瑪法難後，衛區、後藏地區已經找不到出家人，一時戒律講說中斷，僧眾行持無所依憑。藏地持律大德顯明密意上師，為了尋求戒律傳承，到了多麥，找到三位藏地比丘與兩位漢地比丘，終於把戒法傳承保住。後來藏地來了五位出家人向他求比丘戒，其中一位叫作盧梅戒慧的大德，順利求得比丘戒後，即將返回衛區，顯明密意上師就交代他要戴黃帽，用以時常憶念自己的傳戒上師，所以黃帽是持律大德的象徵。大師非常注重以清淨戒律為基礎，開展顯密的廣大聞思與一心修持。另外，松巴堪布所著的《松巴法源》中提到：

「在德哇巾時，金剛瑜伽母授記大師將來要穿戴黃帽。」

四、顯密並弘

　　格魯派又稱為新噶當派，過去在阿底峽尊者、種敦巴父子期間，由於當時眾生根基條件不夠具足，阿底峽尊者大力宣講皈依業果，這點對當時西藏教法恩不可沒。因為教法最初復興，如果不重視戒律業果的行持，則密法雖甚深，不能令眾生脫離惡趣。所以當時密法的傳揚，是以極其秘密方式對少數具器者宣說。而到了宗喀巴大師時期，密法傳承透過噶舉四大八小宗派、薩迦派、覺囊派、希杰派、夏魯派，已經極其興盛，而大師自己從過去就已經是對密法非常具有希求心，所以在學完顯教後，即立刻深入密法，然後盡其一生深入修持。後來針對要不要弘揚密法，也是經過請示文殊菩薩，在《傳記附篇》有這樣的記載：「又透過了勇金剛請示了諸多此生來世一切規劃，諸如：單純只作顯教的講聞，或進行密法灌頂、教言密續的講聞，或者專一修持，哪個能利益聖教續流？我應該如何做？來世將往生何方淨土？特別是極樂世界與兜率天，哪個比較有緣？文殊都予以清晰回答，特別指示道：『要由顯密兩方面行聖教事業，不要進行灌頂教言之類，否則將會短壽，離成就變得遙遠，對聖教的利益會變小。』因此說大師住世時，只會傳一些隨許法，完全不傳灌頂的原因就是這個。」

　　雖然大師一生幾乎不傳授密法灌頂，但大師傳授比丘戒則是非常頻繁的。經過數十年深入密續教義，四十六歲以後才開始寫密續的撰述。《起信津梁》當中特別提到：「出自《吉祥密集根本續》及釋續，以及聖父子五人的論典當中，總體五次第的內義，特別是第三次第幻身的修法等粗分

不共內涵。我自從完整善巧瞭解這些大要，至今已經十餘載，這之間不能宣講，從今以後才得以稍作宣說。」密法最核心在於吉祥密集，而打開《吉祥密集根本續》被六邊四理封印的五次第，卻是因為大師的明顯闡述，金剛持能仁的究竟密意才真正被世人瞭解，使眾多修持密法者，能於短暫的一生獲得金剛持雙運果位！

對於勝樂、喜金剛以及時輪為主的母續，大師也如實領悟其究竟密意，而詳細闡明於著作中，這是不分教派的具慧善知識都甚深讚歎的。

因此，要瞭解宗喀巴大師教法的殊勝，單單從顯教來看還是不夠全面的，因為大師的十八函著作當中，超過一半是闡釋密續的。大師將佛陀教法的心要徹底闡釋，顯教心要即是中觀正見，密續心要即是五次第當中的幻身。若非大師父子三尊的開顯，恐怕無人能搭起這個圓滿善巧的次第，由顯入密，避開歧途；掌握上述兩個心要，成佛就如同探囊取物！因此《清淨雪山頌》當中說到，大師生生世世的宏願就是：不顧身命地弘揚結合中觀正見的密法！

雖然如此，對於密法的修持，格魯的傳規是非常謹慎的！文殊菩薩曾經教示大師：「在沒有生起出離心之前，儘管生圓次第是多麼深，也不能去修持，因為那只是成就三惡趣及輪迴的因而已。」大師在《呈仁達瓦大師書》中提到：「如果沒有具備殊勝的顯教扼要，那種密法不共所化機是比顯教所化機更次等，因為光靠密法是不能成佛的，而靠顯教則可以成佛。」

五、格魯派的名字

第司桑傑嘉措在《甘丹法源吠琉璃》中說，格魯派此名其實是甘魯派，意思即為甘丹寺的宗派，但叫作甘魯不好聽，所以就叫格魯。這種說法是錯誤的。實際上甘丹寺建寺之初，就命名為格丹尊勝寺，「格丹」意為具善。在宗喀巴大師的後期著作裡的跋文中，凡是有寫到甘丹寺地點的，都稱「格丹尊勝寺」；格丹寺所傳下來的宗派，即稱為格魯。而甘丹寺是格丹寺的別名，甘丹義為具喜天，又稱兜率天，這個名字也是本尊上師所授記的名字。洛札大成就者虛空幢大師說：「寺院的名字是有緣起的意義的，由於你將從此處投生兜率天中彌勒座前安住，如果寺院名字也稱為甘丹，將會有如同你安住其中的緣起。」

六、關於親見文殊

有人質疑這是不是「說上人法」？要知道說上人法即是出家人別解脫戒當中的四根本墮之一，是出家人的大忌！宗喀巴大師遭到這樣的批評，這個情形頗似唐代懷素律師批評南山道宣律師，因為道宣律師在其所著作的《律相感通傳》講了一些和天人的交談。但所謂的說上人法，是要自己沒有得到，而告訴他人自己已經得到。大師自己親見本尊這點，是經過喇嘛鄔瑪巴、仁達瓦大師所印證的。《大師全集》中有兩篇呈至尊仁達瓦的書信，都是大師啟白仁達瓦大師自己從文殊菩薩聽來的教授，在信中最後還特別請仁達瓦大師務必要保密，不要對他人講述親見文殊的這些秘密教授。

但是顯然的，大師所講授的中觀見解，在藏地是聞所未聞。要知道當時藏地的中觀見充斥了各種理解。當代的智者噶瑪寶童說：「現今雪域境內，不論智者愚人，口耳充滿中觀一詞，這都是仁達瓦的恩德。在那之前，中觀在唐薩寺就像死人一樣，幾乎聽不到對中觀的討論。」仁達瓦大師自己也說：「我最初於薩迦求學時期，跟別人說我有一本中觀的經書，人們根本不重視。近來大家珍愛中觀的經書，這是我利益聖教的結果。」仁達瓦大師第一次講中觀，即是為宗喀巴大師宣講，由此可見，宗喀巴大師所處的時代，中觀是極其式微的。而對於中觀宗的差別，有所謂理成如幻、極無所住的分法，還有所謂的他空、自空等種種見解。所以大師著作了五本稀有的中觀正見論述之後，帶給藏地很大的震撼。

　　也有富有智者之名的人誤解，認為宗喀巴大師開創了新的學派，否定了藏地已有的清淨教法。對此種言論應當要加以詳細抉擇。大師在尚未親見文殊以前，就已經遍學顯密一切教典，其所撰寫的《金鬘論》，加上一次開講二十九部的教典，對於那些印度、西藏的大德所闡釋的教法早已理解於心，這就是為什麼達倉譯師閱讀《金鬘論》後，會幡然悔改先前對大師的問難。我想其中一個原因，就是因為看見大師在三十歲時的見解，已經完全整合了所有藏地先輩大德的說法，立是破非絲毫不錯。以這樣的智慧，加上大師自己勤奮淨罪集資，一生德行謙下，《金鬘論》中凡是對西藏先賢破斥都會隱其名諱。因為大師說這些先賢雖然見解有誤，但是行持及利生事業，確是對西藏有著不可泯滅的深恩。

　　大師既然在三十歲初就已經有這麼高的成就，《起信津梁》這麼引述大師的話：「就像現今在藏地被認為是智慧與見解高超的人，他們對大部

分的至言及其釋論，僅透過閱讀，不費工夫就能清晰看出『這裡有這個意思』；對他人開示時，也能給予心滿意足的深刻領會。像這樣的特質，我很早就擁有了。但這根本不堪憑信，因為以細緻正理善加觀察時，最初認為『就是這樣』的理解，大多不得不破滅。所以在未經極細的清淨理路善加觀察圓滿之前，縱使是認定的義理，也只會變成空話。」

　　所以大師遇到喇嘛鄔瑪巴，透過中觀甚深難點去提問，確定他所親見的文殊是當今唯一能傳道授業解惑的希望。因此立刻抓緊機會向文殊請教許多正見的問題，甚至師徒兩人去噶哇東專門閉關，每日討論法義。而後來在我們所能看到的文殊教授中，文殊菩薩給宗喀巴大師的開示：「從今以後，應當視上師本尊無別而祈禱；淨化過去的罪墮並增長廣大資糧，勤於淨罪集資；依靠諸大車師的理路，詳細觀察經續及諸釋論的內涵。這三個必須同時並行，恆不間斷地修持，不久之後就會獲得正見最究竟的扼要，及對一切經續的無誤定解。」

　　在喇嘛鄔瑪巴臨行前，文殊菩薩給大師一段總攝的扼要教授（偈頌為文殊菩薩原話，小字為後人的解釋，以便理解）：「悉皆無所住，心當修如空，此二句開示當修習甚深正見智慧分毘缽舍那。勤求彼助伴。此句開示當修廣大行持、方便分，即是從親近善知識至奢摩他之間所有法類。當如麒麟住，身當住僻靜處。當斷諸喧雜，語當斷多話等過失。當入內等持，心當不散亂而思法義。當樂大菩提。若能具足以上條件，當獲得菩提。於業異熟不猶豫，由思業果，為來世獲善所依身而修法，為下士道。而修出離菩提心。中士道與上士道。恆燃正念之烈火，此正念有兩種：生起次第與圓滿次第。遍焚六境之薪柴。由修三士道及二次第，當盡斷六境之上的諦實執──煩惱障與所知障。六境者即六根所對六境。輪迴涅槃

一切法，先無所得無得故，猶如虛空離此邊。過去智者觀擇而無所獲，未來智者觀擇亦無所獲，如虛空無能執取者。**境之顯現如空花**，如虛空所生之花不存在，色等法自性亦不存在。**佛亦不獲心所取**，內在之心亦無諦實，察其諦實性，佛且不獲，況諸凡夫。**界識一如石女兒**，界者空性，識者證空之智，彼二亦如石女兒無自性。**如是一切為佛道**。於世俗中因果不虛，於勝義中毫無自性，善解此義，即為能得佛果之清淨道。」

後來大師自己親見的文殊，也一再說：「現在不必一再地向我請問，詳細地抉擇諸大教典吧！那與我開示的大體上都完全符順。如果出現一點點不符順之處的話，所謂的教授才是該被捨棄的，諸大經典是不能棄捨的！」

而文殊菩薩開示能夠證悟中觀正見的因，即是著名的文殊三教授：視上師本尊無二無別，多門中淨罪集資，研閱無垢經論。有抉擇慧的人，看看這些文殊的教授，哪個違背於佛陀顯密的言教？

七、出生日期

在宗喀巴大師親傳弟子所寫的傳記當中，完全沒有提到大師是哪一天出生。只有說是在雞年年初入胎，雞年十月出生。時間大約在十月十日到月底之間，而大師示寂日明確是十月二十五日。依循佛陀示現降生與示寂同一天的事蹟，有大德認為大師出生與示寂是同一天。早期漢地的記載，多認為大師是生於永樂十五年（西元1417），這種說法與傳記相差甚遠。

八、受戒年齡

　　這點在親傳弟子的傳記中沒有明確寫出，不過歷來普遍承許是二十四歲，也就是大師在衛區各大寺院巡迴立宗後，沒多久就去雅隆受比丘戒。另一說法見於克主善財大師所寫的《宗喀巴大師及其弟子略傳》記載大師是在三十歲受比丘戒的。克主善財大師距離大師時代不遠，他是大師親傳弟子僧成大師的入室徒眾，藏地公認即身成佛的祖師，其說法也絕非不可信。卓尼名稱講修大師也作是說，故在此處列出以供抉擇。

　　但筆者個人認為前者說法較為合理，因為在大師二十五歲到二十九歲之間住在蔡寺進行閱藏（閱讀《大藏經》），期間開始著筆撰寫解釋天書《現觀莊嚴論》的天書《善說金鬘論》，而後在三十一歲德哇巾寺期間寫完，所以從二十五歲至三十歲之間的傳記事蹟相當稀少，想必是這個原因。當時蔡寺收錄的《大藏經》應為納塘古版，根據記載，此版甘珠爾共有一百零六函、丹珠爾二百二十五函。

　　由於這五年深入《大藏經》，廣泛研閱印度、西藏甚至尼泊爾、克什米爾、漢地等大德的論著，所以造就了三十二歲即能在一座間講了十七部論，然後在三十六歲前，已經達到可以一次講二十九部論的境界，已經是超前絕後的高度！除了文殊再世，恐怕難以企及。

九、金字二十般若

　　在《起信津梁》一書明確有寫到宗喀巴大師在五十三歲寫《中論廣

釋》，期間對於《中論》甚深難點不太理解，經過猛力祈求，空中出現金字的《般若經》關於二十空性的文字。大師當下豁然開朗，完全了悟其內涵。而在大師親傳弟子——直貢梯寺說法首座蔣揚喀切所寫的《八十宗喀贊》說，是在大師撰寫《金鬘論》的時候出現的所見現相。因為《金鬘論》第一品的資糧正行中講到二十空性的段落，大師特別有說這個是特別難解之處，因此這樣的所見現相，也並非絕無可能。而在周加巷法王《廣傳》記載中提到，大師撰寫《菩提道次第廣論・毗缽舍那》抉擇空性時，虛空中也數數出現銀字的二十空性文字。因此出現這樣加持的情景，顯然不是只有一次。

十、這麼殊勝的教法，什麼原因會使之衰頹呢？

貢唐寶教炬大師的《具義讚釋》引據了許多佛經說明利養恭敬是放逸根本，然後說：「《月藏經》中講了許多教法衰頹的因，其中最主要就是喜歡嘈雜放逸。特別是違害格魯的教法最大因緣，就是被慾塵散亂所沖走，這是阿底峽父子所授記的。宗喀巴大師由於徹見這一點，所以將缽盂倒蓋，在那之上建塔，就是要壓制五欲受用太過豐沛，這是過去先賢所說的。」

❧ 結論

看到宗喀巴大師殊勝功德，要想得到大師的攝受，生生世世延續學習如此圓滿的教法，應該要具備什麼因？在《起信津梁》的跋文中提到：

「經劫難遇您名諱，勝乘知識足下塵，
此善願我於世世，不離依止作頂嚴。

於此三門一切行，辛勤唯為令您喜，
願由此力出心髓，尊語甘露而養命。

勝乘道體菩提心，正見扼要二次第，
願無誤解而精勤，修尊語教為心要。」

　　在文殊海大師的著作中有提到：「（文殊海）請問道：『那麼如何積聚往生這樣的淨土的因？（往生獅子吼佛淨土）』

　　回答道：『不顧利養恭敬、斷除非器，並具足智慧精進信心的利根者們，若如密宗道次第所說而修持，也為他人開示，就能往生彼淨土。中根及鈍根者們，對於生圓二次第的知解境，也要不落二邊而恭敬地去生起；對於誓言與律儀這種不可或缺的條件，以恭敬加行的方式去修持，則能往生彼淨土。』」

　　《克主傑大師傳》中提到，克主傑大師在宗喀巴大師示寂後五次親見大師的最後一次，啓白說：「傑仁波切現住何處？我也當往彼處！」宗喀巴大師答：「總體而言，我的化身在兜率、空行剎土及南贍部洲等許多地方都有。現在正於漢地五臺山，向八十萬執金剛比丘，上午宣說《中觀》及《道次第》，下午講說勝樂、密集、大威德三尊的生圓二次第。你也應當發起欲求前來此處，不久就能相遇。」克主傑又問：「然而，如果有其

餘所化機作祈禱的話，是否也能往生彼剎土領受語教甘露？」師答：「如果能視我與至尊文殊無別而祈禱，也能獲攝受而生彼剎土，但是就是沒有這麼做的人！」因此，克主仁波切又問：「需要何等因，才能得到傑仁波切與至尊文殊的攝受？」師答：「不共的因，需要相續中生起出離心、菩提心與清淨正見，一心勝解上師與至尊文殊無二無別。」又問：「其餘有情當如何成辦？」答云：「可塑造我與至尊文殊的身、語、意所依，並視上師與文殊無別無法分離而祈禱、稱讚、不是嘴巴說說的那種發願、深信業果、勤於四力懺悔，就無疑可得攝受。」那時克主傑大師即時發願道：「至尊上師善慧稱，至誠恭敬作祈請，怙主汝住於何土，我亦速往祈加持。」

真如老師在《廣海明月》第二冊中說：「師父在這裡邊說：『我們單單聽到這個數字，啊！只是讚歎、讚歎，如果我們將來真的有機會能夠參加這樣的大善知識的修行道場，那個時候才了解殊勝、不可思議！』如果我們將來深入其中，詳細地聽聞那些精彩的解釋，每一個解釋都是細中又細，精確又精緻完美的理路，是很多很多修行者真正的饗宴，靈魂的饗宴。希望大家能夠好好地發願，好好地學習五大論！」「為什麼常師父要在《廣論》第一盤帶子當中，就把大師的行誼傳到我們耳畔，只是讓我們讚歎而已嗎？我們要發起想要效學的心，一定要真實受用宗喀巴大師的教法！所以我們閱讀宗喀巴大師傳記，一定要發起效學嚮往之心，發願有一天要像宗喀巴大師一樣學弘顯密圓滿清淨的教法！」

筆者由於從小受到至尊恩師日常老和尚的攝受，而值遇宗喀巴大師圓滿的教法，並在他老人家座下出家，修學《菩提道次第廣論》。繼後因為

殊勝的福報因緣，又得到至尊具恩上師真如老師的教導，對於大師父子三尊及其圓滿教法生起日夜增長的信心。在至尊具恩上師真如老師的言教中，每每憶念大師的恩德，和常師父為我們宣講《廣論》教授的深心。特別是在建立僧團的學制上，堅持大師的宗風，在清淨戒律的基礎上，對五部大論為主的一切經論進行清淨的聞思修。也由於聞思修五部大論，對於大師父子三尊的思想有了完整深入認識的機會。因此對於大師的傳記，心中總是有極大的嚮往，在此推動下，不只閱讀了目前中文所有大師的傳記，還研閱了藏文《起信津梁》、《密傳寶穗》等各種傳記性質，以及祖師們宣說大師教法不共殊勝特點的論著，如三世貢唐的《具義讚釋》、福稱大師的《噶當教法源流》、妙音笑大師的《能怖金剛教法源流》等。

當閱讀克主傑大師的這本《起信津梁》時，至尊具恩上師真如老師曾叮囑：「既然你有心想要深入宗喀巴大師的傳記，那你就把這本《起信津梁》翻譯出來。」承蒙至尊恩師加持，在2018年10月份的殊勝日子，我開始了翻譯；歷經三個月，於隔年初稿譯畢，而後費事半年，作詳細審定，其中許多詞義難以理解，也極為感恩拉朗巴格西如月格西詳細釋義，使翻譯得以圓滿！為了更充分地了解當時的情景，以及歷代大德所流傳的父子三尊行誼，因此廣泛參閱各種相關傳記及佛教史。在月光國際譯經院大量藏書中，提供了我極大的方便，其中特別要感謝佛教數位資源中心（Buddhist Digital Resource Center）海量般的藏文原典。此次翻譯的因緣，恰巧為宗喀巴大師示寂六百年整，值此殊勝時節，大大增長了自己對大師父子三尊的憶念。尤為感恩至尊根本上師們的攝受，令薄福如我者能值遇如此殊勝圓滿之教法。

「我是那樣盼你來，絲絲心意織成海，
波波相思向兜率，上師上師你何時來？
想往時，你降臨，五戒十善大門開，
無量有情安樂住，佛陀教法君陀開。
深見廣行旃檀樹，日夜芬芳香傳來，
無量佛子發精進，格魯紅蓮竟日開。
上師上師兜率裡，你可傾聽我心曲，
代表眾生無量億，祈請上師來漢地。
生生由勝宗喀巴，為作大乘知識力，
願於佛讚善穩道，雖剎那頃不暫捨。
我之師長宗喀巴，或居兜率或極樂，
任住何處勝淨土，我等願生眷屬首。
初務廣大求多聞，中現經教皆教授，
後盡日夜遍薰修，為弘聖教遍回向。」

—— 真如老師《祈請大師頌》

　　筆者釋性景2019年解夏自恣佛歡喜日前後，寫於愛德華王子島。願以此善令法界眾生，於一切生中恆得宗喀巴大師父子三尊攝受！

ༀ། །རྗེ་བཙུན་ཙོང་ཁ་པ་ཆེན་པོའི་རྣམ་ཐར།
སྐལ་བཟང་ཉིན་བྱེད་ཀྱི་འོད་སྟོང་ཟེར་ལ།
འཇུག་པའི་དགའ་སྟོན་ཞེས་བྱ་བ།
བཞུགས་སོ།།

至尊上師宗喀巴大師傳記
起信津梁

克主・善妙吉祥賢　著

皈敬頌與主旨

簡略而完整地宣說至尊上師宗喀巴大師的稀有傳記本生——《起信津梁》
具足無緣大悲的至尊上師，於您尊前至誠禮敬。

福智懿行東山頂	福智宏偉懿行的東方高山上
佛子勇士言月昇	佛子勇士的善說之月冉冉升起
勝德能開聖教蓮	擁有綻放聖教睡蓮的吉祥功德
尊師全勝除意闇	至尊上師完全戰勝並消除我心中的黑暗
善慧德具妙音語	所具有妙音天女語功德的善妙智慧
名稱腰鼓天女擊	悅耳名稱的腰鼓為十方美女¹所扣響
具德智者悉頂戴	一切具德智者們俯首在您的尊足前
我亦頂禮您足下	我，也如是頂禮

....

1　**十方美女**，即藏文修辭學中方位的雅稱。此句指大師之美名響徹上方之意。

善守高貴勝禁行　　善為守護高貴的禁行

樂以智慧詳抉擇　　以極細微的智慧明辨能仁所有教典

能仁教典最細處　　深入的抉擇無人能匹敵

一心專修誠稀有　　所以對於一心專修極為歡喜

　　　　　　　　　如此實為稀奇！

依怙尊您功德海　　依怙您的功德大海既廣且深

難窮邊底深幾許　　若要丈量邊底

諸大力者尚難判　　縱使具大力者也感到疑惑難決

如我豈能丈微許？　如我這般又豈能企及？

然此猛烈信心火　　但是在此由於信心烈火所燃燒

令我心海已沸騰　　我的心海已幾近沸騰

辯才拂塵取滴水　　為了消除熱惱之意

為除熱惱而歡舞　　所以辯才的拂塵

　　　　　　　　　用那毛端沾取了這顆水滴

　　　　　　　　　而翩翩起舞

「願從今起至來世　　　　「願從今生乃至來世

永不捨離此依怙　　　　　再不為您這般依怙所捨離

以您善說甘露活」　　　　依靠您的善說甘露而存活」

如此敬求自利索　　　　　希求此等自利的動機

真實牽引我心意　　　　　如繩索般真實地牽引我的心

具慧淨信天鵝群　　　　　為了讓具足智慧、潔白信心的鵝群

處無邊德乳海中　　　　　在無邊功德的乳海中

為令增喜勤撰此　　　　　增加無比歡喜

　　　　　　　　　　　　所以我今如是努力

春季雨雲伴雷鳴　　　　　春季的雨雲伴隨著廣闊的雷聲

春令天女佩花瓔　　　　　春之天女戴上了鮮花瓔珞

年幼孔雀競逐戲　　　　　年輕的孔雀正歡樂嬉戲

此於世間亦稱奇　　　　　這在世間被稱為珍稀

能摧智者頑固意　　這摧伏智者們頑固之意的

論談正士稀有行　　是宣說依怙稀有行誼的言語

精華揚於善緣耳　　是在具緣者耳畔傳揚的精華

諸仙心中亦憐惜　　仙人們也會對此深生愛惜

少年時與出離理　　少年和出離俗世

為處大義勤難行　　安住大義並勤修苦行

獲得勝者所喜位　　獲得勝者所喜的最勝果位

此乃妙行之主旨！　這些就是我要說的稀有傳記的主題！

　　我的具德[2]殊勝上師，是佛陀薄伽梵的偉大傳承者，具有對一切世間，不需因緣，也一向親愛的本性；長久以來，就到達了菩薩偉大諸行的彼岸。由於至尊文殊的心光照耀，開啟了智慧的蓮花，從而擁有照見一切所知範圍的清淨慧眼；眾多珍貴共與不共的現證功德，充滿著心之寶庫。這位名諱難稱的大師，從無量劫以前，就已圓滿十地功德；在諸多不淨世界中，有時示現為轉輪王，有時示現為一方的國王，或者示現帝釋或梵天之身，同樣也現在家、出家菩薩等相，隨著所化機的根性，變現無量身形。如同一輪明月當空之時，地上[1]種種盛水的容器，俱時映出月影般，

2　**具德**・法稱論師《本生論釋》云：「具德者，具善妙威德光明也。」德、光、熾燃為同義。又，宗喀巴大師《遍明隱義》：「生起欲求且欲親近，故為德」，具有令人見到即欲親近依止的德行，為具德。

不需造作，任運顯現。而對於我們來說，大師受生為我們同類眾生的善知識行相，以便饒益我等，此事無庸置疑，因為在大師的行誼方面，我聽聞過可信的例證與敘述。

　　然而大部分的人們確實難以理解這個道理，大師也看到我們信心和意樂普遍下劣的本性，機緣如此，所以大師也不予承認，因此我無法多加闡述。既然我等未獲十地自在的人，對於大師學習菩薩道，而對有情所作義利與饒益[3]的殊勝功德，連邊際的一隅都無法觀見。所以只能就下等所化機也能共同看到的事蹟，自己所瞭解傳記的一部分，數數地舞動信心的手指，串起言語的花鬘，將它莊嚴在具緣士夫們的耳畔。

〔1〕　地上　雪本作「地勢」，誤。

3　**義利與饒益**·據如月格西解釋，「義利」指大師幫助有情的行為，「饒益」指有情透過大師所示現去努力，而能獲得增上生及決定勝的果報。

宗喀巴大師歷代本生

♠ 一、少年時期

　　我是這樣聽到的：大師最初示現投生之處，是在多麥[4]，名為「東宗喀[5]」的地方。那是過去西藏天贊普[6]諸王所管轄的領土，從諸耆老先輩的口中聽說[1]，那是一個具有殊勝功德的地區。

　　大師的父親，名為「達魯花赤[7]魯本格」。個性威嚴敦厚、聰明勇敢、富庶並且秉性正直，具備這些令他人信賴的美德。大師的母親，名為「星莫阿確」。雖是女眾而無[2]諂誑，心性至極賢善。這是當地人們普遍稱揚的。這對父母共有六個孩子，大師是第四位。大師的家族姓「麥」，聽說和大師同一世系的就有一千多人，而七世不斷的血緣親屬也非常[3]繁盛；其中先後有許多出家為僧的人，都守持著高貴禁行，具有廣大慧眼。所以這位大菩薩，有如此圓滿的種姓、父系和母系血統。

　　大師出生時，他的頭頂如同傘蓋一般，額頭[4]寬廣、眉毛伏貼[5]、鼻

4　**多麥**‧地名，又稱安多，約當今青海、甘肅省轄區的黃河南北一帶。

5　**東宗喀**‧宗喀，地名，指青海湖東側的湟水流域。宗喀與青海湖同處甘肅、青海省交界的黃河北部，而青海湖在西，宗喀居東，故名東宗喀。

6　**天贊普**‧指西元前2世紀至西元9世紀間的歷代藏王。以藏民傳說其為天神化現，且其權勢無法違抗，故名。

7　**達魯花赤**‧元朝官名，原意為掌印者，後來泛指長官或首長。此處特指掌握行政和軍事實權的地方各級最高長官。

樑高挺、耳垂修長，身體各個支分廣長豐實、上下勻稱，諸根明利，膚色皎潔如君陀花，具有一般世人所沒有的相好莊嚴，宛如眼睛的甘露[8]，百看不厭。與此同時，整個大地就像戴上了摩尼寶冠。

大師從孩提時代，就遠離一切兒童的過失，天生就不做放逸的遊戲，自然防護諸多惡行；對誰都說悅意語，並斷除瞋恚；平易近人，對於求乞者恒常伸出援手，對於無依無怙者心生悲憫而說諦實語。他的慧力難以測量，而且自然而然地就會尋求正法等等，如是種種菩薩偉大行誼，正如普通孩童剛出生就會吸吮母乳一樣，是不需要學習的。

佛陀薄伽梵說：趣入大寶聖教最初的殊勝之門，是別解脫戒；而一切功德的根基，也是戒律。別解脫戒又分居士戒和出家戒兩種。這位童子，在尚未達到可以出家的年齡前，就在法王噶瑪巴遊戲金剛[9]跟前，受取圓滿優婆塞戒，名號則稱為「慶喜藏」。

在年滿三歲時，父親迎請來義成寶法王[10]。那時，法王賜予父親[6]無量馬、羊等資具，並說：「請將你這位孩子給我。」父親也很高興地答應了。

....

8　**眼睛的甘露**．形容好看之物。如月格西解釋，甘露原有阻止魔害之義，衍生為長養。此指大師的外貌很莊嚴。

9　**法王噶瑪巴遊戲金剛**．大寶法王噶瑪巴四世（若必多傑，西元 1340-1383）。西元 1358 年應元順帝之請前往北京，此時途經青海。

10　**義成寶法王**．宗喀巴大師最主要的上師之一（敦珠仁欽，西元 1309-1385），其事蹟詳見本書74-77頁。

過了六歲半，大師正式來到了法王座下。在還沒出家以前，法王便讓他成熟了進入密咒金剛乘的大門[11]，並讓大師進入鈴論師[12]派的薄伽梵勝樂輪[13]，以及喜金剛[14]、金剛手[15]的壇城中，而授予灌頂，賜予密名「不空金剛」。大師圓滿受持持明律儀以及誓言，如保護眼珠般持守著。在剛到法王跟前不久，看見許多背誦教典的人，大師僅僅用心稍作觀察，便能無礙地背誦出來，不需專門學習。在獲得灌頂後到出家以前，將滿七歲的時候，心中便背誦了諸如勝樂金剛、喜金剛、普明如來[16]、閻摩敵[17]等許多壇城儀軌，也多次進行鈴論師派勝樂金剛的自入法，一心趣入於本尊瑜伽與念誦次第等。

　　在尚未出家的時期，有一段時間，大師長期於[7]每晚夢中都會清晰地看見薄伽梵二臂忿怒金剛手的形象，特別是長久地夢見具德阿底峽尊者[18]。後來大師來到衛區[19]，看見尊者的塑像，就說：「和夢中見到的一

. . . .

11　即法王為宗喀巴大師灌頂之意。

12　**鈴論師**．印度八十大成就者之一，又名金剛鈴師、覺慧藏吉祥、勝敵，此師的勝樂傳承在格魯派頗受重視。

13　**薄伽梵勝樂輪**．無上密母續本尊，宗喀巴大師主修的五大本尊之一，其加持力至濁世時不減反增。又名總攝輪、嘿茹嘎。

14　**喜金剛**．無上密母續本尊，又名呼金剛、遊戲金剛。

15　**金剛手**．佛菩薩名，是一切諸佛大威神力的代表。

16　**普明如來**．《淨治惡趣續》所說的壇城本尊，又名遍照毘盧遮那如來、普明宏光佛。

17　**閻摩敵**．無上密父續本尊，以摧伏死主而得名，為至尊文殊的忿怒相，可分為紅、黑、六面、大威德等不同身相。

18　**阿底峽尊者**．印度佛教頂嚴(西元982-1054)。師從金洲大師、明了杜鵑等150多位大德，匯集深見、廣行、加持派等眾多顯密傳承於一身。西元1040年應菩提光王迎請入藏弘法，撰《道炬論》，振興西藏佛教。著名弟子有種敦巴、善慧譯師等諸多噶當派大德。

19　**衛區**．地名，又稱前藏。當時衛區的範圍約為今日的拉薩市、山南市及林芝市的一部分。

樣。」這就像阿底峽尊者為了重振西藏教法，而來西藏一般；大師以全圓的顯密道次第來成熟、解脫所化機，在擎舉大寶聖教不隕勝幢者當中，成為幢頂的摩尼寶。這無疑已經是一種前兆。

在此，如是作頌曰：

信進念知不放逸	已經長久熟識了信心、精進、正念
最勝禁行慧難思	不放逸、正知、殊勝禁行
久習為作知心伴	並且智慧難量
雖在幼時愛不離	縱然在兒童時
	也對這些助伴珍愛不放

色身幼芽初生時	色身才如苗芽最初生長
已具無量功德花	功德之花就已蘊藏無量芬芳
圓滿芬香為心要	以此為稀有
如此稀有誰能思	有誰不這麼想？

《至尊上師宗喀巴大師傳記・起信津梁》──〈第一・少年時期〉

校勘

〔1〕 聽說　雪本作「賭咒」，誤。
〔2〕 無　塔爾本作「趣」，誤。
〔3〕 非常　雪本無「非常」。
〔4〕 額頭　雪本作「撕破」，誤。
〔5〕 伏貼　雪本作「下垂」。
〔6〕 父親　雪本作「也」，誤。
〔7〕 於　雪本無「於」。

出生及赴衛區

♠ 二、由俗家至出家

　　這樣的童年佛子，由於醒覺了過去數數修習的賢善習氣，在孩提時代就如是了悟到：「居家會由於種種的惡業，被匆忙的繩索緊緊束縛；是放逸之處，與寂靜不能相容；為成辦衣食、家庭生計、財富等事而煩煩擾擾，猶如火坑，痛苦難忍。而出家則是比其他更能背離上述過失的善妙門徑，因為三世諸佛也都是受持出家之身的。」大師懷著這樣的意樂，在七歲的時候，捨俗出家，穿上了袈裟勝幢。

　　傑仁波切最初的經教師、賜予剃度的善知識，即是前文提及的法王義成寶。

　　這位祖師的簡略傳記，在此順帶述說：

　　上師出生在多麥，在少年時出家，並來到衛藏，追隨聶塘巴吉祥獅子等師長，善巧地學習了《般若》學[20]及慈氏諸論[21]。之後到了後藏[22]納塘

20　《般若》學·藏文直譯為波羅蜜多，用以簡稱《般若波羅蜜多教授現觀莊嚴論》法類。
21　慈氏諸論·至尊彌勒所著的論典，有《現觀莊嚴論》、《經莊嚴論》、《辨中邊論》、《辨法法性論》、《寶性論》等五部。
22　後藏·地名，當時的後藏約當今日喀則市的大部分。

寺[23]，依止董敦正理獅子，聽聞學習《定量論》[24]，董敦正理獅子是炯登理劍[25]大師的大弟子，也是炯登大師寺院的寺主。義成寶上師當時對於一些理路破立之處，稍覺難以理解，因此前往夏魯寺[26]，在自然生成的觀世音菩薩像[27]前，猛力祈禱，日夜繞行直至腳底磨破出血，終於生起最勝的慧力。從此對於理路的扼要[1]再也沒有障礙，得到最善巧辯論的名聲。即便生活順緣寡少，上師仍依靠著納塘僧眾的稀糌粑糊而認真學習。

此後，上師來到夏魯寺巡迴立宗，即便當時一切智布敦仁波切[28]擔任寺主而駐錫著，上師在法會中討論法理時，也能善持自宗，並獲得智者的美名。而後又回到多麥，擔任興根[29]一座新寺院的堪布。在那期間，德哇巾寺[30]派人來迎請上師赴該寺接任寺主，因此上師來到衛區。但由於寺院

23　**納塘寺**・噶當教典派著名大寺，位於今西藏自治區日喀則市曲美鄉，為霞惹瓦弟子覺慧稱建於西元1153年。

24　**《定量論》**・法稱論師的七部量論之一，此論〈他利比量品〉的內容遠較《釋量論》的詳備。

25　**炯登理劍**・納塘寺寺主(西元1227-1305)，《納塘版大藏經》的主要編校者。

26　**夏魯寺**・夏魯派祖庭，位於西藏自治區日喀則市。由皆尊智慧生源建於十一世紀，後因布敦仁波切常住此處而成為夏魯派中心。

27　**自然生成的觀世音菩薩像**・由於勝海觀音的三次授記，迎請了一尊來自中印度的卡薩巴尼觀音，其前方有黑石夾帶白石自然生成的卡薩巴尼觀音，在其前方有彌帝班智達手握石頭生成的卡薩巴尼觀音，這三尊稱為自然生成三層觀音。

28　**一切智布敦仁波切**・夏魯派開派祖師，名為寶成(仁欽主巴，西元1290-1364)，十九歲前即精通般若、量學。其後精研聲明修辭，並從多位師長獲得無量密法灌頂及講說傳承。三十一歲任夏魯寺寺主，白晝講經傳法，受業者常達七千四百人；夜間從事著述、校譯。曾重新審定《納塘版大藏經》，為藏地不分教派公認的大德。

29　**興根**・地名，即今甘肅臨洮。

30　**德哇巾寺**・位於拉薩近郊聶塘地區，嘉欽如瓦建於西元1205年，後稱惹對寺。

那方面時機不合，所以上師只將帶來的大量資具，在德哇巾及納塘等寺，對大經堂及僧眾作廣大承事。而後來到雅曲定寺，為求修行而依止於殊勝士夫多登巴座前，將所有身邊資財全數供養這位上師；由於一心匯歸於修行，生起了殊勝的奢摩他覺受。

之後上師回到多麥，創建夏瓊寺[31]、夏卜浪寺[32]兩座寺院。雖然連年開展《般若》學與量學為主的學制，以及進行慈氏諸論、《二觀察續》[33]、《入行論》[34]等講說，然而並未獲得預期的利益，上師因而心生厭倦，便在夏卜浪寺委託管家釋迦賢擔任寺主，自己則到夏瓊寺[2]一心專修。大家都說他是位獲得善巧成就，而且為殊勝本尊所親自攝受並加持的上師。在即將示寂之際，有天樂及花海[3]供養，空中傳來「往生鼓聲如來淨土」的音聲，從此地到北方都清晰可聞。

這位上師具有無礙現見隱蔽境等無量現證功德：先前上師在納塘寺與德哇巾寺曾供養了許多熱茶與供品。曾經在一個秋季的某日，宗喀巴大師在上師座前時，上師交代大師：必須記住這天的日期與時間，今天正是納塘寺供養我們所供的熱茶和供品的時候。大師也將日期記在心上，後來等

31　**夏瓊寺**‧位於青海省海東市化隆回族自治縣牙什尕鎮，建於西元 1349 年。夏瓊義為靈鷲、妙翅鳥，由於此寺所處山勢形似靈鷲，故名。

32　**夏卜浪寺**‧位於青海省黃南藏族自治州同仁縣黃乃亥鄉，建於西元 1341 年。

33　**《二觀察續》**‧原名《呼金剛續王》，是喜金剛的略根本續，有二觀察、二十三品，故名。此續係由原有三十二觀察、三萬品、五十萬頌的廣根本續攝略而成。

34　**《入行論》**‧全名《入菩薩行論》，寂天菩薩著，此論廣為抉擇一位大乘種姓者如何發心、修學六度及中觀應成正見。

到送供養的人回來，仔細詢問，證實供茶的日子就是那一天。

大師還說，雅寺的多登巴圓寂後，囑咐蔣森巴擔任寺主，蔣森巴寄信及供養到多麥給上師。上師覆信時，將收到供養的說明與書信，全部署名寄給古汝裒宣巴這位大德。有人問：「先前是蔣森巴寄給我們，應回覆給蔣森巴比較好。」上師仍說：「這樣做就好。」當送信人到衛區時，蔣森巴也示寂了，古汝裒宣巴已經擔任雅寺的寺主。像這樣的事蹟是很多的，但顧慮篇幅太長，因而不再贅述。

由這樣高量功德的上師——義成寶作為親教師；由另一位名為童菩提的大德——他是在衛藏及尼泊爾等地向許多智者、班智達學習諸多顯密教法的大善知識大元童獅[35]的弟子——作為阿闍黎，在二位師長座前，大師正式受沙彌律儀，法號為善慧名稱吉祥。

義成寶上師在大師年幼時即開始攝受，由於預知大師將成為大寶聖教的教主法王，所以就像守護藥王大樹的苗芽一般，心裡極為珍愛守護著大師；度大師出家，並引導入金剛乘之門；非常詳盡地為大師作赴衛藏的準備，極為關照。因而大師也視這位上師為深恩的師長。

....

35　**大元童獅**·夏瓊寺第二任堪布。

此處作頌曰：

諸根極靜調伏德　　諸根極為寂靜調柔的功德
即便天仙久梵行　　連久修梵行的天仙
相形不調如童稚　　相形之下也如愚童一般不馴
少年為此雪域藏　　年幼的大師實為雪域的中心

年幼佛子大悲月　　童年佛子大悲的月輪
座間軌持袈裟服　　在座間身披袈裟妙衣
當下即捨俗世園　　從此之後，俗世園林中欲塵睡蓮的快樂
不樂嬉戲欲界蓮　　已經不再是歸處

《至尊上師宗喀巴大師傳記‧起信津梁》──〈第二‧由俗家至出家〉

〔1〕　**理路的扼要**　青海本原作「明處」，雪本作「理路的扼要」。
〔2〕　**自己則到夏瓊寺**　雪本作「在自己的夏瓊寺」。
〔3〕　**花海**　雪本作「花困」，誤。

從多麥到止貢及蔡寺之後

♠ 三、最初以顯教為主而遍求多聞

　　大師出家之後，做了這樣的思考：「佛陀曾經如是教敕：遵照法王佛陀薄伽梵善說法律——毘奈耶而出家的僧眾，所應做的事情有兩件，那就是讀誦聞思、修行禪定的次第。所以我也當在最初，就要透過讀誦聞思的方式，依止善士智者為領航，乘著精進的大船，為順應時節之風所吹動，穩健地執持抉擇的船槳，而趣入佛陀至言善說的大海。」

　　巍巍雪山環繞的雪域，是過去護持正法的國王菩薩，及歷代譯師、班智達、智者、成就者所蒞臨加持的地方。而最初點亮大寶聖教圓滿火炬的光明，之後經過諸多殊勝善士的推廣，現今仍存在少許聖教續流的最勝地區，即是衛藏。因此大師生起了前往求學的想法，發起了如常啼菩薩[36]尋求正法的勇悍，不在乎長途跋涉的難忍苦行，只是迫切地尋覓著善說。

　　在年屆十六歲時，由於義成寶法王也如是勸勉，大師本人也非常歡喜[1]地將要前往衛藏。當時義成寶法王便向大師說道：「我要為你說一座法，你想要聽什麼？」大師回答：「請求您能賜予饒益內心的教誡。」上師具足現前預知未來的能力，順應將會發生的情景，以偈頌的形式宣說：首先要聞思這個，之後要做這個等順序，然後要修持這些內涵，之後再成

36　**常啼菩薩**‧《般若經》所說以勇悍心力依師求法的典範。

熟所化機。大師做了筆記，而後啟程；然而筆記在抵達衛區不久就遺失，終究未能尋獲。後來大部分詞句皆已遺忘，儘管如此，大師以後聞思等次第，確實全部都如同上師教誨般而實現。關於上師當初的教誡，到後來仍能憶起的少數段落如下：

「善慧名稱汝少年，再續昔修善業者，宿生定有妙習氣，曾飲正法甘露味」，「莊嚴《般若》廣中略[37]，厥為《現觀莊嚴論》[38]，最初應當勤修學，若能於彼成善巧，則能略曉諸經論。應善憶持於心中。而後當學《經莊嚴》[39]，所述菩提薩埵道，及諸行持之建立，作為善巧之支分。實為輪迴涅槃依，開示如是真理者，厥為《辨法法性論》[40]。斷除前際與後際，開闡如是中道義，故此論為《辨中邊》[41]。一切眾生普皆有，自心清淨之法性，此即所謂如來藏，開示此者《寶性論》[42]。若以如是善巧鎧，通達慈氏五論已，而後當學諸量論，廣本論典為《釋量》[43]，中本論典為

37　《般若》廣中略・即《十萬頌》、《二萬五千頌》與《八千頌》等三部《般若經》，相當於玄奘大師所譯《大般若經》初分、第二分、第四分。

38　《現觀莊嚴論》・全名《般若波羅蜜多教授現觀莊嚴論》，闡明《般若經》開示空性時隱含的現觀次第，為顯教五部大論之一。

39　《經莊嚴》・此論廣集諸大乘經所說菩薩行的要義，並開示唯識宗的空正見。又名《大乘經莊嚴論》、《大乘莊嚴經論》。

40　《辨法法性論》・此論以唯識宗的觀點，開示構成輪迴的基礎「法」，以及能得到解脫的觀修所緣「法性」。

41　《辨中邊》・此論以唯識宗的觀點，區分遍計所執、依他起、圓成實等三性，並安立大小乘的基、道、果。

42　《寶性論》・此論的見解屬於中觀應成派，廣泛抉擇如來藏——眾生皆有的佛性。又名《究竟一乘寶性論》、《辨寶性大乘上續論》。

43　《釋量》・此論以理路成立解脫及一切智智，並詳盡教導學者如何使自他證得其內涵的方法——推理八句義，為顯教五部大論之一。

《定量》，略本論典為《理滴》[44]，是如主體三部論。《因滴論》[45]與《觀係屬》[46]、《成他續》[47]與《諍理論》[48]，則為延伸如支分。法稱論師[49]所著此，七部量論令佛教，於此世間得顯揚，宛如日輪與月輪。」中間有些詞句遺忘了，而後有一段提到：「汝具善妙智慧者，若於殊勝離邊見，心中生起勝解時，聖者龍樹[50]所著述，中觀理聚[51]等諸論，以及彼之隨行者。」其餘的內容大師後來沒記住。

之後，由於一位直貢梯寺[52]的傳送官員丹瑪寶德的迎請，大師便與助手相伴出發，在牛年秋季，抵達止貢吉祥林。那時止貢的懂哦仁波切法

44　《理滴》‧此論攝略地開示推理八句義的主體內容，是為無法趣入廣大開演者、能以簡短文字領悟博大義涵者而設。

45　《因滴論》‧此論延伸自《釋量論‧第一品》「宗法彼分遍」一文，旨在破除關於正因之定義的各種誤解，成立正因唯是三相。

46　《觀係屬》‧此論延伸自《釋量論‧第一品》「無不生定故」一文，旨在釐清係屬的體性與數量等內容，作為認識三相及破除我執的基礎。

47　《成他續》‧此論延伸自開示唯識見的《釋量論‧第三品》，說明即使唯識無外境，他人的心續依然存在，消除不應利他的疑慮。

48　《諍理論》‧此論延伸自《釋量論‧第四品》，說明如何透過破斥與成立的辯論方式，進行究竟的利他。

49　法稱論師‧陳那菩薩的再傳弟子(約西元7世紀)，兩人同為二勝六莊嚴之善巧量學者。此師在印度各地以辯論駁斥外道，弘揚佛法；又從大成就者種毗巴聽受勝樂灌頂及教授，一心修持，親見本尊而得成就。

50　聖者龍樹‧中觀宗開大車軌師(約西元前5世紀-西元1世紀)，曾三次宣大法音，即：整肅那爛陀寺戒規、著中觀理聚等論闡述甚深空性、著《法界讚》等開示如來藏。又精修、闡述密集法類，形成密集聖派。

51　中觀理聚‧指《中論》、《六十正理論》、《七十空性論》、《迴諍論》、《細研磨論》及《寶鬘論》，皆龍樹菩薩所著，以眾多理路抉擇中觀正見，故名。

52　直貢梯寺‧全名直貢梯‧色究竟菩提洲，位於西藏自治區墨竹工卡縣日多寺的東邊，由止貢救護世間怙主於西元1179年倡建，為止貢噶舉祖庭。

王[53]駐錫當地，大師前往謁見，聽聞了大乘發心儀軌、《五支大手印》[54]等。之後想進行其他聞思，但迫於某些同伴的帶領，在並非本意的情況下，來到了蔡寺[55]的善巧醫學家寶救師的身邊，學習醫療的論典，將《八支集要》[56]記在心中。過了不久，就到了德哇巾大寺，與寺院裡的仁波切聶唐吉祥獅子，以及寺主格貢巴兩位上師結下法緣。又以大阿闍黎功德海為主要讀誦師，另由大阿闍黎鄔堅巴作為助教，將《般若波羅蜜多教授現觀莊嚴論》之根本頌及其釋論[57]善巧熟習[(2)]於心中。僅在十八天之內，大師心中就已極為熟習《現觀莊嚴論》的一切字句。當透過學習《蔣嘉疏》來領會論義時，不用刻意去學習組織論式，很快就對《般若》的句義非常善巧，阿闍黎及同伴們也都因難以測量大師的慧力，而打從心中認為稀有。

對於《大乘經莊嚴論》，大師過去在多麥時就已理解，並且曾進行講解與開創性的解釋。但由於德哇巾寺的上師蔣仁巴，是善巧[(3)]慈氏諸論的大善知識，所以仍在他座下善為聽聞並通達《經莊嚴論》等慈氏諸論。在德哇巾寺求學期間，有一次，至尊文殊的化身、國王頂上的寶冠——具德

53　**懂哦仁波切法王**・止貢寺第十任寺主，本名贍洲法王（贊凌確吉嘉波，西元 1335-1407）。

54　**《五支大手印》**・止貢救護世間怙主所傳觀修空性的口訣，歸納為五個部份：最初前行、正行修自身為本尊、淨治敬仰、觀修無常、結行回向。

55　**蔡寺**・蔡巴噶舉派的祖庭，位於今拉薩市東郊，由祥・精進稱建於西元 1175年。此寺常與其南面的貢唐寺合稱「蔡・貢唐」。

56　**《八支集要》**・古印度重要醫典，馬鳴菩薩著。

57　**《般若波羅蜜多教授現觀莊嚴論》之根本頌及其釋論**・《現觀莊嚴論》的釋論極多，一般多指獅子賢論師的《顯明義釋》。

殊勝上師福幢[58]蒞臨確宗[59]這個寂靜處，大師也前來拜見，聽聞阿惹巴雜那文殊[60]的隨許法、鈴派勝樂的身壇城灌頂、寶帳怙主[61]的隨許法等。就在這兩年間，大師對於《現觀》的文意已經極為善巧，並在十九歲時，前往桑普寺[62]及德哇巾寺等地作巡迴立宗，以抉擇慧的鐵鉤，牽動著善士智者們的心意，智慧與法音圓滿的美名，從此遠播。

　　其後，大師想去後藏地區，本來打算取道仁布[63]的絳喀埔山，經大路抵達薩迦[64]；但由於同行者一座者[65]的關係，而來到仁布的後山，經由娘堆[66]碉堡，來到夏魯。在這裡拜見了執持布敦仁波切的法務、夏魯寺的寺主——堪欽譯師寶尊勝[67]，並且聽聞了勝樂梅紀十三尊[68]的灌頂。

....

58　**具德殊勝上師福幢**·薩迦寺第十三任法台（索南堅參，西元 1312-1375），此師從布敦大師聽聞許多顯密教法，為其大部分著作的勸請者。曾三次謝絕元朝皇帝的迎請。著名弟子有宗喀巴大師、大譯師菩提頂等。

59　**確宗**·寺名，又稱涅塘確宗，位今拉薩市曲水縣聶唐鄉，殊勝上師福幢晚年所建。

60　**阿惹巴雜那文殊**·又譯五字文殊，為文殊身相的一種。阿惹巴雜那係梵語，意為成熟眾生。

61　**寶帳怙主**·此怙主為金剛持佛所化現，是喜金剛不共釋續《金剛帳》所宣說的護法，故名。

62　**桑普寺**·全名桑普奈托寺，分有多個院區，大部分位於堆龍德慶區桑達鄉。此寺由阿底峽尊者的弟子鄂·善慧譯師建於西元1073年，其侄子具慧譯師又加以擴建。

63　**仁布**·地名，位於西藏自治區南部，雅魯藏布江中游地區。

64　**薩迦**·此處指縣名，位於今日喀則市的西南方，該縣有薩迦派的祖庭——薩迦寺。

65　**一座者**·對於奉行一座食的修行人的美稱。一座食，即日中一食，十二杜多功德之一。

66　**娘堆**·地名，年楚河上區，位於江孜到日喀則之間的區域。

67　**夏魯寺的寺主——堪欽譯師寶尊勝**·布敦大師心子（仁青南傑，西元 1318-1388），西元1356年擔任夏魯寺寺主。

68　**勝樂梅紀十三尊**·梅紀巴大師所傳的勝樂傳承。梅紀巴，印度大成就者，瑪爾巴譯師的主要上師之一。

向仁達瓦等師長聽聞許多深奧佛法

大師之後抵達了納塘[69]，到了吉祥薩迦大寺[70]，在當季的辯論法會尚未開始前，先去了薩桑[4]，在薩桑班欽‧瑪諦巴[71]座前盡力聽聞各種教法。等到薩迦寺開始辯論，就回到寺院行《現觀》的巡迴立宗。其後，為了延續剩餘的部分，大師到了拉堆絳，在達爾桑丹寺[72]、昂仁寺[73]、嘎絨寺等寺院，也進行巡迴立宗。再前往覺摩囊寺[74]，在法王尊勝十方[75]的座前，聽聞六加行支分[76]的引導等。之後到了博東[77]，回程路上去了濟沃拉寺，從該寺堪欽聽了一次噶當道次第的誦授傳承。並在大寺院埃寺[78]進行巡迴立宗。

此後大師到了納塘寺。由於過去蔣嘉大師所著的《現觀疏》當中，引用了許多《阿毘達磨俱舍論》[79]的文句，很難逐字逐句讀懂，由此因緣，

69　**納塘**‧地名，位於後藏日喀則，該地有納塘寺。

70　**薩迦大寺**‧薩迦派祖庭。有南北二寺，位於西藏自治區薩迦縣，為款‧寶王建於西元 1073 年。

71　**薩桑班欽‧瑪諦巴**‧西元 14 世紀著名譯師，本名覺慧幢 (洛追堅參，西元 1294-1376)，為仁達瓦大師之授戒和尚。

72　**達爾桑丹寺**‧位於西藏自治區日喀則市拉孜縣，為袞邦‧法稱賢善所造。

73　**昂仁寺**‧位於西藏自治區昂仁縣，由釋迦獅子 (釋迦僧格) 創建於西元 1225 年。

74　**覺摩囊寺**‧今名覺朗寺，覺囊派祖庭，位於日喀則的拉孜縣措林鄉，為覺囊‧斷行者悲心精進，西元 1230 年所建。

75　**法王尊勝十方**‧覺囊派大德 (秋列南傑，西元 1306-1386)。

76　**六加行支分**‧時輪宗圓滿次第的六個法類。

77　**博東**‧地名，位於日喀則。

78　**大寺院埃寺**‧即博東埃寺，位於日喀則市拉孜縣扎西崗鄉玉托。由格西穆札巴建於西元 1049 年。

79　**《阿毘達磨俱舍論》**‧世親菩薩著，即漢地《俱舍論頌》。此論為略攝對法七論及《大毘婆沙論》要義的寶庫，主要開示初轉四諦法輪的宗見和共中、共下士道的所緣法類，為顯教五部大論之一。

大師生起了想要學《俱舍》的強大心力。因此就在納塘寺的智者譯師——敦桑巴座前，依《意賢疏》而學習了一遍《俱舍》的講解。然而大師心志廣博，不以此為滿足，更在納塘寺的一位格西手中，讀到了《現觀年疏》[80]。這本現觀注疏，比過去的《蔣嘉疏》更為清晰，而且更有見地，所以大師非常歡喜，想要去聽年本上師[81]對《現觀》的講說；此外，大師看到年本上師在著作中對於所引用的《俱舍》文句，也講得很清楚，因而認為年本上師應該也很善巧阿毘達磨[82]，便懷著這樣的希求，來到娘堆。途中在南尼寺[83]停留了一下，一方面修持南尼的咒語，同時也做了《現觀》的巡迴立宗。夏季法會時到了紫金寺[84]，在智者之王年本慶喜德仁波切跟前，聽了一遍《現觀》的詳細講解。上師心智極為明晰，抉擇非常犀利，對於所說的重點，都能透過優越的講解而進入所化機的耳中，如此善巧的程度，令大師極為嘆服。那時，大師再向年本上師希求能聽一遍《阿毘達磨俱舍》，上師回答：「我本來是能善為講解的，但由於之前一直沒有希求者，現在要講的話，還得再作些[5]研閱[6]。而我身體也不好，在講《現觀》及《量論》的同時，是無法講授《俱舍》的。但我的弟子仁達

---

80 **《現觀年疏》**・原名《現觀莊嚴論及其釋論之廣釋・除意之闇》，年本慶喜德著。

81 **年本上師**・當代著名學者，本名慶喜德（袞嘎貝瓦，西元 1285-1379）。應娘堆的十難論師迎請，常住紫金寺宣講量論等諸多顯密論典，主要弟子為宗喀巴大師和仁達瓦。

82 **阿毘達磨**・「對法」梵語音譯，可指無漏慧為主之無漏蘊，亦可指能得無漏慧的有漏聞思修慧，以及詮釋其內涵的經論，如《集論》、《俱舍論》等。此處為後者。

83 **南尼寺**・賈曹傑大師出生家鄉的寺院，位於日喀則市康馬縣南尼鄉。過去為寧瑪派寺院，阿底峽尊者入藏時曾駐錫此寺。在文殊寶幢住持期間，宗喀巴大師父子三尊先後來到此寺，自然轉成格魯派。

84 **紫金寺**・位於江孜縣紫金鄉，由佛祥大師(桑結札西)所興建。

瓦[85]，是位智者，對於《俱舍》非常善巧，你也可以去聽他的講說。如果不樂於去聽聞的話，請他來進行一次指導也可以[86]。」上師一再地對大師這樣說。又經過一位曾受年本上師照顧的弟子介紹，至尊仁達瓦在那一年的夏天從薩迦來到紫金時，就依《阿毘達磨俱舍論自釋》[87]對大師作了詳細的指導。不僅包括了論典字句的理解，還能將教典總體圓滿的義理輪廓，巧妙排列，而給予趣入關鍵的理解。大師因此生起了強大信心，對於仁達瓦上師所說的一切，只要聽過一次，就能毫無遺漏地瞭解句義，並對難點追根究底地請問。仁達瓦上師也非常高興，說：「要詳細地指導你，需要非常認真才行！」

宗喀巴大師和仁達瓦上師，從無量劫以前，就一同發願要在濁世中，善為執持佛陀[7]的一切正法，擎舉教法心要的不隕勝幢；以過去多[8]生無上乘三昧耶悉皆清淨的芳香為核心，作為串起妙法白蓮花鬘的長繩[9]，將這兩位智者鵝王[88]，如同羊群相連那樣緊密連結起來。這生生不息的緣起法性，使得師徒間從相遇伊始，心意就極為契合。

至尊仁達瓦上師名為：沽嘛惹嘛帝[89]，這個至極潔白的名稱飛幡，在

....

85 仁達瓦‧薩迦派祖師（西元1349-1412），宗喀巴大師最重要的上師之一。

86 年本上師意謂大師若不想依止仁達瓦為師長學習《俱舍》的話，可以與他用討論方式得到關於《俱舍》方面的指導。

87 《阿毘達磨俱舍論自釋》‧世親論師為自己的《俱舍論頌》所寫的解釋，即漢地《俱舍論》。《論頌》字面顯示迦濕彌羅的毘婆沙宗，《自釋》則廣顯經部宗。

88 鵝王‧比喻菩薩具足悲智功德。《入中論》云：「世俗真實廣白翼，鵝王引導眾生鵝，復承善力風雲勢，飛度諸佛德海岸。」

89 沽嘛惹嘛帝‧仁達瓦大師的本名童慧（宣努洛追）的梵語音譯。

三地中極為顯耀。上師在年齡尚幼的時候，妙行能力就已經成熟。因而從童年起，如蜜蜂嬉戲般耽著八風的分別戲論的日光，就已經隱沒；被貪瞋的魑魅鳥群[10]所盤旋的我執黑闇，也已退盡；守護聖教雪山的慧力獅子，體魄達到了圓滿；將三有視為尋香城，而以菩薩幻化的遊戲，行走在這個世間。

上師在童年時就出家為僧，熟習一切佛教的經論；除了聽受灌頂與誦授以外，無論哪一本經續及釋論，即使沒有依靠當時善知識的講說，透過自己一兩次仔細研閱，也能善巧配對該論典的根本頌與釋論，掌握其總體義理。對於各個宗派的承許，上師都不相混淆地了解，並能以理路完全開展，無礙地為他人開示。特別是在中觀、量[11]學的理路都已經式微，連名字都不復存在的時候，上師憑著一己之力，開創其道軌，成為在北方一切智者頂上，能自在地面對佛語珠鬘的大車師。

在現證功德方面[12]，仁達瓦上師具足增上戒學，遠離了一切惡行的垢染；在持律上座當中，猶如金山環抱的妙高山王，稀有殊勝。並且，上師的心中，恒常具足愛他勝自[13]、不假造作的菩提心，視一切眾生如獨一愛子。看見能饒益他人，即使地獄烈火，也會視如蓮花林苑，而毫不猶豫[14]地進入；但如果為了自己，即便淨土的富饒，也視同夢中的宴會，了不動心。這樣超勝的佛子心力，對於大部分凡夫菩薩而言，連要生起隨喜，都是不容易的。

此外，上師獲得吉祥密集[90]與勝樂輪等生圓三摩地，至極堅固，因此具有無可匹敵的共與不共兩種現證功德。在佛前立誓守護且從不怠慢的殊勝護法，以及喜愛善品的天神們都親自來承事，並以稱誦來讚揚上師。有一次，上師發心想在為他人說法的事業上精進時，夜裡就見到虛空中央有龍樹無著[91]等開大車軌師，親自擊響四面正法的大鼓，響徹世間。有見到如此徵兆等難可言喻的偉大功德。

傑仁波切也是從這位上師，首度獲得辨別佛語了不了義諸大車師的道軌，以及中觀、量學理路的門徑，因此大師也尊之為無與倫比的主要上師。這位上師用詳細指導的方式，進行過幾次《俱舍》的講座[15]。雖然就其殊勝意涵上並無特別突出，但上師會結合現今學習法相者的共通承許，作為講聞佛法的方式，而大師向他聽聞了這部論。在紫金寺夏季辯論結束後的秋季，仁達瓦上師和大師一同到了娘堆桑旦林寺[92]的辯論法會，大師又向上師聽受了一遍《入中論》[93]，而這也是仁達瓦上師最早宣說中觀的一次。

---

90 **密集**‧無上密父續法類，此法總攝金剛乘一切祕密扼要，是格魯派密續僧院最主要修學的內容。

91 **無著**‧唯識派開派祖師（約西元4世紀至5世紀末）。此師與世親菩薩同為贍部洲二勝六莊嚴之善巧阿毘達磨者，著有《阿毘達磨集論》、《瑜伽師地論》、《攝大乘論》、《大乘上續論解》等諸多論典傳世。弟子有世親菩薩等。

92 **桑旦林寺**‧位於日喀則市白朗縣曲奴鄉，為瑪爾巴譯師的大弟子俄敦‧慶喜金剛所建。

93 **《入中論》**‧月稱論師著，此論以深（不共於中觀自續派及唯識宗）、廣（主要顯示廣大道次）兩門趣入《中論》的義理，為顯教五部大論之一。

那時，瑜伽自在的大成就者、博通五明的堪欽譯師菩提頂[94]到了衛區，大師聽說冬季法會時他會在吉雪[95]的布達拉[96]宣講《阿毘達磨集論》[97]。由於那位大師是當代阿毘達磨的教主，所以大師心想無論如何都要去聽一遍《集論》。就在秋末從娘堆啟程去衛區，到了布達拉，向請求這位上師宣說《阿毘達磨》。上師非常想講，但是因為年事已高等因素，打算儘快回到自己後藏的寺院，剛好遇到宗吉瓦祈請上師速速回去，所以上師就從衛區啟程前往後藏，並於回程在確宗朝拜了法王上師[98]的塑像。大師雖然沒有圓滿聽《阿毘達磨》的心願，卻已結下法緣。

　　同年冬季，大師來到德哇巾寺安住，之後為了向非常善巧毘奈耶與《俱舍》的覺摩隆寺[99]堪布、四難論師洛色巴[100]學習，而來到了覺摩隆寺。他是執持過去持律師的大海中，如同太陽般顯耀的持律大德善知識塔

94　**堪欽譯師菩提頂**・西元14世紀著名譯師（蔣曲澤摩，西元1303-1380），邦譯師之侄，曾任埃寺寺主。

95　**吉雪**・即拉薩河下游區域。

96　**布達拉**・山名，位於拉薩布達拉宮（西元1645年興建）所處之地。

97　**《阿毘達磨集論》**・無著菩薩著，此論總集《瑜伽師地論》與《攝大乘論》等論的內涵，以唯識宗的觀點，抉擇大小二乘的基、道、果。

98　**法王上師**・即具德殊勝上師福幢，見84頁註釋58。

99　**覺摩隆寺**・位於西藏自治區堆龍德慶區乃瓊鎮，由北迪阿羅漢建於西元1169年。

100　**洛色巴**・當代持律大德（西元1326-1409），三十二歲至六十一歲期間擔任覺摩隆寺堪布，主要宣講毘尼、《俱舍》、慈氏諸論。著名弟子有宗喀巴大師父子三尊、持律師名稱幢、妙音法王等。

瑪巴[101]的大弟子——北迪阿羅漢[102]講說傳承的寺主，極為善巧戒律。大師
想要受持他的善說，所以向他圓滿聽受了《律經》[103]及其相關解釋[104]，毫
無遺漏地通達了師長心中所有的毘奈耶講說軌則。大師還利用聽法的課餘
時間，背誦《律經廣釋》[105]，從頭開始背，每天能熟記十七頁箭杆長的
量，從未間斷。

而在那時期，當法會供茶等場合中，僧眾們念誦進行般若修持的經文
期間，大師課誦著般若經，就緣著一切法雖然顯現而無執取的義涵，進入
了等引。當時對於僧眾的課誦聲、除障儀軌的文句，都絲毫沒有覺知；到
達了遮除所有分別心的粗分流動，一心安住在明空無執的狀態中，毫不費
力地延續經過整個供茶的過程。即使已在心中生起了西藏成就者當中最高
的證悟境界，但對於了達一切經論扼要的大師而言，這只不過是生起了住
心善妙覺受的共通三摩地的一個狀態，沒有散發任何一點誤解「此為證得
真實性之不共[16]三摩地」的氣息，這是難以思量而智者歡喜的功德。

在背完《律經廣釋》四十多卷的時候，出現障礙，導致大師的上半身

101　**善知識塔瑪巴**·噶當道次第派祖師內鄔蘇巴的心子，本名柱盛獅子(嘎瓦達僧，約西元 11 世
　　　紀)，宗喀巴大師譽之為「全持毘尼律藏塔瑪巴」。
102　**北迪阿羅漢**·善知識塔瑪巴的弟子，本名精進自在(尊珠旺秋，西元 1129-1215)，此師先後
　　　培育出眾多持律大德。
103　**《律經》**·功德光論師著，全名《毘尼集要本論》，此論盡攝根本說一切有部之四部律典的
　　　要義，將其歸納為得戒、守戒、還淨等三種方便。為顯教五部大論之一。
104　**相關解釋**·《律經》的釋論有：功德光論師的《自釋》、法友論師的《律經廣釋》及能慧論
　　　師的《律經釋》等。
105　**《律經廣釋》**·法友論師著，共七十卷，受到宗喀巴大師等持律大德的高度重視。

極其疼痛，長時治療卻未見效；也到了堆龍埔一位善巧鄔金近修[106]的人身邊，修持口訣，仍無幫助；之後前往德哇巾寺，運用各種治療方式仍未奏效。由於德哇巾寺寺裡也發生許多爭執與不合，讓大師心生厭離，師徒一些人便在冬季往後藏出發，想要去薩迦，但由於道途極其寒冷，而且遙遠難行，感到艱困，所以取道袈裟溝頭，到了南尼寺，駐錫一個冬季。由於南尼地區的希求者，與一些隨侍至誠的祈請，大師雖然過去沒有仔細研讀《阿毘達磨集論》，但那時只靠研讀就能清晰了達其中義涵，一邊首度研讀，也一邊為他人開示，就這樣完成了一次《阿毘達磨集論》的講說。

翌年春季，大師取道納塘，到了薩迦，當時仁達瓦上師正在薩迦寺聽聞道果[107]。大師拜見上師之後，接下來十一個月當中，都在薩迦寺仁達瓦上師座前安住。上師在聽道果的同時，也深入地為大師講了一遍《阿毘達磨集論》。此外，大師那時也主要學習並聽聞《釋量論》，並且聽了許多《入中論》等講解、毘奈耶等經論的誦授傳承。還在金剛寶上師[108]面前，聽了一遍薩迦派《二觀察續》的講解。由於仁達瓦上師的介紹，大師在薩迦向一位住在拉章夏巴倉、善巧密教口訣的老格西，受取口訣教授，然後在拉章仁欽崗[109]的後方，修持了幾遍中性的哈字吐氣法[110]，先前上半身的痼疾便因此徹底痊癒。

106　**鄔金近修**・西藏大成就者鄔金巴所傳的三金剛近修。近修，為了靠近所修對象而修持之意，多指密法的修持。

107　**道果**・薩迦派不共法門，為大成就者比瓦巴扼要闡述《喜金剛續》內容的言教。

108　**金剛寶上師**・噶當派大德（多傑仁欽，約西元14世紀）。

109　**拉章仁欽崗**・薩迦寺四大上師院落之一，由地方官員慶喜善所建。

110　**中性的哈字吐氣法**・配合洗浴、觀修本尊及咒語，結合吐氣而調治風息的一種密法瑜伽。

此後，師徒們從薩迦來到拉堆的北邊地區昂仁寺，參加了辯論法會，春季和夏季都住在昂仁寺。仁達瓦上師在那裡撰寫了《阿毘達磨集論大疏》，著論之後，大師也依次通達了它的內涵。大師也向仁達瓦上師請求詳細地講解《釋量論自釋》[111]，因而聽聞了一遍。

在那個秋季，大師聽說從家鄉來了一些經營生活用品的商隊，其中似乎有要轉交給大師的供養。因為要去領取等因緣，便從昂仁取道薩迦，來到衛區。到了之後，由於很多同伴及弟子等相關人員的勸請，加上從多麥傳來母親殷切的懇求，大師心中曾生起過一次想要回多麥的想法，於是來到了墨竹拉隴[112]，並開始學習一些儀軌。到某個段落時，忽然領悟到：「如此又能怎樣？這樣毫無意義，現在我要發誓絕對不朝多康[113]及家鄉的方向去！」當下生起了很猛利的厭離心，決斷不返回多麥。

總體而言，大師如同一株擁有無數俱生現證功德繁茂枝葉的旃檀大樹，從它所滴落的冰片露水，帶有天生的芳香，完全不用依靠這一生重新努力來薰染，就能清涼三有的熱[17]惱。當這每一滴露水碰觸到內心，或在如此稀有行誼的鮮花盛開的當下，那些僅以詞句線縷裝飾耳畔的諸具慧者，雙目的蓮花被雨雲所籠罩；身體的園圃中，毛髮的花穗也震顫不已，堅穩的心意都為之折服。人們由於信心所驅使，甚至惶恐而語無倫次地

---

111 《釋量論自釋》‧法稱論師對自己的《釋量論》所寫的解釋，只有第一品的部分。

112 墨竹拉隴‧寺名，全名拉隴吉周寺，位於拉薩市墨竹工卡縣賈惹多鄉，由於桑傑溫敦大師教誨而建立的僧團。

113 多康‧地名，安多和康區的總稱，約為衛藏以外的藏區。

說[18]著讚歎的話。這樣的原因,是很難想像的。

對於大師來說,不用說刻意追求名聞利養以及任何輪迴盛事,甚至梵天、帝釋的威勢,也不曾生起欲求的貪愛。越是圓滿的受用,就越成為增盛盡除欲愛力量的助伴。其他大德們依靠努力修行,以念知鐵鉤調伏內心的野象,也極難達到這樣的層次。每當有人恭敬服侍、稱揚[19]讚歎,以最上妙的受用作廣大供養等盛事發生時,大師絲毫不需要前行提策,立刻就現起諸行無常的想法,以及希望救護一切無依怙者的悲心、想要承事一切佛菩薩的信心;這些念頭都會爭相現起並增長,完全不會有隨順滋生愛染等的機會。這是這位上師與生俱來的功[20]德,並非這輩子透過對治才新生起的加行所生的功德。

大師曾說:「無論別人為我鋪設多善妙的坐墊,或是多麼敬重承事的時候,我不用特別思考,在當下就會現起『這一切都是無常,不可憑信,就像幻術的騙局一般』而生起強猛的厭離。打從心底將這些現象視為喧雜紛亂,始終就一直是這樣。」這是藏地許多號稱有極高殊勝證悟的人,絲毫無法比擬的現證功德。由於法王佛薄伽梵見到遮止對於有漏盛事的貪著,是不可或缺的目標,所以也在大小乘的經典中,多次宣說要作意對治這種貪愛;甚至在比丘有必要坐上寶物所成的法座時,都至少要安住於無常所逼之想。制定這種戒律,也是為了成辦那樣的目標[21]。因此這個道理,是智者所喜愛的行誼,極其稀有難得。

之後於那年秋天,大師在墨竹拉隴的上師索札巴跟前聽聞許多佛法,

過程中曾進行閉關修持。研閱《釋量論解‧正理庫》[114]，並善加研讀了
《釋量論》〈第二品〉當中道的論述，由此因緣[22]，對法[23]稱論師的教
軌與正理生起不可抑制、極其猛利的無量信心。大師說，在當年的秋季，
只要一讀到《釋量論》，總是會信毛直豎，無法控制地一直流淚。到了冬
季法會，大師住在德哇巾寺。春季法會前期，大師研閱了一些準備巡迴立
宗的教典，之後來到後藏，住在納塘寺。譯師敦桑巴上師寫了一本量論的
解釋，要求大師聽一遍，所以就進行了一次的聽聞。夏季法會在納塘寺作
《釋量論》、《俱舍論》、《阿毘達磨集論》、《律經》等論的巡迴立
宗。納塘寺建立複誦制度，就是從那時開始的。

之後在秋季法會時，大師聽說至尊仁達瓦上師去了博東辯論法會，所
以大師去了埃寺，在譯師虛空賢上師[115]座前聽聞《詩鏡》[116]的講解等等，
而主要是跟仁達瓦上師聽聞中觀及量學、阿毘達磨等法。大師也希望能在
上師座前聽聞一遍《現觀》及毘奈耶，作為殊勝的緣起，經過請求之後，
也各聽了一遍。

當時大師除了學過《入中論》的講解以外，還沒聽過《中論》[117]等其

114 《釋量論解‧正理庫》‧梧佑巴‧正理獅子(西元？-1253)著。此師為《量理藏論》作者薩
迦班智達‧慶喜幢(西元1182-1251)之弟子。
115 譯師虛空賢上師‧當代善巧顯密法的譯師(南喀桑波，西元1333-1379)。
116 《詩鏡》‧印度修辭學名著，持杖班智達著(西元7世紀中葉)，由邦譯師覺慧教法譯為藏
文。
117 《中論》‧全名《中觀根本慧論》，此論開示無邊正理而令學者得到深刻的空性定解，故為
理聚六論之首。

他理聚諸論的講解；而一切中觀理聚諸論的誦授傳承，是從納塘寺堪布慶喜幢[118]得到。這位上師是從納塘寺的卸任堪布[119]得到傳承，該卸任堪布曾擔任該寺傳授中觀的副講座[120]。大師也從德哇巾寺的上師蔣仁巴聽了這些誦授，蔣仁巴是從法王上師得。至尊仁達瓦上師的中觀理聚諸論的誦授傳承是從章摩切寺寺主確協巴上師得到，確協巴上師則是從納塘巴協森巴[121][24]座前聽得這些誦授傳承。總之，不用說大師師徒所求的理聚諸論的講解，就連獲得誦授傳承的師長，當時也很不容易找到。

之後大師和上師一同去了薩迦，傑仁波切在薩迦寺作上述那些大論典的巡迴立宗。大師說，其實還可以作其他十幾本論著的巡迴立宗，但因為當時的寺院普遍沒有辯論其他論典立宗的傳規，所以並未這樣進行。隨後馬上去了衛區，春季在貢唐寺[122]待了十天，然後依次去了桑普寺、澤當寺[123]等大寺院，由於過去已經立過《現觀》的宗，所以這次是針對其他四部論[25]來巡迴立宗。當時衛藏諸大寺院[26]中海會雲集的三藏格西，都領受了大師智慧寶庫所生新穎善說的喜宴而感到滿足。智慧大鵬鳥王的掌

118　**納塘寺堪布慶喜幢**，納塘寺第十三任堪布（袞嘎堅參，西元 1338-1401），著有《集學論大疏》等傳世。

119　**納塘寺的卸任堪布**，此處指納塘寺十二任堪布——欽，善慧名稱（洛桑札巴，西元 1299-1375）。

120　**副講座**，非正式傳授經論的老師，而是另外作決疑及複講的師長。

121　**納塘巴協森巴**，惹隴寺第九任寺主（協饒森格，西元 1371-1392）。

122　**貢唐寺**，位於拉薩市東郊蔡公堂鄉，祥，精進稱（尊珠札巴，西元 1122-1193）建於西元 1187年。

123　**澤當寺**，位於西藏自治區山南市乃東區澤當鎮，由噶舉派大司徒菩提幢（絳秋堅參，西元 1302-1364）建於西元 1351年。

心[27]伸出事勢正理的兇猛利爪，令對方膽顫心驚；深廣無際的妙智大海，止息我慢驕傲的波浪，以調伏的功德，令具信者信毛直豎；終日遊戲於一切世間都感到稀奇的善說喜宴，將美名的飛幡樹立在三地。

頌曰：

心力滿月汝心意	大志力如滿月一般
愛善逝教勝甘露	喜愛著善逝教法最勝甘露
善說道上慧步履	智慧的步伐行進於善說的大道
汝常行進無間歇	您永不停駐
善妙根本善士陽	飲用了賢妙根源——善知識
善說千光咸飲盡	善說的日輪所放的千道光明
此正法蜜幢蓮王	正法的蓮花之主
善緣蜂群皆得育	成為一切具緣蜜蜂的養育之處
觀視三有諸盛事	視三有的圓滿
猶若毒蛇舌舞動	皆為毒蛇舌尖搖曳的歌舞
貪著故土愛染縛	就像離開臭穢的胎宮一樣
如穢胎宮而解脫	解脫貪著家鄉的束縛

猶如豐乳花容女	如同豐乳倩顏花容的女郎
美目笑盼招貪徒	美目笑盼、動人楚楚
能仁善說蜜花束	能仁善說的甜蜜花束
奪取您意蜂兒固	也奪去您心意蜂兒的堅固
兇猛理爪令十方	兇猛[28]的正理利爪
諍難大象屈首服	令十方諍難者，彷彿大象屈首臣服
您廣博慧其限度	您的智慧浩瀚的程度
盡所知量亦嫌狹	即便一切[29]所知都顯得渺小不足
您極白譽妙瓔珞	您極白淨的美名瓔珞
為十方女頸善緣	巧妙莊嚴了十方天女的頸項
勤讚怙主此世人	忙於讚嘆怙主您的這些世間人
一切事中取離欲	受取了對一切事務的離欲

《至尊上師宗喀巴大師傳記·起信津梁》——〈第三·最初以顯教為主而遍求多聞品〉

校勘

〔1〕 歡喜　雪本作「鳥羽」，誤。

〔2〕 熟習　德格本作「持」。

〔3〕 善巧　德格本、雪本作「極為善巧」。

〔4〕 薩桑　青海本作「勒桑」，誤。今依德格本、雪本作「薩桑」而改之。

〔5〕 些　德格本、雪本、塔爾本作「歡喜」，誤。

〔6〕 研閱　雪本作「閱證」，誤。

〔7〕 佛陀　德格本作「鬼宿」，誤。

〔8〕 多　塔爾本作「語」，誤。

〔9〕 妙法白蓮花鬘的長繩　雪本作「正法白蓮花鬘長傳承」。

〔10〕 群　雪本作「困難」。

〔11〕 量　德格本、雪本作「斷」，誤。

〔12〕 在現證功德方面　雪本作「這位正士的現證功德」。

〔13〕 愛他勝自　青海本原作「愛自之他」，誤。今依德格本、雪本改之。

〔14〕 毫不猶豫　德格本作「上名」，誤。PS青海本原作「毫不畏懼」。

〔15〕 《俱舍》的講座　雪本作「作的順法」，誤。

〔16〕 不共　青海本原作「是人」，誤。今依德格本、雪本、塔爾本改之。

〔17〕 熱　雪本作「大」，誤。

〔18〕 說　德格本、雪本作「呻吟」，誤。

〔19〕 稱揚　青海本原作「說借」，誤。今依德格本、雪本、塔爾本改之。

〔20〕 功　雪本作「上面」，誤。

〔21〕 目標　雪本作「契約」，誤。

〔22〕 因緣　雪本作「廣口壺」，誤。

〔23〕 法　雪本作「大」，誤。

〔24〕 協森巴　德格本作「協桑巴」。

〔25〕 論　雪本作「粥」，誤。

〔26〕 寺院　雪本作「毫端地」，誤。

〔27〕 掌心　德格本作「一握」。

〔28〕 兇猛　雪本作「不善」，誤。

〔29〕 一切　雪本作「最後，善」，誤。

巡迴立宗及傳授教法

♠ 四、以密乘為主而遍求多聞

　　大師在諸大寺院巡迴立宗時，有許多三藏法師由於信心的力量，而向大師誠心祈請，並在聽聞大師的正法教言後，承許為大師的弟子。很多希求增上的人，也認為只有依靠這樣的正士依怙，才能成辦所求的希願，而非透過其他人，於是也都自許為大師的追隨者。

　　結束[1]了在澤當寺的巡迴立宗以後，大師在雅隆[124]南傑寺[125]依止了未來的第三佛陀[126]、迦濕彌羅[127]班智達、大乞士——釋迦室利巴札[128]的戒律傳承，以大僧團[129]堪布四難論師——楚仁巴[130]作為親教師、傑津巴僧團[131]

124　雅隆·地名，西藏乃東區雅拉香波河流域總名。

125　南傑寺·全名南傑四柱金殿，位於大僧團附近，最初為大司徒稱幢出生地，後改建為寺院。楚仁巴即該寺堪布。

126　未來的第三佛陀·即賢劫第七佛——光炎如來，因賢劫已有四佛降世，故彼為未來第三佛。此處亦指釋迦室利巴札尊者，因為曾有阿羅漢授記此師是將成為彼佛的菩薩。

127　迦濕彌羅·地名，位於西藏以西，舊譯罽賓，又名克什米爾，現今此區分別為印度、巴基斯坦所有。

128　釋迦室利巴札·克什米爾大班智達（釋迦吉祥賢，西元 1127-1225），西元 1204-1214 年間在藏地傳戒弘法，著名弟子有綽普譯師、薩迦班智達等。此師畢生堅守十二頭陀行的乞食與但一坐食，故得大乞士的美譽。

129　大僧團·寺名，位於乃東區，此處專指釋迦室利巴札的兩位心子——金剛德與菩提德奉師命主持的持律僧團，又名策密巴僧團。後來發展成四個僧團。

130　楚仁巴·大僧團第23任堪布（楚臣仁欽，戒寶）。

131　傑津巴僧團·寺名，位於山南市扎囊縣札期鄉充堆，此僧團是從策密巴僧團發展而來，首任堪布為至寶幢，創建於金剛德大師的親傳弟子佛德任策密巴住持時。

堪布、持律上座——協衰巴[132]作為阿闍黎，並由傑津巴僧團的維那——精勤持戒者福金剛作為屏教師，以及二僧團[133]足數[2]的比丘作為具信僧伽，正式受取近圓戒。圓滿增上戒學的天界之水，注滿了心續的珍貴寶瓶，成為人天世間獨一無二的應供之處。

大師隨後前往丹薩堤寺[134]，拜見懂哦仁波切名稱菩提[135]，獻上善說的贈禮，並進行正法的討論。法王懂哦仁波切由於信心的緣故而落淚，之後也曾對在座前輕鬆談話的人們說：「他雖如此年輕，已是這樣功德的大寶庫，我卻是如此生不逢時！」仁波切數數說出這樣的感歎之言。

當時，大師從懂哦仁波切聽聞道果等圓滿口訣、那洛六法[136]，以及《至尊帕摩竹巴[137]全集》、《法王世間怙主[138]全集》等。那時懂哦仁波切迎請上師南桑瓦譯師來到該寺，大師很想在南桑瓦譯師座前完整學習聲明

----

132 **持律上座——協衰巴**・傑津巴僧團第十三任堪布，本名慧怙（協饒衰波，約西元14世紀）。

133 **二僧團**・即大僧團及傑津巴僧團。

134 **丹薩堤寺**・位於西藏自治區桑日縣桑日鎮，噶舉派祖師金剛王（多吉傑波）倡建於西元1158年，因其地名帕摩竹，此寺傳出的僧徒，名為帕竹噶舉。

135 **懂哦仁波切名稱菩提**・帕竹噶舉派第三任寺主暨執政（札巴絳秋，西元1356-1386）。宗喀巴大師對此師極為敬仰，為此師著有《名稱菩提吉祥賢菩薩摩訶薩傳記詩篇・加持須彌》。

136 **那洛六法**・那若巴大師所傳無上密圓滿次第實修教授，主要依據《喜金剛》、《密集》、《金剛四座》等密續，廣為藏傳各派所重視。

137 **至尊帕摩竹巴**・帕竹噶舉派創始人，本名金剛王（多吉傑波，西元1110-1170），西元1159年建丹薩堤寺，為噶舉八小派的源頭。

138 **法王世間怙主**・止貢噶舉派創始者（西元1143-1217），此師為至尊帕摩竹巴之弟子，西元1179年建直貢梯寺。

的畫地教學，但發生了一些違緣而未能成辦。之後到了文地區白色佛殿[139]
的辯論法會[3]，對擦科本波[140]等許多三藏法師講授《現觀》、量學、中觀
等眾多法義。又來到吉雪，住在蔡寺，仔細閱讀了所有藏文翻譯的經論，
心中生出許多觀察一切經教內義的角度。也就是在那時候，大師開始撰寫
一部關於《現觀莊嚴論》及其釋論的廣釋[141]。

　　據說：「當時有位號稱擅長背誦的人名為林・無等，還有一位多麥人
文殊吉祥，另一位名為釋迦立。大師曾和這三人一起測試背誦能力的高
下；當太陽上升到蔡衛林[142]的經堂屋頂，與此同時，大師背了從未讀過的
四頁箭桿長、每頁九行的經文，而且完全正確無誤。林・無等則背了兩頁
半多，其他兩位則只背了一頁。」

　　有一次，大師由擦科本波堪欽[4]語王名稱作侍者，來到拉薩[143]具有五

139　**文地區白色佛殿**・赤德祖贊所建五寺之一，位於西藏自治區乃東區，建於西元 8 世紀。

140　**擦科本波**・宗喀巴大師早期四位弟子之一，本名語王名稱（昂旺札巴），此師為大師極為喜愛
　　　的弟子，後來赴多麥廣建寺院、弘揚宗喀巴大師教法。大師所著《三主要道》，即是寄給此
　　　師的教誨。

141　**《現觀莊嚴論》及其釋論的廣釋**・全名《般若波羅蜜多教授現觀莊嚴論及其釋論之廣解・善
　　　說金鬘》。此處「釋論」指《顯明義釋》。《金鬘論》廣為抉擇印藏現觀釋論，清晰闡述現
　　　觀義及如何結合《般若經》。

142　**蔡衛林**・蔡寺下屬的密續僧院，由遍智信建於西元 13 世紀，後為格魯派色拉寺管轄。

143　**拉薩**・今西藏自治區政府所在地，西元 7 世紀松贊岡布始定都於此，為西藏地區佛教信仰中
　　　心。

種天生特色的大悲觀音像[144]前，進行多次禁食齋。一天晚上，師徒兩人猛力祈禱，然後觀察夢境。擦科巴夢見兩個大白海螺從天而降，落入自己懷中，頃刻間合成一個。他拿起來吹奏，便發出了無量的巨響。這似乎是他將來會在嘉莫隴[145]下區大興佛陀聖教，事業廣博的徵兆。

大師則在夢境中，見到自己越過聶塘山的隘口，登上一座名為達卓的險峻岩山，在一塊極為光滑的白色石板上，有一朵帶莖的藍色鄔波羅花，極其盛開，顏色明豔，花瓣鮮麗，大師拾起鄔波羅花，心想：「這是至尊度母[146]手上所拿的法器，莫非是會得到度母攝受的徵兆？」當時就出現聲音回答道：「這次不是，而是長壽的徵兆。」

同年冬季法會，大師從蔡[5]寺前往德哇巾寺，宣講許多三藏教典。春季法會則到了衛區上部的嘉裕，對七十多位格西，講授《般若》學、量學、《入中論》、《阿毘達磨集論》。其後重回蔡寺，撰寫《現觀》的解釋未完的部份，終於在德哇巾寺完稿。

在蔡寺，大師還向一位研習過諸多大小顯密論典，尤其盛傳善巧時輪

144 **具有五種天生特色的大悲觀音像**·拉薩大昭寺內的十一面大悲觀音像。傳說松贊岡布從僧伽羅海邊請來的蛇心旃檀天生十一面觀音像，又在拉薩祈禱而自然形成了另一尊十一面觀音像，前者融入於後者心間，最後松贊岡布、尼泊爾公主、文成公主融入其中，即為五種天生特色。

145 **嘉莫隴**·地名，今屬四川省阿壩自治州。

146 **至尊度母**·漢地舊譯為多羅菩薩，是一切諸佛事業的代表，救度眾生脫離苦海，故名。

種種支分[147]的多登上師智幢[148]，請求講授時輪。上師也答應傳授，於是師[6]徒一同到覺摩隆寺安住，大師詳細地聽受了《時輪無垢光大疏》[149]的解釋，並善巧掌握了象徵、曆算及各種做法。在覺摩隆寺，也同時對諸多三藏法師講授多部大小論典；隔年夏季[7]大法會再次回到德哇巾[8]寺，在眾多智者的海會中，傳授諸多論典的講解。而後冬季在堆龍措麥[150]及昂嘎[151]等地，則極為精進地學習時輪；對於許多格西智者，也講了很多教典。

之後，由於對大師具有無上不變信心的宗吉稱寶前後曾多次祈請，大師因而想應邀去雅隆一帶，到達森布日[152]時，那時在貢嘎[153]地區有一位貢巴確傑，他也對大師有著發自內心的信心，大師便在他殷切祈請後住了下來。那年春天就在五部佛殿，為七十幾位三藏法師講授《般若》學、量學、《俱舍》、《阿毘達磨集論》、《律經》、《入中論》等論著，由貢嘎地區進行了無量的承事和供養。

---

147 **時輪種種支分**・時輪，可指無上密本尊時輪金剛或其密續，此處為後者。有些大德認為《時輪續》為無二續，宗喀巴大師則承許其為母續。「支分」，指其相關典籍，如《金剛藏釋》等，見本書116頁。

148 **多登上師智幢**・覺囊派大師(耶協堅參，西元1359-1406)。

149 **《時輪無垢光大疏》**・香巴拉白蓮法王(西元177年即位)著，是《時輪略續》最根本的釋論。

150 **措麥**・地名，位於西藏自治區拉薩市堆龍德慶區馬鄉，該地有措麥寺，最初由松贊岡布建立佛殿，而後盧梅大師建立起寺院。

151 **昂嘎**・地名，今西藏自治區拉薩市堆龍德慶區德慶鄉有昂嘎村。

152 **森布日**・地名，位於山南市貢嘎縣甲竹林鎮西北方。此地有森布日佛殿，釋迦室裡巴札班智達曾在此結夏說法。

153 **貢嘎**・縣名，位於西藏自治區山南地區，雅魯藏布江中游、羊卓雍湖北面。

此後大師來到雅隆，住在門喀，也宣講了諸多論典。宗吉巴恭敬供養大師一切的生活資具，大師也就這樣先後不斷地講說了無量的教典；與此同時，也對一些具緣的弟子，授予上下續部大壇城的灌頂使之成熟，另外也透過各本尊的隨許法、誦授傳承與口訣教授等，隨著弟子適合的法而成熟、解脫無量眾生。特別在這個時段，普遍傳聞大師為語自在妙音天女[154]所攝受，因而來求妙音天女隨許的人也特別多。後來冬天則居住在默喀[155]札西董。

　　有一天晚上，在燒火取暖的時候，大師隨談了一些西藏智者們的傳記事蹟，說到：「四難論師智慧獅子[156]在一期[(9)]法會同時宣說十一部論，這應該是後期西藏地區同時宣講最多論典的一次。」

　　格西夏敦[157]等人就馬上祈請：「希望大師在這裡也可以同時宣說那麼多論典！」

　　「我如果稍加努力，應該能講那麼多。」大師自己說。

154　**語自在妙音天女**，內外道共許的本尊。外道許其為海濱丹浦惹婆羅門之妻；內道則認為是從大悲觀音的牙齒所現，有許多密續所說的多種身相，此處為白色、一面二臂、手持琵琶。

155　**默喀**，地名，位於西藏自治區山南市扎囊縣扎其鄉朗賽嶺村。

156　**四難論師智慧獅子**，根據貢汝・幢賢大師等人所說，此師即絨巴・智慧獅子(喜饒僧格，西元 1251-1315)。絨巴，某個精通時輪和閻摩敵法類的家族。此師因修持大威德金剛，獲得顯密諸法的無礙智慧，被譽為絨巴遍智。

157　**格西夏敦**，宗喀巴大師早期四位弟子之一。

「那麼請大師無論如何一定要宣講！」在眾弟子的虔誠祈請下，大師終於答應了。從當月的初十到月底，大師便進入閉關[10]，開始研閱經論。在月底的那天，將所有典籍用包經布綑好[158]。

　　就在初一要開始講法的時候，由於必須等待從桑普來求法的許多三藏法師，所以往後三天當中，大師講了密勒日巴[159]和瑪爾巴[160]等祖師的一些教言。從第五天開始，一天當中就起了十五部論的開頭：「梵語云」，接著每天從天亮到傍晚之間，都講十五座法，沒有間斷。在這之中，講完兩部比較短的論典時，又再補上另外兩部短篇的論典，一共講了十七部：《釋量論》、《現觀莊嚴論》、《阿毗達磨集論》、《俱舍論》、《律經》、慈氏五論的後四部[161]、中觀理聚五論[162]、《入中論》、《四百論》[163]、《入行論》。大師的講說，將一些大論各以一部藏地的廣釋作為基礎，在這之上，對許多解釋的說法透過破非立是來抉擇；其他諸論則大都根據論典各自的釋論，詳細地講說所有論典詞句的深淺內涵。歷時三個

158　**將所有典籍用包經布綑好**·藏人所用長函是散裝，平日以包經布妥善包裹，以防散失。閱讀時再打開。此處意指大師正式講法期間無需閱讀。

159　**密勒日巴**·噶舉派祖師(西元 1040-1123)，此師勇悍依止瑪爾巴譯師七年，得其真傳，苦修三年，藏傳佛教界公認此師已得最高成就，有《道歌集》傳世。

160　**瑪爾巴**·噶舉派開派祖師，本名法覺慧(確吉洛追，西元 1012-1097)，曾多次赴印度、尼泊爾求法，一生翻譯、弘揚密法甚眾。宗喀巴大師極為重視此師的密集口訣。

161　**慈氏五論的後四部**·即慈氏五論中扣除《現觀莊嚴論》，所剩的《經莊嚴論》、《辨中邊論》、《辨法法性論》和《寶性論》等四部。

162　**中觀理聚五論**·即理聚六論中扣除《寶鬘論》，所剩的《中論》、《六十正理論》、《七十空性論》、《迴諍論》、《細研磨論》。

163　**《四百論》**·聖天菩薩著，共四百偈，故名。此論廣說對治常樂我淨四種邪執、修菩提心、抉擇二種無我之法，以此開示三士道次。在中觀宗，此論地位等同龍樹菩薩所著。

月，將十七部論典全數講完。在這三個月期間，大師在傍晚法會結束後，仍維持著大威德金剛[164]自入法等生圓二次第瑜伽的修持，從未間斷已承許的誓言。大家都異口同聲說：「大師絕對是為殊勝本尊親自加持，或者是已經獲得總持陀羅尼的一位大菩薩，其他人是不可能這樣的！」

據說：「到了夏季，大師住在雅隆的歐嘎岩[165]，進行嚴格的閉關，修了薄伽梵吉祥勝樂輪的修持念誦與四座瑜伽、自入法等非常多的修法，並且善加修習奈古六法[166][11]的所緣法類。每天光是臍輪火風的修持就達到八百多次。」那時也生起許多修持臍火等的善妙覺受。

秋天，大師來到吉雪，至尊仁達瓦上師也到了衛區的辯論法會，師徒兩人住在布達拉，進行許多正法上的討論，對所化機也賜予了善說的贈禮。之後仁達瓦上師又再返回後藏。大師則於冬季住在覺摩隆岩，對許多三藏大法師講授時輪、《般若》學、量學、阿毘達磨等法義。在馬年的春季，大師想要圓滿地探究諸大續部的講解及其灌頂、作法、口訣等所有部份，以及為了師徒二人討論等一些目的，所以去了後藏，住在絨區的努[167]

---

164 **大威德金剛**・無上密父續本尊，又名能怖金剛，至尊文殊所現忿怒相中最威猛者，兼具母續扼要、靜猛文殊合修口訣，摧伏魔障、增長智慧極為殊勝，是宗喀巴大師主修的五大本尊之一。

165 **歐嘎岩**・地名，位於今山南市乃東區澤當鎮金魯社區。

166 **奈古六法**・奈古空行母所傳密乘法類。

167 **努**・地名，位於後藏浪卡子縣一帶。努氏氏族曾居住於此，故名。

確隴[168]，也在該僧團堪布稱友仁波切[169]座前聽聞一些教法。

那時，在大師擁有侍者的前後[12]，本[13]波福稱、多麥人慧稱格西[170]兩位，去拜見了安住在德秋頂這個僻靜處的喇嘛鄔瑪巴精進獅子[171]，請求傳法。在談話間，喇嘛鄔瑪巴說道：「我要向你們的阿闍黎請求一個妙音天女的隨許。」之後就與大師見面，並請求了妙音天女的隨許，當時雙方作了很深細的討論。喇嘛鄔瑪巴詳細陳述了他在多康放牧時，就經常出現至尊文殊的身像及語言的顯現，以及對此先後觀察的方法等等，說：「我對此還沒打從心底獲得定解，所以請求您內心幫忙進行正確的觀察。這次也是文殊菩薩現身指示，要我來向您請求妙音天女的隨許，所以才來到這裡。」大師以中觀見等佛法甚深扼要進行提問，善加觀察後，發現確定可以禁得起觀察，便告訴喇嘛鄔瑪巴說：「不需要懷疑，要猛利祈禱。但目前是在意識中直接顯現本尊真身的行相，還不是根識中顯現文殊的真實的身語[14]。我也有極大的欲求心，想請求文殊修法這方面的口訣。但這次已經和至尊仁達瓦上師約好要去達倉，師徒見面時間已經確定，所以無法匆忙成辦這個心願。之後無論如何都要促成這樣一個因緣！」

168 確隴‧即確隴僧團，位於日喀則市仁布縣，為克什米爾大班智達所傳的持律四大僧團之一，首任堪布為大僧團首任阿闍黎菩提德，建於西元 1255 年。
169 稱友仁波切‧確隴僧團第八任堪布。
170 慧稱格西‧即本書 123 頁所說捨世專修八弟子之一(喜饒札)。
171 喇嘛鄔瑪巴精進獅子‧宗喀巴大師最主要四位上師之一(尊珠森格)，其事蹟見本書 117-120、210 頁。

此後，大師到了達倉宗卡，堪欽名稱幢譯師[172]、至尊仁達瓦上師、上師敦桑巴譯師，以及傑仁波切本人，還有各自隨從的殊勝三藏格西大眾，和住在當地的僧眾，都在殊勝的地方集會。這一切的資具所需、飲食、房舍等完備順緣的重任，都是由通達無邊教義的佛子大持律師、一心承擔大弘聖教重擔而從不退卻的禁行者——法王勝依吉祥賢譯師[173]所承擔。透過他的因緣，令鵝群嚮導——大智者們的暢談得以宣揚，而使佛教的蓮苑趨向善妙。當時由名稱幢仁波切宣講《現觀》，勝依吉祥賢法王宣講《二觀察續》，至尊仁達瓦上師宣講自己著作的《釋量論莊嚴》[174]的大疏，大師本人也從而聽受，師徒二人對於難點也做了許多理路抉擇的問答。

　　隨後大師和仁達瓦上師前往跋鄔拔涅的辯論法會，傑仁波切在上師座前聽了一遍密續之王——《密集根本續》[175]的講解。當時心中生起想去貢松德千巴法德[176]上師仁波切座前聽聞時輪的想法；當天晚上，就夢到有人說法德依止布敦仁波切聽了十七遍的《時輪大疏》。後來大師和法德上師見面時，問道：「仁波切，請問您在布敦大師座前聽過幾遍時輪？」上師

172　**堪欽名稱幢譯師**・薩迦派祖師(札巴堅參，西元 1352-1405)，曾任埃寺堪布，為博東尊勝十方的叔叔。

173　**法王勝依吉祥賢譯師**・殊勝上師福幢的八大弟子之一(嘉秋貝桑波，西元 ?- 1410)，從菩提頂譯師學法而成為譯師，晚年建法輪寺。此師善巧密法，曾為至尊仁達瓦傳授密集的釋續。

174　**《釋量論莊嚴》**・為《釋量論》的釋論，印度慧生源隱論師著。此論依唯識宗假相無垢派的見解解釋《釋量論》，而許其究竟密意為中觀應成見。

175　**《密集根本續》**・無上密父續名。此續闡述佛陀色身之不共因，將凡夫本具的成佛基礎修成相好佛身之法，最為詳盡，故為一切密續之王；又因其廣說生圓二次第與事業集，在父續中無出其右，故亦為父續之主。

176　**貢松德千巴法德**・布敦大師弟子中於時輪法類極大善巧者(確吉貝瓦，西元 1316-1397)。因長期駐錫貢松德千寺，故名。

回答：「十七遍。」

當時至尊仁達瓦曾說：「要探究密法，會耽擱很長時間；現在透過論典的講解，會有很廣大的利益，你不能暫時以講說為主嗎？」但大師啟白說：「我對於密法方面有猛利的欲求，所以想先探究密法。」

現今的求多聞者，大多對於顯教論典稍加傾心，自己也就不想趣入密乘的論典；即便是聽聞而趣入密法文句的人，卻也是用多種方式在背離。有些人則是生起對密法的相似勝解，就以此為由，認為波羅蜜多乘的教典沒什麼意義、是劣等的，而令自他背離；這是刻意受取至極粗暴、異熟殘酷的謗法業障。那些承許是本性良善的人，他的核心也不過是既無心趣入另一方面，也不直接詆毀。像大師這樣想要從一切方面執持佛陀教法的賢善者，是極為[15]罕見的。過去藏地的大善知識當中，沒有偏頗的具法眼者，也是極其稀有。然而，我的這位上師，從年幼時就急切地想要承擔圓滿教法的重擔。大師曾親口說過：「我對於密法的強烈求知欲，是不需要他人策勵，從小就有的；而且是從最初，就打算要學習一切續部。」

仁達瓦上師後來去了薩迦，大師則前往絨區確隴，和喇嘛鄔瑪巴進行了多次法上的交流，也聽聞許多至尊文殊的法類[177]。那時聽了密續修法，便決斷要去修持，而想要到娘堆地區的德千巴法德仁波切座前，然而傳聞

177　**至尊文殊的法類**·此處特指至尊文殊授與喇嘛鄔瑪巴的各種文殊化身之修法、隨許儀軌及口訣等，後來成為格魯派的祕法，有喇嘛鄔瑪巴所著《至尊文殊法類》一書傳世。

帕摩竹巴派往拉堆[178]的大軍正在班師,所以大師在戰事結束前的秋季期間,都住在絨區領隆埔。

　　秋末[16],大師到了娘堆,在貢松德千寺[179],拜見了法德仁波切。他是遍智布敦仁波切的眾多高足中,最為善巧時輪,而且是無邊密續教典、作法、口訣的權威。在最初見面的那個傍晚,大師讓侍者供了黃卡達,隔天在用餐時,供了一匹鸚鵡綠的布料,請求上師宣說《時輪大疏》及其一切支分。當時剛好在講述《大疏》到第一品結束的段落;上師非常高興地說:「昨晚[17]的黃卡達,與收攝地界的次第相符,所以圓滿次第會圓滿。今早的布匹是綠色的,代表虛空界,與生起次第相符,所以生起次第會圓滿。而講法段落停在第二品開頭:『為令成熟[18]諸大人』,而你正好來到,這緣起極其善妙,必須完整傳授一切法!」便從那品開頭講起,然後又回到第一品從頭再說一遍。從秋末直到初春還沒聽完之前,大師都住在那裡,圓滿地聽受了密續與釋論的講說、儀軌作法的指導、六加行支分的經驗引導等。

　　此後,大師想要聽聞瑜伽部的誦授與講說,而想要在之前先學習儀軌做法。當初在夏魯,布敦仁波切最主要的儀軌侍者,是號稱於瑜伽部的做法極其善巧的壽王瑜伽師,他有一位高徒——怙賢瑜伽師,大師迎請了他

178　**拉堆**·地名,位於西藏自治區定日縣境。
179　**貢松德千寺**·位於日喀則市白朗縣諾布瓊孜。

一同前往娘區上下部的邊界[180]，住在契雜康，向他學習《金剛界》[181]、
《吉祥勝》[182]、《金剛頂》[183]等所有瑜伽部大壇城的繪線、舞蹈、歌詠、
壇城儀軌、手印等等，並極為嫻熟。一天晚上，大師夢見在一個大法座
上，坐著一位叫做穹波雷巴喇嘛[184]的年邁師長，頭戴嚴飾，手持鈴杵，大
師也坐在上師跟前。上師站了起來，以金剛步伐，配上搖鈴，右繞大師三
匝，從念珠發出「諜嘎蘇茲嘎」[19]的聲音；上師將鈴杵置於大師頭上，
說：「你名為噶瑪班雜[185]。」然後就回到座上坐著。大師醒後去觀察：過
去的密名是不空金剛，而噶瑪班雜也是不空成就佛的種姓名字，二者是相
應的。

大師又再次前去德千寺，從春末到初秋期間，都在那裡向法德仁波切
學習，透過《金剛鬘》[186]的灌頂、誦授、指導、講解，及其舞蹈、繪線、
歌詠三者做法的引導，精通了鬘法三書[187]。另外也聽了薄伽梵大輪金剛

180　**娘區上下部的邊界**‧地名，年楚河流域上下部的邊界，約位於今西藏自治區重孜鄉。

181　**《金剛界》**‧瑜伽根本續《攝真實續》的第一品。

182　**《吉祥勝》**‧瑜伽部密續，全名《吉祥最勝本初大乘觀察之王》，為《攝真實續》的智慧釋
　　續。

183　**《金剛頂》**‧瑜伽部密續，全名《秘密大瑜伽續‧金剛頂》，為《攝真實續》的方便釋續。

184　**穹波雷巴喇嘛**‧布敦大師主要親傳弟子之一，本名童福(宣努索南)。

185　**噶瑪班雜**‧此為梵語，意為「事業金剛」。

186　**《金剛鬘》**‧此處指印度大班智達阿跋雅嘎惹所著《壇城儀軌‧金剛鬘》，此書說明四續部
　　中四十二種不同壇城的灌頂方法。

187　**鬘法三書**‧阿跋雅尊者所著《壇城儀軌‧金剛鬘》、《修法‧圓滿瑜伽鬘》和《火供儀軌‧
　　光穗》等三書的合稱。

手[188]等灌頂、誦授、口訣等許多深廣教法。

之後，大師也有心去夏魯寺向穹波雷巴仁波切聽聞瑜伽法類，在一天晚上，大師夢見有位名為穹波瓦仁波切的年邁上師，以賢善坐姿安住在法座上，大師自己在他座前。上師以雙手將胸口的衣服掀開，顯現他的心讓大師看；上師的心間有許多很長的咒鬘重重環繞成圈，每個咒字都相當立體，大師讀了大部分的咒，就醒過來。後來見到穹波雷巴上師，他的身形相貌，就和夢中所見完全一樣。

之後從秋末直到翌年夏季，大師時常住在夏魯寺，在持密[189]大金剛持穹波雷巴仁波切座前，圓滿聽聞從瑜伽大壇城所出的下續部的經典，以及當時在西藏傳承之流未斷的大部分清淨灌頂，並且聽聞由薄伽梵勝樂輪魯伊巴[190]派與黑行者[191]派為主的無量無上密的引導及誦授；上師將心中所擁有的大半教言，都如瓶注瓶地注滿大師心中。當時大師以及時供養薈供、恆時承事等令上師歡喜，信心之鉤也完全牽引著上師的心意。那時至尊穹波雷巴每傳完一個灌頂，就會說：「這個灌頂，也是由某某上師歡喜傳授給我的。」圓滿傳授完引導及誦授後，還說：「現在已經遇到教法的主人，我已了無遺憾。」

---

188 **薄伽梵大輪金剛手**・無上密父續本尊，宗喀巴大師主修的五大本尊之一。大師盛讚：修此本尊，將長壽、不易得病，並得最勝成就。

189 **持密**・如月格西解釋，此為藏地專有名詞，特指主修密法的在家居士。

190 **魯伊巴**・印度大成就者，意為「魚腹者」，曾以漁民遺棄的魚內臟維生而從事專修，故名。勝樂眾多法脈中，以此師所傳最為根本。

191 **黑行者**・印度大成就者，曾受勝樂本尊勸發，著論闡釋勝樂法類。

當初布敦一切智與穹波雷巴上師同在遍智聖光[192]座前聽受吉祥密集與瑜伽部等諸大壇城的灌頂時，在薈供的座上，遍智聖光將至尊瑪爾巴曾唱過的道歌：「太陽昇處建大柱」等[193]做了更動，變成：「太陽昇處建大柱，豈非汝穹波敦貢？」有過這段往事。至尊穹波雷巴將得自遍智聖光與布敦一切智所傳如大海般的密法教授，毫無退失其加持精華地交付到了傑仁波切的手上；顯然是上師看到：交給大師圓滿的金剛乘教法，會令大師成為此地一切眾生的利樂根源。傑仁波切曾說：「密法一切成就的根本，主要唯有依靠令上師歡喜，所以每次灌頂的時候，都是在上師歡喜的情況下所傳授的。」並說：「這有著很大的可觀察處。」

　　在善為成辦了向至尊穹波雷巴求法的心願後，上師德千巴法德受邀來到壩南帕巴山[194]，大師也去了上師跟前，再度聽聞了《金剛藏釋》[195]、《金剛手上釋》[196]、《那若大疏》[197]等時輪的許多支分論典。關於吉祥密集兩種傳承[198]，則聽聞了布敦仁波切所著相關著作的講說誦授等許多法

192　**遍智聖光**‧布敦仁波切主要的根本上師，布敦仁波切從彼聽聞以密集為主的諸多密法，後輾轉至宗喀巴大師。

193　**「太陽昇處建大柱」等**‧為瑪爾巴譯師解釋密勒日巴尊者夢境時所唱的道歌，內容為授記其四大弟子傳持噶舉法脈。

194　**壩南帕巴山**‧白朗縣豬山，位於白朗縣，因其山勢似豬，故名。

195　**《金剛藏釋》**‧原名《喜金剛釋》，金剛藏菩薩著。此論以隨順《時輪續疏》的方式解釋《二觀察續》，為喜金剛續的兩大講解傳規之一。

196　**《金剛手上釋》**‧原名《十萬現誦所出略續之要義解說》，又名《勝樂上續》，金剛手菩薩著，此為《勝樂略續》的釋論。

197　**《那若大疏》**‧原名《喜金剛釋‧集金剛句之心》，那若巴尊者著。此論遵循《金剛藏釋》的傳統而解釋《二觀察續》。

198　**吉祥密集兩種傳承**‧聖龍樹父子所傳「聖派」以及佛智足阿闍黎所傳「智足派」。

教。隨後上師返回德千寺，大師則留在帕巴山，迎請夏魯寺善巧瑜伽部的
三藏大法師勝幢名稱，校正許多瑜伽部的舞蹈、歌詠的做法，也隨宜地聽
了許多教法。特別是聽聞了布敦[20]仁波切所著的《金剛生廣釋》[199]，以及
瑜伽本續《攝真實義》[200]、釋續《金剛頂》、《吉祥勝》、《淨治惡趣
續》[201]等、和《光顯真實》[202]、《憍薩羅莊嚴》[203]、《吉祥勝大疏》[204]等
無量的密續及印度釋論的誦授傳承。

隨後在猴年秋天，大師和喇嘛鄔瑪巴二人一同去了衛區的噶東寺[205]，
在拉薩的覺沃佛[206]前祈禱後，師徒二人一起在噶東寺善為閉關而安住。

在此略述喇嘛鄔瑪巴的傳記：

起初，喇嘛鄔瑪巴從孩提時代在多康放牧時，就由於過去所積集的強
大業力，不用依靠這生的辛勞，自然從胸中發出「阿惹巴雜那」的巨大咒

199　**《金剛生廣釋》**．全名《金剛界壇城儀軌一切金剛生廣說‧如意摩尼》，解釋慶喜藏論師的
　　《金剛界大壇城儀軌‧一切金剛生》。

200　**《攝真實義》**．全名《攝一切如來真實大乘經》，一切瑜伽部密續的根本續，分為四大品，
　　分述如來部等四種姓的所化機成辦世出世間成就的方法。

201　**《淨治惡趣續》**．全名《淨治一切惡趣威光王如來應正等覺觀察》。阿底峽尊者承許此續屬
　　於行續，嘎瑪達努阿闍黎與西藏祖師們則認為是瑜伽續。

202　**《光顯真實》**．全名《攝真實之廣釋‧光顯真實》，慶喜藏論師著。釋迦友、佛密、慶喜藏
　　等三位論師，在印度號為善巧瑜伽三人。

203　**《憍薩羅莊嚴》**．全名《攝真實義廣說‧憍薩羅莊嚴》，釋迦友論師著。

204　**《吉祥勝大疏》**．全名《吉祥最勝本初廣說》，釋迦友論師著。

205　**噶東寺**．位於拉薩市堆隆德慶區羊達鄉，由覺者智慧建於西元13世紀。

206　**覺沃佛**．釋迦牟尼佛十二歲等身像，松贊岡布時期由文成公主奉迎至藏。

音，並且看到一些文殊身的顯現。之後聽受了誦授傳承與隨許法後，勤加近修，本尊身語的顯現就更多了，但喇嘛鄔瑪巴對此不敢自己認定。之後前往衛區的桑普寺學習。

由於研讀《現觀》，鄔瑪巴圓滿地瞭解了法相，並想進行巡迴立宗。這時本尊現身指示：「你要將所有的資具在法會時都施捨出去。」他請示道：「但如此一來，就會沒有求學的用具了！」本尊說：「將會出現寶藏。」他因此將所有資具全數供養給僧團，然後再向本尊啟白：「現在希望能出現寶藏啊！」本尊便勸他：「你如今要決斷捨世專修，去修善行吧！」喇嘛鄔瑪巴就捨棄了現世事務，前往工布[207]地區，求受岡倉法類、大手印等，進而修持，此時本尊的身語顯現比起過去又更加清晰和堅固。之後到了桑耶寺[208]依止多登措嘎瑪聽聞六加行，那時又出現無量清晰堅固的本尊神變。他請示本尊：「是否要向多登巴上師啟白？」本尊指示說不需要。他又問：「那麼向吉祥山的上師宣迦瓦啟白可以嗎？」本尊指示可以。那位上師依據道果所說的口訣，做了四灌頂的身體動作，喇嘛鄔瑪巴都如續部所說而理解，當他將所看到的理解方式啟白上師時，上師說：「你的這個理解是清淨的。」本尊之後告訴鄔瑪巴：「顯示象徵只需要心中思惟手印即可，不需要身體動作，是他自己不瞭解的。」

....

207　**工布**・地名，位於西藏自治區東部尼洋河上游。

208　**桑耶寺**・藏區首座具有僧伽組織的寺院，位於西藏自治區札囊縣雅魯藏布江北，由赤松德贊、蓮花生大師、靜命論師三人建於西元 8 世紀中。西元 11 世紀中逐漸成為寧瑪派主寺。

隨後，喇嘛鄔瑪巴想去後藏。當時有跋師[209]和架師[210]兩位頗具聲望的上師，他請示本尊：「我去哪一位的座前學法才對？」本尊說：「你就去吧！在本措東有個隘口，你會遇到一個人，照著他所說的去做就對了。」喇嘛鄔瑪巴去到那個隘口，就遇到一位僧人，於是求教於他。他說：「應該去跋惹瓦金那裡。」所以就去了跋惹瓦金座前，求受大手印等法。由於那位上師是懷有厭離心的人，藉著跋師的力量，他也生起了很猛利的出離與厭捨之心，出現強大而能抑制耽著現法的力量，這即是本尊的密意。鄔瑪巴向本尊請示：「這位上師所開示的毘缽舍那是真正的毘缽舍那嗎？」本尊說：「完全不是[21]！」

　　之後又由於本尊的授記，鄔瑪巴前往薩迦，從至尊仁達瓦聽聞中觀和毘奈耶。之後下山，住在絨區確隴時，向傑仁波切聽了一遍《入中論自釋》[211]。

　　總之，至尊文殊作為喇嘛鄔瑪巴的善知識，每天早晨在他醒來之後，都會對他宣說一偈佛法，未曾間斷。直接教導修出離心、菩提心、正見一切所緣行相的修法；當他的心續裡哪種煩惱熾盛時，文殊就為他開示對治法。即便眼前普通事情的三門取捨，喇嘛鄔瑪巴除了依循著本尊指示，全部都不隨自己想法，他以無量精勤而修行的情形，這是其他人難以想像

209　**跋師**·竹巴噶舉派祖師，本名幢吉祥賢（堅參貝桑，西元1310-1391），此師於年輕時即已生起強烈出離心，著名弟子為後藏師慧賢。某些記載提到此師與宗喀巴大師結有法緣。

210　**架師**·香巴噶舉派傳承祖師，全名架千慈德（強巴貝，西元1310-1391），亦為宗喀巴大師之上師之一。

211　**《入中論自釋》**·月稱論師為自己的《入中論》所著的釋論。

的。據說在他示寂荼毘的時候，出現的火焰與煙霧，都像善巧繪畫本尊的畫師所畫的一般，持續呈現寶劍和鄔波羅花的形象，然後依次消失在虛空當中，這是與會大眾所共同看見的。此外，還有無數如琉璃般澄澈的舍利，色如藏紅花，而且還增生了舍利。其中有許多小的增生舍利，從一個增生一個，呈現如六輻輪，軸心及輪圍等形狀都極其稀有莊嚴。

大師與如是高量功德的喇嘛鄔瑪巴一起住在噶東寺的期間，從他聽聞了許多至尊文殊法類，並視上師與本尊為無二而猛利祈禱，極其精進修持本尊的近修。

特別是傑仁波切由於無始以來善修的種姓能力成熟的緣故，今生所作一切聞思修至言及諸解釋時，都完全不摻雜垢染意樂——諸如為求現世豐厚的利養、恭敬、名聞、眷屬、收穫，以及期望看到自己勝過別人等——的過失。大師不自主地被一心一意追求遍智的目標所牽引，所以不會滿足於詞句通順無誤、義理能發其他智者所未發；在集會中安立自己的立宗，別人無法詰難，而能以多種方便破斥他人的承許等，更絲毫沒有單單為此而努力的垢染。

因此，從大師一開始以努力聞思為主的最初階段，直到現今之間，沒有一個正直的人有機會公正地舉出大師在何時、以何種方式，有為了自己勝利並侮辱他人、或由於自詡為智者的我慢，為了博取名聲而進行講說、辯論、著作的過失。這只要稍稍專注於正法，平心而論，確實會令人不由自主生起極大信心！此即這位殊勝士夫的稀有行誼。

所以，大師在抉擇至言及諸釋論的內涵時，也是完全都在注意觀察：關於趣向解脫與一切智上下一切道[212]，要怎麼做，才能如實獲得佛陀的密意？才能如實獲得諸大車師的宗規？並且，因為大師是最殊勝的利根隨法行的種姓，本性就不會單依他人的話進行抉擇，或僅以教典依據為憑；而是想著以佛所授記解釋至言密意最為殊勝的開大車軌師所說的正理，如理分判佛陀至言了不了義。其中了義經的內涵，是以極其細緻的理路抉擇也無法改變為其他觀點的方式而獲得的。大師懷著如渴求飲般迫切的心，以這種方式一心勤求至言的內義。

　　大師也曾說過：「就像現今在藏地被認為是智慧與見解高超的人，他們對大部分的至言及其釋論，僅透過閱讀，不費工夫就能清晰看出『這裡有這個意思』；對他人開示時，也能給予心滿意足的深刻領會。像這樣的特質，我很早就擁有了。但這根本[22]不堪憑信，因為以細緻正理善加觀察時，最初認為『就是這樣』的理解，大多不得不[23]破滅。所以在未經細緻的清淨理路善加觀察圓滿之前，縱使是認定的義理，也只會變成空話[24]。」

　　大師當時心想：聖龍樹父子[213]究竟密意的正見、密集五次第，其中尤其是幻身的部分，特別難以證達。若能證達，意義非凡；若不能證達，則極有可能落入顛倒險處。想到在修習真實義，以及依靠無上密道成佛等都

212　**上下一切道**・如月格西解釋，此或指前後一切道。前道，指資糧、加行道；後道，指依靠前道所生的聖道。
213　**龍樹父子**・通常指龍樹菩薩及其心子聖天菩薩；廣義則可包含龍樹菩薩的其他大弟子。

只剩下空談。便說：「如果有如同怙主龍樹父子的密意，能無誤開示這些的善知識，無論是在印度、藏地、尼泊爾，或在衛區、後藏、康區[214]，不論何處，只要我能找到，即便為此捐軀、行任何難行苦行，都心甘情願，當下就可以出發。那時有著這樣極強的心力！」

因此，大師那時也請託喇嘛鄔瑪巴作譯師，向至尊文殊請問中觀正見、顯密的差別、無上密道的最[25]大扼要、五次第的順序、了不了義等無邊的問題；並且，為了斷除疑惑，而完全採取問難抉擇的方式來啟問。

當時大師心中也是認為「自宗毫無[26]承許，無有自宗可立之處，唯就他方而安立」的中觀見，是比較合意的，於是請問至尊文殊：「我的中觀見是應成見還是自續見？」本尊回答：「哪個都不是！」因而另外開示了無量的至言扼要與觀察方式。

當時至尊文殊勸大師說：「從今以後，應當視上師本尊無別而祈禱；淨化過去的罪墮並增長廣大資糧，勤於淨罪集資；依靠諸大車師的理路，詳細觀察經續及諸釋論的內涵。這三個必須同時並行，恆不間斷地修持[27]，不久之後就會獲得正見最究竟的扼要，及對一切經續的無誤定解。即便從現在起進行講說，也只能有相似的饒益；所以你還得暫時捨去事務，依著僻靜處而以修持為重。」由於文殊這樣的勸勉，加上自己也深深契合於心，於是大師決斷捨去事務，依著阿蘭若處一心專修。

....

214 **康區**‧地名，約今西藏自治區東部及雲南、四川部分地區。

此處作頌曰：

持明密典廣大海　　　　持明密咒的論典有如浩瀚大海
清淨四灌波濤湧　　　　翻滾著清淨四灌頂的波濤
二次水沫歡笑舞　　　　二次第的水沫歡笑戲舞
成為千萬悉地藏　　　　擁有千萬悉地奇珍的寶藏

大悲腹溶愛非天　　　　以上這一切——您心意的大仙
耽著自利白善敵　　　　將耽著自利——極白善法的仇敵
您意大仙此無遺　　　　與愛欲非天溶化於大悲之腹
從廣博慧口中出　　　　而從廣闊觀擇的口中引出

具足多聞千眼目　　　　具足多聞的千眼
明慧無死眾髮飾　　　　聰慧無死眾的髮飾莊嚴
主宰勝乘妙甘露　　　　主宰勝乘的殊妙甘露
聖教樹主願全勝　　　　祈願如意天樹的主人大獲全勝！

《至尊上師宗喀巴大師傳記・起信津梁》——〈第四・以密乘為主而遍求多聞品〉

〔1〕 結束　雪本作「具足」，誤。

〔2〕 足數　青海本原作「具量」，德格本、雪本作「齊備」。

〔3〕 辯論法會　雪本作「細繩」，誤。

〔4〕 堪欽　雪本無。

〔5〕 蔡　雪本作「才」，誤。

〔6〕 師　雪本作「侄兒」，誤。

〔7〕 夏季　青海本原作「大夏」，德格本、雪本、塔爾本作「夏季法會」。

〔8〕 德哇巾　雪本作「北哇巾」，誤。

〔9〕 一期　雪本作「最繩」，誤。

〔10〕 閉關　雪本作「壁界」，誤。

〔11〕 奈古六法　德格本作「尼古六法」。

〔12〕 前後　德格本、雪本作「藍後」，塔爾本作「換後」，誤。

〔13〕 本　雪本作「溫」，誤。

〔14〕 身語　雪本作「自箋」，誤。

〔15〕 極為　雪本作「在超度」，誤。

〔16〕 秋末　青海本原作「秋入」，誤。今依德格本、雪本、塔爾本改之。

〔17〕 昨晚　德格本、雪本、塔爾本作「密意，甘」，誤。

〔18〕 成熟　雪本作「祈願」，誤。

〔19〕 「誒嘎蘇茲嘎」　雪本作「誒嘎巴茲嘎」。

〔20〕 布敦　青海本原作「布堆」，誤。今依德格本、雪本、塔爾本改之。

〔21〕 完全不是　原青海本作「是的」，德格本、雪本、塔爾本作「完全不是」。
青海本誤。

〔22〕 根本　青海本原作「扁毛」，誤。今依雪本改之。

〔23〕 不得不　德格本、雪本作「多、初」，誤。

〔24〕 空話　德格本作「下隘口」，誤。

〔25〕 最　青海本原作「心」，誤。今依德格本、雪本、塔爾本改之。

〔26〕 無　雪本作「正確」，誤。

〔27〕 持　雪本作「是夠」，誤。

五、略述大師成為法王之後，如何利益聖教及眾生

秋季，喇嘛鄔瑪巴準備赴多康一帶，大師親自送他到拉薩，師徒二人在那裡很猛利地祈禱；大師並在拉薩門殿上的經堂，為喇嘛鄔瑪巴圓滿傳授了吉祥密集不動佛[215]的四灌頂。

之後，傑仁波切前往覺摩隆，秋末便在當地說了許多法。而在猴年將近冬季的十月之際，大師三十六歲那年，從覺摩隆出發，帶著八位弟子隨侍，分別是四位衛區人：被稱為阿闍黎仁波切蔣嘎瓦的具德賢善[216]、多登蔣森瓦、寶幢上座[217]、桑穹瓦上座[218]；以及四位多麥人：多登文殊海上師[219]、慧稱格西、文殊吉祥格西、德護格西。

---

215 **吉祥密集不動佛**・無上密父續本尊，聖龍樹所傳密集壇城的主尊。

216 **被稱為阿闍黎仁波切蔣嘎瓦的具德賢善**・最初為覺摩隆的持律善士，隨侍大師閉關專修，後成為宗喀巴大師眾多弟子的上師，相傳示寂於甘丹寺建寺（西元1409年）之前。

217 **寶幢上座**・文殊菩薩授記的宗喀巴大師七位清淨心子之一（仁欽堅參，西元？-1427）。此師曾任甘丹寺東頂法王，並與賈曹傑大師同受宗喀巴大師遺囑，守護大師的宗風絲毫不衰，並廣行利生事業。

218 **桑穹瓦上座**・義為賢護。此師為少數得到大師傳授密集灌頂的弟子之一，曾奉大師之命代為向至尊智慧獅子授此灌頂，後建立「尼瑪林」寺，善巧融匯格魯派和噶舉派教法，教導後學。

219 **多登文殊海上師**・宗喀巴大師大弟子之一（蔣悲嘉措，西元1356-1428），此師依止大師多年，盡得《幻化寶笈》耳傳口訣，離世專修，成就極高，開啟格魯修行傳承之先河。

在那[1]之前，都是由谿卡內鄔宗[220]宗本作很好的承事供養，而那時也是由他成辦順緣，於是師徒一行九人搭船順流而下，為了捨離事務來到了沃卡[221]。那個冬季與春季，就都住在沃卡曲龍[222]。從那時起，由沃卡宗宗本父子那些有虔誠信心的人擔任施主，進行豐厚的承事。住在那裡的期間，大師認為最初淨罪集資是大扼要，於是一切師徒都極其精進、完具四力地修習淨罪[2]集資，傑仁波切本人也進行了百次《墮懺》[223]並結合禮拜，而且供曼達直到手指龜裂，作了如此種種難以衡量的強猛精進。

就如同善知識卓隆巴[224]大師說：「如果《大方廣佛華嚴經》沒有被譯成藏文，藏地的菩薩們將要如何修學菩薩行？」大師很仔細地研讀了《大方廣佛華嚴經》等開示偉大菩薩行的經藏。我曾聽大師說過：「由於增長大乘種姓能力的稀有方便相當稀有，菩薩的心力難以思量，因此菩薩行極其偉大而行相無邊。經藏中所說過去菩薩已經學的、現在和未來的菩薩正學及將要學的這些無邊行持，我也為了從現在就對趣入這樣的行持，能完全不起怯弱，並能猛利歡喜地趣入，於是將經中所說菩薩的心力及行誼中

---

220 **內鄔宗**‧帕竹政權建立了宗谿制度，取代薩迦政權的萬戶長制度，內鄔宗為十三宗之一，管轄拉薩為主的區域。

221 **沃卡**‧地名，位於今西藏自治區山南市。

222 **沃卡曲龍**‧寺名，位於西藏自治區山南市桑日縣增期鄉，今名曲龍寺，寺內收藏有大師拜懺及供曼達所使用的石頭。大師在此閉關後，由於沃卡宗宗本的祈請，修了一座長十四肘，寬十一肘的經堂。

223 **《墮懺》**‧即《三十五佛懺》，出自《大寶積經‧優波離會》，是印度、西藏許多修行人勤修的殊勝懺法。

224 **善知識卓隆巴**‧俄譯師弟子中以精通一切經教著稱者，本名覺慧生源（洛追穹乃），幼年親從阿底峽尊者及種敦巴尊者聽受噶當諸法。

那些偉大的行持，一一取為目標，當作修心的所緣行相，長時照著去修。雖然剛開始會感到艱難，但後來善加串習之後，不需策勵，就自然能對稀有難思的菩薩心力及行持完全不生退卻，而且油然踴躍地趣入。」即便就是這句話，對於想要修學大乘的所化機，也是最稀有的教授。對強大心力的人而言，也是難以思量的行誼。

在那年夏天，大師朝拜精奇寺[225]的主尊彌勒佛像[226]，進行許多供養並且廣發大願。冬季則前往達波[227]曼隆的嘉索埔[228]，修行大有進展，並獲得許多不可思議的殊勝功德。大師說：「我從那時起到今天，就未曾間斷修持能怖金剛十三尊的自入法。」

春季，大師返回沃卡。當初，噶米功德永固[229]建造了精奇寺，其中有用響銅打造的彌勒佛像，比人稍高，極具加持力並且很稀有；但後來壁畫等佛像都損壞了，彌勒像也佈滿灰塵，沾上鳥糞等污穢。大師見了這般場景，心生不忍，不覺淚下，想要修復佛像而指示沃卡達澤。於是他善為完成了牆壁、天花板、泥牆灰等需修葺的部分。而繪畫師的部分，則由大師師徒用自己的資源及勸募來完成。當時大師師徒十二人所擁有一切零星財

225　**精奇寺**・位於今西藏自治區山南市增期鄉，由善顯密意上師囑咐其弟子噶米功德永固所建。
226　**主尊彌勒佛像**・為善顯密意上師所賜，具有三種自然生成特色。質地為赤金寶石的八歲彌勒等身像，其胸間有旃檀彌勒，而旃檀彌勒胸間又有水晶彌勒，極具加持。
227　**達波**・地名，約在今西藏自治區加查縣、朗縣境內。松贊岡布時期以達氏為主的一個部落所在地，故名。
228　**嘉索埔**・地名，今日傑索寺所在地，位於西藏自治區山南市桑日縣，宗喀巴大師長時駐錫的殊勝處所。
229　**噶米功德永固**・持律大師善顯密意上師之弟子，此師主要弘傳上下阿毘達磨。

物及作朵瑪的用具等，兌換成現金只足十二錢，無法成辦要做的事。大師想要透過供多聞天子[230]託事朵瑪來囑咐協助事業，但那時又沒有酥油；此時正好有位僧人供養一袋酥油，因此對多聞天子供上酥油作的託事朵瑪，而囑咐事業。隔日，就有一些牧人馱來許多酥油酪糕作供養，從此供養絡繹不絕，資財無缺。不僅如此，在其他時候，看到有如法的特殊目的時，也發生過許多透過供養多聞天子朵瑪來囑咐事業，而忽然出現無量資具的事蹟。

後來從雅隆地區也來了很多畫師，攜帶塗料，想要來畫佛像。大師便讓這些畫工受持八關齋戒及長淨律儀，再進行繪畫。即便負責事務的一般人，也都不散心雜話，大都邊唸著課誦發願的文句邊努力工作。最初，畫工完成了一幅文殊淨土的白描草圖，大師對它進行開光，以一盞小供燈從傍晚持續供養到隔天中午。從此之後，每畫完一幅淨土，沒有一次不依序進行開光，也沒有一次不供養明燈。

如此完成繪畫後，大師建立具密文殊[231]的壇城，作了開光的廣大儀軌。當時也對十多位具緣弟子傳授具密文殊的灌頂；在籌辦開光典禮時，幾座寺院之間的一些多麥人供養許多絲綢，因此給塑像善為供上衣服，壁畫供上畫幔。開光正行當天，長期作課誦者、工作人員、掌控時程等許多人都感覺課誦與工作比平日提早許多完成；他們想「這是為什麼？」於是

230　**多聞天子**・四大天王之一，在印度已是財神的代表，佛世時證得初果，也有經說是八地菩薩降生；因其主要守護律藏與戒學，至尊文殊指示宗喀巴大師依之為中士道護法。

231　**具密文殊**・瑜伽續一本尊名。

修復精奇寺彌勒像與謁見洛札堪欽

豎起日晷仔細觀察，結果許多人都說：「那天的白晝時間顯然比平日長很多。」另外，有些人夢中見到空行在繪畫[3]。而洛札[232]堪欽洽多瓦[233]的所見現相[234]中，則看到過去七佛[235]在虛空中往北方而去，堪欽請問：「佛陀要去何方？」佛陀答道：「精奇寺的開光法事正在迎請[4]。」後來去計算，那天正是開光當天的日子。

隨後洛札巴虛空幢仁波切向大師寫信，殷重地說道：「請您無論如何要來這裡，有事想要求教，也有關於延壽緣起等勸請的話要獻給您。」因此，大師到了洛札札窩寺[236]，對以洛札堪欽本人為首的洛札僧眾宣講《集學論》[237]等法。對洛札巴仁波切本人，也傳授五隅天女[238]等許多灌頂、隨許。大師本人也在他座前聽聞了菩提道次第引導，並在那裡住了七個月。

隨後，念及未來能有透過毘奈耶學處清淨的方式廣利聖教的特殊緣

232　**洛札**·縣名，今在西藏自治區南部羊卓雍湖之南。

233　**堪欽洽多瓦**·宗喀巴大師最主要四位上師之一，本名虛空幢（南喀堅參，西元 1326-1401），為噶當道次第派與教授派的傳承祖師。此師主修金剛手，無礙親見本尊獲傳許多法要，故名。

234　**所見現相**·指親見本尊等淨相，如同眼見一般。

235　**過去七佛**·又名勇士七佛，即：毘婆尸佛、尸棄佛、毘舍浮佛、拘留孫佛、拘那含牟尼佛、迦葉佛和釋迦牟尼佛，依序為莊嚴劫最後三佛及賢劫最初四佛。

236　**洛札札窩寺**·今名卓瓦寺，位於今山南市洛札縣邊巴鄉。相傳宗喀巴大師和虛空幢師徒在此相聚，極為歡喜，故名。

237　**《集學論》**·寂天菩薩著，此論歸納一切菩薩行於對身、受用、善根三者各修捨、護、淨、增等四事中，特色為引述大量經典，常與以理路為主的《入行論》並提。

238　**五隅天女**·摧壞大千、大孔雀母、隨求母、寒林、攝受密咒母等五位天女，均為事續如來部本尊。

起，大師託人供養精奇寺的彌勒佛三衣、缽盂[5]、錫杖，和金粉等多種供品；及所撰寫的內涵稀有、文詞奪意之《彌勒讚·梵天寶冠》[239]。

大師還想要去印度星吉里，而且已經上路前往；但在半途中，出現一些本尊身語的顯現，指示道：「大師本人去星吉里，會有遇見彌札大成就者[240]等難得的際遇；但大部分的眷眾會染上熱病，許多人甚至有生命危險。」大師自己也這麼認為，因此又返回涅區[241]，來到涅區洛若[242]。在洛若堆達住了五個多月，那裡正好在迎請大善知識卓隆巴所著的《教法次第廣論》[243]，大師也參與了迎請供養，並仔細研閱而生起很大的定解，就在當地講了一遍《教法次第廣論》。

大師從捨離事務開始[6]，就認知到：一切佛陀至言的內義，以及從初修業[7]起，就將一切佛語毫無遺漏地圍繞於相續而能修持的道理，還有道的體性、數量決定、次第等，這一切都不能不與諸大車師的道軌相順。為此，大師熱切地對上師、本尊祈禱，並恆時不斷仔細抉擇一切至言及其解釋，因而對於從最初親近善知識開始，到最後修學止觀之間——包含大小乘共通道及總體大乘不共道，並且在此上增添密乘不共方便善巧的特色而

239　《彌勒讚·梵天寶冠》·宗喀巴大師著有數篇彌勒讚，此為其中最廣者，被譽為宗喀巴大師所著四大讚之一。

240　彌札大成就者·印度大成就者，西元1198年應綽普譯師之請入藏弘法，其所傳《彌札百法》為上百種本尊的灌頂傳承。據說此師成就不死之身，常住印度南方星吉里。

241　涅區·地名，約今西藏自治區隆子縣。

242　涅區洛若·地名，位於隆子縣加玉鄉與錯那縣的錯那鎮之間。

243　《教法次第廣論》·噶當派殊勝論著，闡述《道炬論》密意。宗喀巴大師迎請此論時極為殷重，自遠處持香恭迎。

修持之道的體性、次第及數量決定生起無誤的定解。對於任何一個佛語及
解佛密意的論典，也都不是只取部分，而是懂得拿這一切作為一個補特伽
羅成佛的條件，並取來修持。這並非只是空泛的理論，不論當下智慧優
劣，根性利、鈍、中庸[8]任何一者，都能圍繞其相續，順易取得修持所緣
行相之次第的做法，並有很好的調伏效果，善於透過完全致力於調心次第
的角度，引導一切優劣所化機的次第。在雪域中，大師見到大菩薩具德燃
燈智的教授具備這樣的道理，無誤地抉擇了菩提道次第中的顯、密道次
第，如此的大車軌是極其稀有的；大師也依靠著這個道軌，心中生起很大
的定解。而在具德阿底峽的教授道軌中，大師對大善知識博朵瓦[244]等人的
教授，雖然也有著稀有的定解，但特別看到大譯師覺慧上師[245]所著《教法
次第論》[246]，及其上首弟子具德卓隆巴所著《教法次第廣論》等，與自己
所了悟的道次第極其相順，將之視為超勝的道軌。大師說：「由於[9]具德
阿底峽的教授，是將一切佛語及其釋論、口訣皆編為一個道次第而開示，
如果善說者如實講說，善聽者也如實行持的話，不僅是瑣碎的教授，而且
一切佛語都能連貫起來。因此，對於需要以共通道[10]修心來引導的所化
機，不用開示許多不同的引導。」大師只會以道次第為主來接引。

---

244 **大善知識博朵瓦**・噶當教典派開派祖師，本名寶明（仁欽色，西元 1027-1105），種敦巴尊者
　　的大弟子，說法善巧、戒行精嚴，噶當派由於此師而聲名遠揚。

245 **大譯師覺慧上師**・西藏譯師中譯作最多且精準者（俄・洛丹協饒，西元 1059-1109），經常講
　　述慈氏五論及中觀、因明等論，受業弟子數以萬計。

246 **《教法次第論》**・覺慧譯師著，從桑樸瓦大師（本名俄・善慧，與庫敦、種敦巴同為阿底峽
　　尊者大弟子）聽受尊者的法脈而著。

隨後大師在涅區下部色傑崗[247]的雅真寺進行一次夏安居。那時師徒們順緣匱乏，知道是該供養多聞天子朵瑪的象徵，於是做了供養。很快就出現豐厚[11]的順緣，並且仍有剩餘。之後大師師徒三十餘人，來到扎日[248]瑪千住了幾天，對住在山上的人做供茶等布施[12]，找到山中修行處，並修了勝樂金剛的自入法，出現許多稀有的徵兆。到了扎日山頂上，正要下山時，大師心想：「這次沒能在此地舉行含有內供的薈供！」當下，足關節某處忽然發作像被芒刺扎入的刺痛，並且劇烈疼痛、腫脹發黑，情況嚴重；當時就舉行了具有內供的勝樂薈供，在薈供尚未結束時，疼痛患處就自然痊癒[13]了。

大師再度回到涅區，住在涅區下部森格宗，對色切塔[249]進行廣大供養。在那裡宣講許多毘奈耶教法，仔細實踐諸如淨水以上等細微的做法。大師開示道：「一切功德的根基，在於所承許的戒律要清淨。我從未犯過別解脫戒的他勝、僧殘、粗罪[14]等罪；偶一違犯墮罪、惡作等，也立即懺悔防護。」大師自己這樣行持，也讓身邊徒眾如是而行。這是在此雪域佛教極為衰微時，大師以徹底不能忍受的強猛心力，極大勤苦地重新建立起大寶聖教的基礎；這對於後代雪域的一切士夫，是等同佛陀的深恩。

之後的春季，大師駐錫於涅區的崗秋，對僧伽大眾講說種種教法。由

---

247 **色傑崗**・雪山名，位於隆子縣列麥鄉，其中有蓮花生大師修行的山洞。

248 **扎日**・山名，位於山南市隆子縣扎日鄉附近，其頂峯為達瓜西熱。相傳為勝樂金剛聖地，每逢猴年，轉山巡禮者逾萬，稱為「扎日巡禮」。

249 **色切塔**・位於西藏自治區隆子縣列麥鄉，為內鄔蘇巴大師的弟子悲幢菩薩啟建。

於大師悲心的緣故，有無量在家眾也具足猛利信心而聚集起來，大師都使他們行持近住戒[250]、皈依等有益於現時與久遠的善行，從自己最先開始，也帶動所有大眾，作了多次的十萬「擦擦[251]」，後來當地也一直沿襲這個傳規。

後來，大師在涅區上部的熱種寺進行夏安居，阿闍黎盛寶仁波切[252]完成十部論典的巡迴立宗後，來到了此地謁見大師。那時大師囑託熱種寺的堪布，請他擔任施主[15]，另外也依靠許多信施供養，而由大師召集涅區大部分僧團的三藏[16]法師，在數日間轉正法輪；於此期間，也對僧眾進行豐厚的供養承事。先前，涅區的寺院彼此之間，由於排座位等意見不合，所以完全不能聚在一處；但那時由於大師悲心的力量，以及善巧方便的關係，他們竟能沒有諍論，以受用正法喜宴而度日。大師對他們各別允諾將會持續供養承事，作如是勸發信心的指示，所以他們都很歡喜。一直到最近，當地在每年的那時，都會舉行多日的轉法輪活動，未曾間斷，在那段期間彼此都如過去毫無紛爭；而在法會以外的期間，就又會因為彼此排班次序等引生嫌隙，不能同聚一處。

大師在涅區[17]善為完成這些利益聖教、眾生的稀有之事後，又再度

---

250 **近住戒**・八種別解脫戒之一。承許於一晝夜中守護八條戒律的在家居士，由於守護此八條戒，能夠趨近阿羅漢果位而住，故名近住。漢地習稱八關齋戒。

251 **擦擦**・泥做的小佛塔小佛像。

252 **阿闍黎盛寶仁波切**・即賈曹傑（達瑪仁欽，西元 1364-1432）。此師博通經論，是藏地首位獲得十難論師之名的智者；紹繼宗喀巴大師法位，故名「賈曹」。此師主要繼承大師的《般若》、量學、時輪、勝樂傳承，與持律師名稱幢同為大師二大長子。

來到沃卡。此後在沃德貢傑[253]的山下寂靜處拉頂[254]住了一年，宣講許多教法。大師雖然從捨世專修以前，一直到那時候，都不斷觀察抉擇應成、自續的正見扼要，但對它的究竟關鍵之處，仍然無法引生將不安根除的定解。大師便在那裡，視上師與至尊文殊無別而殷重地祈禱，並且用正理仔細抉擇，從而出現了特殊加持的徵兆。又加上善為研閱了佛護阿闍黎[255]所著的《佛護釋》[256]這個因緣促成，而對聖龍樹父子正見的究竟扼要，以及所破界限等，生起前所未有的深刻定解；摧壞了一切相執的緣取，徹底拔除了懷疑真實義為其它邊的增益執。對導師佛陀生起因了解而獲得的信心，因由這個力量，著了《由說甚深緣起之門而讚歎．善說藏》[257]。

這樣以正理斷盡對真實義的增益執後，大師精勤修持一心平等安住空性的三摩地，由於以真實的回憶識善加修習，其修持達到超勝，大師曾敘述其力量，說：「現在因為善加修習，在後得位[258]時，各種行相，都會呈現為空而現有的如幻如化，幾乎不會出現未經空[18]性印證的凡庸顯現。」這是智者所歡喜而難以測量的行誼，是連佛菩薩聖眾都會以讚譽的花鬘來讚歎的對境，更遑論我輩！

---

253 **沃德貢傑**，雪山名，位於西藏自治區山南市桑日縣沃卡地區。

254 **拉頂**，即今拉頂寺。

255 **佛護阿闍黎**，龍樹菩薩七大心子之一，首創以應成論式解釋《中論》的密意；修持至尊文殊，即生證得持明悉地。

256 **《佛護釋》**，為《中論》的印度釋論之一，此論在空性的所破、小乘藏是否宣說法無我等方面，均提出中觀應成派的獨特觀點。

257 **《由說甚深緣起之門而讚歎．善說藏》**，此讚與《文殊讚雲海》、《彌勒讚．梵天寶冠》及《尊勝佛母讚．成就無死》，同為宗喀巴大師所著四大讚。

258 **後得位**，即從禪定中出定的階段。

我的這位上師，如上所述，視上師、本尊為無別而做祈禱、一心精勤淨罪[19]集資等，並不間斷地勤於修習普通凡夫難以想像的近修，因此獲得多位殊勝本尊的加持，這是難以想像的事實。尤其是數數親見諸佛唯一之父——至尊文殊，並且親自作為善知識，因而能對一切佛語的內涵無有錯解。不論是多麼難以證得的內涵，大師最初只需以理路詳細觀察，大都能明瞭；這樣還不能斷定的部分，也能透過視上師與文殊無別而殷重祈禱、供獻曼達的當下，就不費力地完整了悟[20]於心，這是真實不虛的。關於至尊文殊的身語顯現等傳記的細節，是不能直接公開的，但大師曾說：「如何抉擇佛語內涵、所作的觀察究不究竟、修持的扼要、如何引導所化機、弟子如何依止、住怎樣的處所等，我基本上都不自己做主。」

　　在秋季，大師去往沃卡，直到春季都住在噶埔[259]，對沃卡的僧眾們宣講許多法。之後來到掖區[260]德鄔惹寺[261]進行夏安居，對掖區僧眾也開示了許多教法，將一切眾生安置於善行之道。隨後在沃卡的札當[21]度過冬天，而後去拜見精奇寺的彌勒像。大師知道時值大神變日的時節供養，因而在十五天之中持續陳設了奪意殊妙的廣大供養，一心只為聖教及眾生，而發下現時和久遠利樂的偉大宏願。

　　同年春季，在精奇寺，對以阿闍黎十難論師為首的兩百餘位三藏法師

---

259 **噶埔**・其義為「舞谷」，最初蓮花生大師於此駐錫一個月，後阿蘭若師在此地見到空行母跳舞，故名。

260 **掖區**・即埃區，大約今曲松縣及隆子縣範圍。

261 **德鄔惹寺**・位於西藏自治區山南市曲松縣。宗喀巴大師於此收到擦科本波語王名稱在嘉莫隴建立寺院的回報書信，並予回覆。

從涅區到札日山的部分

宣講許多教法。之後因為娘波[262]地區許多虔誠信眾的祈請，而在娘波當兜寺進行夏安居，對娘波地區的僧眾們宣講許多法，並對人們做了廣大的饒益。

宗本虛空賢[263]過去就不斷請俄大譯師寺院的寺主——大阿闍黎寶戒[264]關說，希望請大師去吉雪；而這次又來敦促，加上大師也想去拜見覺沃佛。於是秋季去了吉雪，住在布達拉，對桑德貢三大寺，以及噶覺蘇三大寺[265]寺主們為首的上百位三藏法師，講授《中觀光明論》[266]、《毘奈耶》、《道次第》等許多教法。

翌年春天，大師來到噶東寺，由於思考到：那些自許是大乘的人，對於如何修學在一切佛菩薩作證下所承許之發心學處的道理，如果不能了知這一切並如理修學的話，所謂的大乘人也不過是空名而已。而如果想要趣入密咒金剛乘，在善以共通道修心的基礎之上，親近上師的軌理要比共通大乘所開示的更加超勝。透過那樣的軌理，而從具備德相的上師獲得符順續部的灌頂，對於當時所承許的誓言與律儀，必須珍愛如護眼珠，尤其要善加守護根本墮，縱使捨命也不違犯。否則捨棄了所承許的誓言，雖號稱

---

262 **娘波**‧地名，有兩種理解：一、年波，位於西藏山南雅隆地。二、尼洋波，工布和波密連界地區尼洋河流域總名。

263 **宗本虛空賢**‧宗喀巴大師弟子(南喀桑波)，當時內鄔宗的宗本，是人王名稱幢的主要大臣。

264 **寶戒**‧桑普寺寺主(袞確楚臣)，在任七年，為《菩提道次第廣論》的勸請者，也被列為大師弟子中十大教法明燈之一。

265 **桑德貢三大寺，以及噶覺蘇三大寺**‧分別為桑普寺、德哇巾寺、貢唐寺、噶東寺、覺摩隆寺、蘇埔寺，為當時衛區的六大寺。

266 **《中觀光明論》**‧蓮花戒論師著，此論以瑜伽行自續派的立場闡述中觀宗。

赴熱振寺情形與親見尊者等

是學習密乘道，也不過是在開啟殘酷的惡趣之門。大師心想：「哎呀！這些自許為修學總體大乘與殊勝大乘的人，何不以這樣的方式去行持！」於是以絲毫無法忍受的大悲心為等起，對於所化機也作如上的教誡，因此詳細講解了《菩薩地・戒品》[267]、《事師五十頌》[268]、《十四根本墮》[269]等。

傳法結束時，至尊仁達瓦上師從阿里[270]出發，要到達倉夏安居，而來到衛區。到達噶哇東時，大師前去迎接、承事、做稀有的供養，師徒兩人宣說了許多佛法。之後由於師徒倆都喜好僻靜[22]處，夏季時由於聽到稱讚熱振的僻靜[23]處的描述，非常心動，也想要親睹具德阿底峽所授記的地方、敦巴仁波切父子[271]的寺院、一切[24]噶當派正法河流的源頭處。因此以師徒二人為首的許多三藏法師，一起去了熱振寺[272]，在那裡度過冬天。

---

267 《菩薩地・戒品》・無著菩薩著，《菩薩地》是《瑜伽師地論・本地分》十七地之一，總結了他從至尊彌勒廣泛聽聞大乘道果的法義；〈戒品〉乃《菩薩地》第十品，闡述菩薩如何學戒。

268 《事師五十頌》・馬鳴菩薩著。此論依據眾多無垢密續，將其中所述廣大依師之理，重新編排而簡要地寫出。

269 《十四根本墮》・原名《金剛乘根本墮》，馬鳴菩薩著。此論總攝了各密續中所說密戒根本墮的文句，並開示持戒的利益和方法，以及犯戒的害處與還淨方式。

270 阿里・地名，古今阿里地區範圍不同。古阿里地區北起今新疆西藏交界，南至日喀則昂仁縣。

271 敦巴仁波切父子・敦巴仁波即種敦巴尊者，本名勝者生源（嘉偉炯內，西元 1004-1064），噶當派創始人，阿底峽尊者心子。其主要弟子有博朵瓦、懂俄瓦、樸穹瓦，人稱噶當三昆仲。

272 熱振寺・噶當派祖寺，位於今拉薩市林周縣唐古鄉，由噶當派始祖種敦巴尊者建於西元1057年。

至尊上師開示《六十正理論》[273]與《密集五次第》[274]等，傑仁波切則是將《大乘經莊嚴論》、《辨中邊論》、《集論》、《聲聞地》[275]等善加編排，開演了一切奢摩他的解釋，並令大家去修持，因此有些人心中生起與佛語相順的奢摩他殊勝覺受。師徒二人對於顯密道的許多扼要處，以綜論的方式做了很深細的談論。隨後，由於法王譯師與止貢法王兩位不斷派使者捎來信件，祈請大師能前去會面，傑仁波切便在初春去到止貢，宣說許多教法，也依止懂哦仁波切[276]聽聞那若六法及俱生加行大手印[277]等法。

此後，仁達瓦上師與大師一同啟程，去與譯師勝依吉祥賢仁波切會面，在南澤頂[278]的阿爾菩提智大師[279]的經堂，三位法王彼此見了面。由官員功德海，以極廣博的信心與捨心之廣大意樂而作供養，以多如大海般的三藏法師為首，共有僧眾六百餘人，在當地夏安居。三位法王都想著，要做一個大寶佛教清淨的準則，而只要佛陀的內在庫藏——毘奈耶完整存續，那麼佛教就存在；假若毘奈耶不住世，佛教就不存在。這件事在心裡變得沉重，因而懷著純粹為了聖教的心意，各廣講了一遍《律經》的解

273　**《六十正理論》**・龍樹菩薩中觀理聚六論之一。此論破斥聲聞部派的錯解，重顯小乘經義，說明無論是發心成佛還是僅求解脫，都須斷除有無二邊、證無自性。

274　**《密集五次第》**・密集法類圓滿次第的重要論典，龍樹菩薩著。其第二次第的下半部，可能是龍樹菩薩授意其大弟子釋迦友所著。

275　**《聲聞地》**・無著菩薩著，《瑜伽師地論・本地分》十七地之一，總攝小乘經典的內容，廣為抉擇小乘的基、道、果。

276　**懂哦仁波切**・即止貢法王，見本書83頁。

277　**俱生加行大手印**・岡波巴大師所傳觀修空性的口訣。

278　**南澤頂**・寺名，位於今拉薩市當雄縣羊八井鄉，由阿爾菩提智大師建於西元13世紀末。

279　**阿爾菩提智大師**・俄・覺慧譯師親傳弟子中最善巧現觀者(蔣秋耶謝，約西元12世紀)，西元1134年曾任帕摩竹巴受比丘戒的教授阿闍黎。

釋[280]。在那時候，善加建立起如下的清淨傳規：實踐從《十七事》[281]所說
的微細遮戒以上，現今補特伽羅可以行持的部分，以及違越《分辨教》[282]
中所說遮戒的一切墮罪，由各各名類而還淨的儀軌，遵照儀軌而行的做
法。當時大多數聽聞毗奈耶的人，都各自觀察內心，一切粗細墮罪的懺悔
境多寡之別，和先行捨離物品的治罰等，根據毗奈耶所說的作法來還淨。
從此之後，原本就是大師隨從的人，大都每天觀察自心相續，不與墮罪長
久共處而還淨。即使是加持資具、結淨地、不過夜宿等行持，也很努力去
做，更不用說其他不難持守的戒律。因此使得佛教根本——別解脫戒的基
礎[25]得到圓滿復興，在利益聖教的事業中，這是很稀有的。另外，也宣
講了許多中觀、量學等的教法。

　　解夏自恣以後，至尊仁達瓦上師前往後藏，兩位法王和徒眾又回到熱
振寺，在獅子岩的山腳下建了一個寂靜處。由於法王譯師殷切的勸請，以
及其他許多人的祈請下，大師撰寫《菩提道次第廣論》[283]，此論攝盡一切
佛陀的至言、龍樹無著二大車師的[26]道軌，透過菩提道次第，廣為開顯

280　**各廣講了一遍《律經》的解釋**，大師當時講授比丘戒及沙彌戒，賈曹傑大師記錄下來，流傳
　　於世。即法尊法師翻譯的《芯芻學處》、《沙彌學處》。
281　**《十七事》**，即《毗奈耶事》，根本說一切有部的四部律典之一，此經針對出家、結夏安
　　居、解夏等十七個主題，宣說戒律的取捨處。
282　**《分辨教》**，即《根本說一切有部毗奈耶》，此經說明每條比丘戒的開遮輕重與緣起，可視
　　為《根本說一切有部戒經》的解釋。
283　**《菩提道次第廣論》**，此論具有五種殊勝：一、所詮殊勝：文殊所賜三主要道教授為綱，加
　　以阿底峽尊者之三士道次第為莊嚴；二、講述方式殊勝：體性無誤、次第不亂、數量不缺；
　　三、勸請者殊勝：勝依吉祥賢法王等大善知識；四、地點殊勝：佛陀所授記的熱振寺；五、
　　眷屬殊勝：二大長子等殊勝士夫。

賈曹傑初次謁見大師及大師親見聖父子

引導具緣者趣入佛地的道理。

　　而後，大師想要宣講少許密續相關的法，便指示弟子們：「你們有些人應向法王譯師求受吉祥密集不動佛的灌頂，恢復密乘律儀。」因此，以阿闍黎蔣嘎瓦仁波切、阿闍黎持律師仁波切[284]為首的二十五位弟子，向法王譯師求灌頂。另外除了一些曾經從傑仁波切受過願心行心律儀的人之外，法王譯師也對大家傳授願心行心律儀，然後授予灌頂。

　　另外，傑仁波切在此地也主要考量到一些過去在南澤頂及朗巴寺[285]等處授予過願行律儀的弟子們，撰寫《菩薩地戒品廣釋》[286]；由於許多希求者猛利勸請，大師還撰寫了《根本墮》與《事師五十頌》的解釋[287]。而法王譯師在拿到了《菩提道次第廣論》的文本後，由於善說珍寶的贈禮，而使心意的寶庫得到滿足，便啟程前往了後藏。大師則在那年夏季和冬季都駐錫當地，宣講道次第等眾多法，並在大神變節做了極其偉大稀有的供養與發願。

....

284　**阿闍黎持律師仁波切**·宗喀巴大師二大長子之一，本名為名稱幢（札巴堅參，西元 1374-1434），善巧一切顯密教法，主要繼承大師對戒律的講解、行持，以及大輪金剛手、紅閻摩敵等法，大師的其他弟子皆對他如同大師一般而請法。

285　**朗巴寺**·位於拉薩市堆龍德慶區朗鄉，由懂俄瓦大師建於西元 11 世紀，後由其弟子遷移至今日寺址。

286　**《菩薩地戒品廣釋》**·原名《解說受菩薩律儀後嚴淨戒蘊之理·菩提大道》。大師認為學戒是受菩薩戒者首要之事，故解說簡要的〈戒品〉，其中參考許多祖師的解釋，配合《集學論》、《入行論》等清淨經論，廣為抉擇受戒、持戒、還淨等難處。

287　**《根本墮》與《事師五十頌》的解釋**·原名分別為《解說由密咒門行菩薩行之菩薩眾嚴淨戒學之理·成就香穗》與《事師五十頌解·滿弟子一切願》。前者不僅解釋《十四根本墮》，更補充各個續部的受戒內容、密乘戒粗罪以及時輪宗所說墮罪。

隨後，大師依次來到勒普寺[288]，第一次到那裡，就對許多具慧三藏法師，以理路引導出《釋量論》的一切主要所詮，將此論排列為道的次第、結合修持而宣說。在場所有三藏法師，都因為領納聞所未聞的殊勝善說甘露妙味，而不由自主地傾心奪意，終日稱讚不已；從此以後，大師就時常會這樣開示。過去雪域所認為的量論，僅限於詞句間的揣度，或是在廣泛剖析外在知識時，為了令慧力變得稍加猛利，能瞭解其他論典，才會需要的條件，誰也不曾懷疑過這是修持所需要的，因此大部分人生起非理的認知。而現在，具有智慧而公正客觀的人，都把《釋量論》看作開示修持的一本稀有教典；單就這一點，全都是仰賴傑仁波切的悲心，僅僅這一個恩德，所有藏人都難以報答[27]。

　　之後[28]，由於人王名稱幢[289]的殷重祈請，大師去了文區的德千頂，幾百位三藏法師答應要在那裡結夏安居，所以由傑桑默卡宮作不可思議的承事，大師講了許多次《菩提道次第論》的引導和開解中觀、量學難點的法。隨後前往沃德貢傑山下的沃卡強巴林寺[290]，對有希求心的人各講了一次道次第及生圓二次第的法。師徒們在極其嚴格的閉關中努力修持的期

288　**勒普寺**‧位於拉薩市達孜區勒普。

289　**人王名稱幢**‧帕竹政權第五任執政（札巴堅參，西元 1374-1440），長年大力護持佛法，西元 1409 年被明成祖封為灌頂國師闡化王。此師從宗喀巴大師等多位上師廣聞《菩提道次第廣論》等大乘法，也是大師的重要施主。

290　**強巴林寺**‧位於西藏自治區桑日縣仁青崗寺附近，宗喀巴大師在此著作了密集生圓二次第等釋論，並為此寺撰寫僧規。

間，大師撰寫了龍菩提[291]阿闍黎所著《建立次第》的解釋[292]，並對希求者詳細地講解。大師說：「出自《吉祥密集根本續》及釋續[293]，以及聖父子五人[294]的論典當中，總體五次第的內義，特別是第三次第幻身的修法等粗分不共內涵。我自從完整善巧瞭解這些大要，至今已經十餘載，這之間不能宣講，從今以後才得以稍作宣說。」隨後由於許多大德祈請，大師撰寫圓滿開示四續部道之總體的大論典《密宗道次第廣論》[295]，並對許多三藏法師講解《密宗道次第》。

當時出現一些極其兇險障礙的徵兆，又有一兩位善知識圓寂。對此，師徒們便進行了嚴格閉關，非常精勤地修持及迴遮等，不費力地遮除了障難。那時大師也撰寫了《薄伽梵能怖金剛修法·戰勝諸魔》[296]、《火供廣

---

291 **龍菩提**·龍樹菩薩四大心子之一，以親見度母聞名。此師依龍樹菩薩口訣證得虹光金剛身，常向許多祖師及有緣者示現真身而傳法，著有不少密集法類重要論典。

292 **《建立次第》的解釋**·全名《建立次第解說·顯明吉祥密集要義》。《建立次第》主要開示生起次第，針對其觀修方式的扼要原因給予定解，並解決其餘眾多疑點，也開示圓滿次第的一些關鍵。

293 **《吉祥密集根本續》及釋續**·《密集根本續》密意極深，需依止上師口訣而配合佛說的釋續進行解釋。密集法類有六部釋續：《密集後續》、《授記密意續》、《釋續金剛鬘》、《四天女請問續》、《普集智金剛續》及《天王請問續》。

294 **聖父子五人**·一般指聖龍樹及其四位大弟子——聖天、龍菩提、佛護、月稱。另有一說，以清辨取代龍菩提。造論闡述密集法類的龍樹五父子，則指：龍樹、聖天、龍菩提、釋迦友、月稱。

295 **《密宗道次第廣論》**·原名《勝者遍主大金剛持道次第·開顯一切密要》，大師依至尊文殊口訣，遵照續部與清淨釋論的密意，將四續部所說的成佛道次第，以更加清晰易懂的方式寫出，是一部空前論著。

296 **《薄伽梵能怖金剛修法·戰勝諸魔》**·此為獨勇大威德金剛的修法，宗喀巴大師依密續及拉里達金剛為主的印度祖師清淨密意寫成。後來格魯派祖師所編獨勇大威德自生廣軌，多依此為藍本。

軌》[297]，修持證量也大幅增長。在修持與唸誦等時，無論跟前的人做任何身語意的行為，大師除非特別[29]留意，否則完全不會覺知[30]。後來請示大師是從何時開始出現這種現象，大師說：「在做善行時出現這類情況，是從強巴林寺開始的。如果是閱讀及深細抉擇時的這種狀態，則是很早就如此了。兩者情況相似。」

大師在那裡住了兩年，而後去了絳秋隴過冬，對幾百位顯密三藏法師講《密宗道次第》。春季來到吉雪[31]，由內鄔地區[298]作長時虔誠的無量承事供養。在色拉確頂寺[299]結夏安居時，進行極其嚴格的閉關，也宣說密集五次第，及一些母續的圓滿次第。在許多人的勸請下，大師想撰寫《中論廣釋》，而在詳細抉擇該論深細的理路關鍵點時，對於一些細緻的理路，出現些許的疑惑，難以釐清，因此對上師與至尊文殊做了猛利的祈求。一時間，看到滿虛空遍佈《般若經》中關於二十空性[300]的詞句，呈現純金的字形，並數數看見這樣的情景。大師說：「因此，對《中論》極深細的理路也不費力地去除所有疑惑。」隨後很快就寫下了《辨了[32]不了義善說

297　**《火供廣軌》**・原名《吉祥能怖金剛四種事業火供・成就之海》。火供，又名護摩、施燒，是密乘菩薩親近本尊、自利利他的殊勝方便；無上密的行者，又可透過外內密三種層次的火供，完成生圓二次第的修行。

298　**內鄔地區**・位於拉薩市堆龍德慶區柳梧鄉。

299　**色拉卻頂寺**・寺名，位於拉薩色拉寺後、東側山腰。克主傑初次拜見宗喀巴大師、至尊智慧獅子向大師承諾住持密集法類的講說傳規，均在此寺。

300　**二十空性**・內空、外空、內外空、空空、大空、勝義空、有為空、無為空、畢竟空、無際空、無散空、本性空、一切法空、自相空、不可得空、無性自性空；有性由有性空、無性由無性空、自性由自性空、他性由他性空。

藏論》[301]、《中論廣釋》[302]。

　　當時中國大明皇帝[303]，由於對大師有強大信心，送來無量論勅及御賜供品，殷切迎請大師來漢地作福田、以正法利益一切人民，能前往漢地。皇帝囑託四位欽差大臣為首的幾百位使者來求見大師。大師一開始住在鮮為人知的僻靜處，不見使者。後來請人王名稱幢為首，包括宗本盧空賢等作人情關說，加上那些使臣們垂淚殷切請求，大師因此到了色拉，允許會面，接受供養，也完整教誨了前往漢地弊大於利的原因，最終使臣們迎請未果，就返回了。

　　之後在色拉，大師也詳細講說《中論》、《辨了不了義》、《四百論》、《密宗道次第》、《根本墮》、《事師五十頌》等論典，並傳授了菩提道次第的引導。當時聚集了桑普寺、德哇巾、噶哇東、覺摩隆、蘇埔寺[304]的寺主、唐薩寺的退位寺主等三藏大法師，一共六百多位善知識。由內鄔地區成辦結夏安居的順緣，圓滿承事了所有師[33]徒總體及各別的所需。

301　**《辨了不了義善說藏論》**‧大師所著中觀五論之一，清晰闡述二大車軌分辨了不了義佛語的內涵。

302　**《中論廣釋》**‧全名《中觀根本慧頌解說‧理海》，大師所著中觀五論之一，主要依月稱論師《中論顯句釋》，逐字解釋龍樹菩薩所著《中論》，並作辨析。

303　**中國大明皇帝**‧此處指明成祖（朱棣，西元 1360-1424），在位約二十三年，大慈法王於西元 1414 年應彼之請赴北京。

304　**蘇埔寺**‧當時衛區六大寺之一，為賈持律師‧精進燃建於西元 12 世紀。

修復拉薩大昭寺與興辦祈願大法會

就這樣在色拉確頂寺駐錫約兩年後，解夏自恣完，由於人王名稱幢的祈請，大師來到吉昧[305]準布隴，名稱幢對大師及隨行的五百多位格西，都做了殊勝的承事供養。當地雲集了各地想要受取大師法語甘露的人，所以共有一千多位僧眾，在彼處過冬。大師對大眾廣為宣講道次第、《勝樂魯伊巴修法》[306]，和母續的圓滿次第等教法。

在大師還沒去色拉之前，就已經有了在拉薩舉行祈願大法會的願望，也交代宗本盧空賢，而他也盛大地修復拉薩大昭寺頂層[307]及天窗簷等，並善加準備祈願大法會的供養資材。另外，大師在準布隴期間，對止貢、熱振以內，沃卡以上的寺院，凡是大人物、施主及弟子眾，都給予吩咐，多方稱讚勸發供養。大師相當殷切積極，也很仔細交代人王名稱幢，因為這樣做的原因，由大悲的力量，出現了無邊難以估計的信施供養。大師師徒自從有了興辦祈願法會的願望後，凡是自身獲得的資具，也大都送去作為做祈願法會資材[34]。

在尚未從準布隴出發前，大師就先吩咐拉薩那邊，招募眾多鑄造佛像的工匠、收集大量的塗料及金箔。拉薩有些壁畫佛像及雕塑，因蒙[35]塵導致連原色都難以辨識；人們先以芳香的水善加清洗，以無罪的清潔用料善加清潔，再用上等塗料善加修復，以金箔等善為莊嚴，令其煥然一新。

....

305　**吉昧**·即拉薩河下游地區。

306　**《勝樂魯伊巴修法》**·原名《吉祥薄伽梵勝樂輪現觀》，魯伊巴尊者著，闡述魯伊巴派勝樂六十二尊的生起次第修法。

307　**拉薩大昭寺頂層**·拉薩大昭寺下房迴廊中央、供人發願供養之殿堂。

另外也集合了許多工匠，將信施中的絲綢，縫製成供養塑像的供衣以及飛幡等，善加做好準備。

在鼠年十二月下旬，大師來到拉薩，在月底當天作邀請的供養，總共來了八千多位僧眾。由大師師徒親自作為施主，對每位僧眾奉上拉薩秤四斤[308]重的酥油、六十錢[309]白茶的開幕盛宴[310]。

在牛年的正月初一至十五之間，進行大神變日的供養正行。在覺沃佛前，供上具有飄帶[36]、手工打造的上等純金五部佛[311]冠，加以碧璽、珍珠、玉石等上妙寶物而為裝飾。並在不動金剛[312]及十一面觀音[313]前，供上由上等銀打造的完美佛冠；在覺沃佛前，供上大小合適的銀製缽盂，缽中置入與缽口相合的銀製曼達盤。在大神變日期間，對於兩尊釋迦聖像[314]及十一面觀音的面部，每日都進行面部塗金；在初八[37]及十五當天，則作全身貼金。對以兩尊釋迦聖像及大雪海能仁[315]為首、現化身相的所有塑

308　**斤**・古時藏族人用於茶及酥油等物的計重單位，四兩為一斤（སྲང），二十斤為一斗（ཁལ）。

309　**錢**・古時藏族人用於茶及酥油等物的計重單位，六顆青稞為一色哇（སེ་བ），二十色哇為一錢（ཟོ）、十錢為一兩（སྲང）。

310　**開幕盛宴**・此指新年前一日晚上的法會，象徵著祈願法會的開幕。

311　**五部佛**・金剛部不動佛、如來部毘盧遮那佛、珍寶部寶生佛、蓮花部無量光佛、事業部不空成就佛。

312　**不動金剛**・又名釋迦佛不動金剛像，為釋尊八歲等身像，松贊岡布時期由尼泊爾公主奉迎至藏。

313　**十一面觀音**・此處指天生五種特色的觀音像，見本書第105頁註釋144。

314　**兩尊釋迦聖像**・即釋尊佛不動金剛像與覺沃佛。

315　**大雪海能仁**・有報身和化身兩種，一般多指釋迦牟尼佛於華藏世界色究竟天密嚴剎土成就的圓滿報身，又稱大雪海毘盧遮那佛。

像，供上上等絲綢製成的七衣和九衣，也供養極品絲綢所製的上衣和下裙給十六尊男女菩薩及忿怒明王等塑像。

此外，大小經堂的甘吉拉[316]頂端及飛簷等一切屋角，皆以繩索相連[38]，懸掛飛幡、流蘇及風鈴等，綿延不絕地作為裝飾。外環大道外側極為高聳的樹上，懸掛著絲綢所做的巨大飛幡，令人儼然生敬；飛幡頂部，有各各方位的護方神作為莊嚴，並在幡上畫有各自密咒，且與十五護方神[317]各自的身色相符，樹立在各自所屬的方位；每天晚上，也在各座飛幡基座的朵瑪台架上，施予護方神朵瑪。在這些護方神幡柱間距之間，依照各自儀軌所說，善加樹立白色傘蓋等幢；在這些飛幡勝幢的樑柱之間，繫上[39]繩索，垂掛旗幡、流蘇、鐸鈴等，連互綺麗，宛如彩虹般佈滿虛空。

此外，白晝期間，大經堂內環走廊，供有一百零四盞供燈，中環[318]上則有百餘盞；在外環的石碑外沿，朝著覺沃佛的正前方，供有四方形大供燈，每一邊都有三庹[319]長。在其中妥善地注滿酥油，加上大小相應的燈芯，所燃起的火焰，好似黃金寶塔般，遮蔽蒼穹。另以巨大陶罐盛滿酥油，其中粗如成人手臂的燈芯，燃起高一箭桿有餘的火焰，安置於大供燈

316　**甘吉拉**‧寺廟建築物屋脊上的鈴狀裝飾物。
317　**十五護方神**‧分別為帝釋天、遍入天、閻摩、水神、多聞天、象鼻天、具勢、火神、羅剎、風神、月天子、日天子、梵天、大地女神、淨心天。
318　**中環**‧即今八廓街。
319　**庹**‧音「妥」，雙臂張開的長度。

之間，環繞在外圈。此外在小昭寺[320]、魯普岩[321]、布達拉、貢唐等處，也都燃起許多供燈。

夜晚時，中環牆壁周圍、外環廊道凡有多少柱子，就有等量的油燈之鬘，令人目不暇給。彩繪在大地的燈火長龍，明白地嘲笑滿天星辰，種種光束令夜晚降臨的黑暗大軍也羞赧退卻，遁入地下，渺不可見。

因此，小昭寺和布達拉以內，所有柳樹嫩枝的倒影，都像白天一樣清晰地映在地上，白天晚上，變得毫無差別。而群星則誤以為數百個太陽同時從地湧出，驚怖錯亂地逃離夜空，倉皇竄入大海之中；夜間仰觀蒼穹，天空也著上火焰紅光的衣裳，除了紅色以外，連一顆星星也無法看見。

此外，每天都重新陳設上百碗的供水，並以克什米爾紅花浸泡[40]的湯汁善加調製，紅花芬馥的香味時時飄揚遠逸。而香柱所成的勝幢傘蓋，以及燃燒在各式香爐中的香氣日夜恆薰，遠近悉聞；香煙飄入空中，與縷縷雲朵相互交纏，宛如張旗結綵。甚至[41]連外環的經行道路，都以香水揚灑而供養，其餘盛況，自不待言。

所供的神饈，高約箭桿長，以酥油所製的七政寶作為奪意的裝飾，這樣的神饈每天都會重新供上一百零八個。在大型燈杯左右兩旁的臺階上，

320　**小昭寺**・位於西藏自治區拉薩市，由文成公主倡建於西元 7 世紀，內有隨尼泊爾公主赴藏的釋迦牟尼佛八歲等身像。
321　**魯普岩**・拉薩藥王山一岩壁名，上刻佛像甚多，相傳是松贊岡布王妃如容薩命令良工刻成。

供有四百斗[322]糌粑所做的巨大神饈，其上有無量善妙裝飾點綴，插有飄動的飛幡。神饈撒供之後，不作私用，而是毫無揀擇地惠施給眾多窮困的遊民，使他們終於得以從飢餓的束縛中解脫，獲得豐足飲食，不復憂慮溫飽。

此外，還供養了無邊各類供具，成百上千精美的七政寶塑像。這些供物，都經過大師以密咒、手印、三摩地的加持，以經續所說的清淨儀軌，而作供養。大師並以一心為利聖教及眾生的強猛心力，每日勤發廣弘聖教、眾生安樂的清淨大願；每日也都對僧俗大眾宣講一座聖勇阿闍黎[323]所著的《本生論》[324][42]。

當時一切供佛供僧的事務，接待來自各方的上師善知識、各個官員、各別送來供養的信眾、各類工匠，所有準備與應對的事宜，都由宗本虛空賢叔侄[43]以廣大信心及施捨心而恭敬成辦，尊主人王名稱幢也承擔了供養的重任。

此外，由於止貢等地豐厚的信施供養及承事，在十六天當中，約一萬

---

322 斗‧古時藏人的計重單位（ᠪᠷᡝ），察哈爾格西解釋：「一斗約清朝時八十兩」。清朝一兩相當於39.6公克。

323 **聖勇阿闍黎**‧龍樹菩薩七大心子之一，又稱馬鳴，世尊示寂後六百年生於西印度，精通內外道典籍，因文學造詣極高，主要以優美的著作讚頌三寶的功德、弘揚佛教。

324 **《本生論》**‧又稱《三十四本生論》，敘述世尊往昔的偉大難行事蹟，從而揭示菩提道次第的口訣扼要，噶當派祖師與宗喀巴大師特為重視。此論與《集法句》、《集學論》、《入行論》、《菩薩地》、《經莊嚴論》合稱噶當六論。

位僧眾每人的早茶,也都供應熱茶,從未間斷[44]。在僧眾早茶集會的時候,為了要多累積廣大福德,而去經行旋繞,沒去應供的僧眾,也確定有一千多位。若要計算在家眾聚集的人數,則更為眾多,顯然有幾萬人。由於大師悲心的力量,在祈願法會聚集的人們,從未發生惡言相向、爭執牟利的情況,不會像其他慶典遊行的時段,忙著進行歌舞飲酒等放逸行為。不僅如此,大家都自然心性調柔,被信心、歡喜行善等策動,周圍充滿著一心以聞法、禮拜、旋繞、發願、誦咒等度諸晝夜的人;到了午夜時分,在外圍旋繞的人相對白天會稍微減少,經行的人潮卻依然沒有少許間斷。

那時有一位具有善妙悟境的修行人,夢見一位巨人的女人,以兩手抱住大昭寺。修行人問她:「妳在做什麼?」她說:「在防止火災。」隔夜,有一個大型燈杯的酥油燃燒殆盡,未及時添加新油,燈芯所殘留的一團布塊,與剩餘的酥油,瞬間起火,熊熊火勢,使在場所有人極為恐慌。大師立刻回到寢室,進入修持,隨即寂然無風,以致火勢易於控制,不久撲滅,一點也沒造成損傷。

各方供佛、供僧資材方面的信施,粗略統計如下:總計黃金九百二十一錢[325];金幣四百五十錢;酥油三萬七千零六十斗;糌粑一萬八千二百一十一斗;白茶四百一十六錢;黑茶一百六十三錢;砂糖十八包;大塊肉乾

---

325 **錢**‧根據東嘎‧洛桑赤列《談古代藏族度量衡標準的發展和演變》所說:二十豆子為一麻如 དབར་དུ་མགོ་ཤག,二麻如為一色哇 གསེར་སེ་བ,二色哇為一分 གསེར་རྔ་རམ,二分為一錢 གསེར་རོན,八錢為一兩 གསེར་སྲ,八兩為半升 གསེར་བྲེ 金的重量。

兩千一百七十二塊；巨大飛幡勝幢三十三頂；飾帶[326]與天衣共三十件；絲綢兩百九十匹；布七百三十一匹；柱幡五十多頂；大小相雜的綠松石六十多顆；犏牛、馬等牲畜總共等值兩[45]千零七十三錢；供燈的瓶子十四個[46]；乳香二十一斗；華蓋三頂；如箭桿長的線香三萬三千兩百七十支；甘松[47]與藏紅花混合的大香囊二十五袋，其餘各類不在此列的雜項，尚有無量無邊，應去參閱專門記載此法會的《紀錄》廣本[327]。

最後，在十六日白天舉辦盛大的圓滿法會，大師齋供了每個人六錢一分；以如此不可思議的祈願，養育一切眾生及聖教，當時有一位修行悟境極為善妙的修行人，在夢中看到從拉薩周邊的大地涌出無量士夫，升上虛空。修行人問：「這是為什麼？」他們回答：「我等因為這樣供養覺沃佛，得以投生梵天世界。」

另外有些人則說：「過去法王松贊岡布[328]在樹葉柱[329]當中埋藏了目錄紙卷，大覺窩具德阿底峽尊者由於空行的授記而開啟伏藏，共有三卷：大臣們所著的《美妙月光》、王妃[48]們所著的《潔白卡達》、國王自己著的《柱間遺訓》。在國王自己的遺訓中，有將來利益聖教、供養覺沃佛的殊勝士夫出現的許多授記。其中授記他所傳下的王位繼承情況，以及會出

326 **飾帶**・藏地大人物肩頸上披掛的布製裝飾物。

327 **《紀錄》廣本**・查閱現存文獻當中，可能是指《第二能仁、法王名稱幢、谿卡內鄔巴等以供具啟建拉薩祈願大法會之目錄・供雲海之筆記》。

328 **法王松贊岡布**・西藏第三十三代贊普(西元617-650)，在位期間創立文字，開始譯經，興建布達拉紅宮，及大小昭寺等諸多寺院。

329 **樹葉柱**・大昭寺一根柱子的名稱，因其頂端刻有樹葉紋，故名。

現寶賢譯師[330]，然後則授記了俄覺慧大譯師。其後授記大譯師的善說式微，將會盛行宣稱不作任何作意是最殊勝的道，而輕毀世俗的惡見，在中間時段，則授記了由達波天尊叔姪[331][49]，重建拉薩[332]，並做圓滿承事供養。之後授記在後期，由善巧正理者令這種惡見稍趨衰退。並且授記將有一位比丘菩薩金剛持，改換覺沃佛的容顏，並做殊勝供養。這指的就是宗喀巴大師這位上師。」如《柱間遺訓》云：「此後盛大作承事，比丘菩薩生東方，持密咒大瑜伽師，結尾有『藏』正上士，復改容顏作供事。於彼盛大供事者，悉是沙門聖士夫。」文中所說的「復改容顏」，是指覺沃佛過去未戴佛冠，而大師將其改換成頂戴佛冠。

另外，跟隨大師的徒眾，由於頻於往返奔波，心裡感到些許疲憊，先前就不斷祈請，希望能建一座僻靜的寺院。在祈願法會期間，各部落、施主、弟子眾等有的供養舊寺院，也有的則說要成辦建立新寺院的順緣，出現許多這種請求。大師為了觀察何者最合適，就在覺沃佛前祈禱，然後觀察火焰及夢境等徵兆；在一切選擇當中，卓日沃[50]切山[333]最為吉祥。在祈

---

330 **寶賢譯師**・藏傳佛教後弘期之重要譯師(仁欽桑波，西元958-1055)，譯顯密經論、醫典等逾158函。約西元1042年遇阿底峽尊者，得其器重，專修三士道、密集、勝樂而獲得成就。

331 **達波天尊叔姪**・此處指岡波巴大師福德寶(索南仁欽，西元1079-1153)及其兄之長子達波貢巴。岡波巴大師曾依嘉裕瓦學習噶當教法，後師事密勒日巴尊者而成其心子。善巧結合噶當及噶舉教法，使塔波噶舉成為噶舉一大法脈。達波貢巴，本名戒藏(楚臣寧波，西元1116-1169)，此師得到岡波巴大師圓滿傳授一切教授，西元1150年繼承寺主之位。

332 **重建拉薩**・當時由於跋、津二部戰火蹂躪，使得拉薩殘破不堪，後由塔波貢巴以財法兩方面居中調和並重建大、小昭寺。

333 **卓日沃切山**・甘丹寺的後山，位於今拉薩市章多鄉。

創建甘丹寺的部分

願法會後，大師也親自前往實地勘察。

之後的初春，大師住在色拉確頂寺，為六百多位三藏法師講授《中論》、《菩薩地・戒品》、《普賢修法》[334]、《道次第》等顯密多種教法。之後由懂哦仁波切福賢[335][51]殷切祈請的緣故，在春季後期，大師帶著二百多位徒眾，來到桑日埔欽。大師為懂哦仁波切福賢、傑桑瓦堪欽[336]為主的丹薩堤寺許多修善隱士[337]、另外許多與會的三藏法師，宣講了道次第等教法。

由阿闍黎十難[52]論師、阿闍黎持律師兩位為首的大部分僧眾，則前往卓日沃切山，開始興建格丹尊勝林寺[338]，由於各方施主及附近一切僧俗聚落，都以歡喜心來成辦無量信施，所以在當年就建成大師寢室為首的住宅共七十多座，已經鋪設地基的超過一百座。在建大部分的住房時，也都如律而行；最初先觀察地基，再啟白僧眾，而後僧眾給予許可，任命領班執事，並堆疊石頭作為邊界而結淨地，以不超過房舍應有尺寸而校準牆面的施工。因此即便只是建設工程的做法，也能光顯大寶聖教。

---

334 **《普賢修法》**・密集智足派所傳文殊金剛十九尊的修法，佛智阿闍黎著。

335 **懂哦仁波切福賢**・帕竹噶舉第十三代寺主（索南桑波，西元 1380-1416）。

336 **傑桑瓦堪欽**・丹薩堤寺堪布及澤當寺大法師，本名幢賢（堅參桑波，西元 1350-1425），此師具足圓滿菩提心，並善巧時輪等諸多顯密教法。

337 **修善隱士**・指隱居山中修行的出家人。

338 **格丹尊勝林寺**・格魯派祖庭，位於拉薩市達孜縣，由宗喀巴大師建於西元 1409 年。

當年夏季，大師由於沃卡官員迎請而來到沃卡靜慮寺[339]結夏，對沃卡及達波等地許多出家眾說許多法。涅區熱種寺的[53]格西示寂後，和他有緣的徒眾遵循他的遺囑，以無諂曲心供養大師一千古爾莫錢[340]的金粉，以及白銀等無量供養。大師秋天也在當地成辦廣大的自他義利。

　　虎年二月初五，大師來到卓日沃切山的格丹尊勝林寺，宣講《道次第》、《密集燈明釋》[341]、《五次第》等，也宣講了《阿毘達磨集論》、《瑜伽師地論》[342]等許多重要的論述，及量學的難點等許多法。大師也在此撰寫吉祥密集的兩本釋續——《四天女請問續》和《普集智金剛續》的廣解[343]。再隔一年，撰寫《五次第善顯炬論》[344]這本善說大寶藏，以及《五次第圓座引導》[345]，惠施了無量的大乘法財。

....

339　**沃卡靜慮寺**・位於西藏自治區山南市桑日縣，岡波巴大師曾在此地修行。

340　**古爾莫錢**・舊時藏地貨幣的一種計重單位，二十四色哇為一錢。

341　**《密集燈明釋》**・原名《燈明廣解》，《密集根本續》釋論之一，月稱論師依聖龍樹傳承而著。此論與《中論顯句釋》同為月稱論師無與匹敵的論著，有「天上日月一對，地上顯明一對」之譽。

342　**《瑜伽師地論》**・唯識宗開大車軌之論典，無著菩薩依至尊彌勒教授而著。分為〈本地分〉、〈攝抉擇分〉、〈攝事分〉、〈攝異門分〉及〈攝釋分〉。

343　**《四天女請問續》和《普集智金剛續》的廣解**・此兩本廣解，全名分別為《密集釋續四天女請問之廣說・顯明命力之實性》與《吉祥普集智金剛續廣說・明示解說密續方便口訣》。此二密續，前者解釋密集法類生圓二次第，又以圓滿次第的命力扼要為主；後者則從所有無上瑜伽續總結出解說密續的究竟口訣——七莊嚴，並詳加闡述。

344　**《五次第善顯炬論》**・全名《密續之王吉祥密集口訣五次第善顯明燈論》。大師以畢生所學，在此論中極為清晰、詳盡地闡述密集圓次第完整的要義。

345　**《五次第圓座引導》**・原名《密續之王吉祥密集圓滿次第五次第圓座明晰引導》。五次第圓座，意指在一座圓滿修持五次第，是瑪爾巴所傳密集圓滿次第口訣。大師此著作中匯整許多祖師的相關引導文，並用密續和龍樹父子之論加以補充，完整說明其要義。

大師早在過去十四年前就已預知，五十七歲時將有強大的壽難徵兆。所以囑咐周圍的上首弟子，從兔年五十五歲初冬開始，以大師為首的師徒三十多人，修習非常多增長壽命、回遮障礙的方法——吉祥能怖金剛的增法幻輪，而進行嚴格的閉關。早上修增法的誦修，傍晚修回遮的誦修[54]，極其猛利、恆常不斷。大師說：「如果還能再多修，是否會更有幫助？」

　　到了五十六歲那年，師徒共四十多位，仍一如既往如是行持，但大師說尚未出現清晰回遮障礙的徵兆。在龍年秋季，大師說：「我不知道還能否一再講法，所以這一次能宣講四續部的主要法類，是我的願境。」上首弟子們經過討論後，向大師殷切祈請：「當前正值噩兆[55]凶年，祈請大師慈悲進行嚴格閉關。我們也會努力修法來成辦。」由於如是殷重祈請，從龍年八月七日起，以大師為首的三十位師徒進入閉關，然後依次對最威猛的本尊進行閉關，一如既往地進行請住世的修法。

　　雖然這樣，從十一月開始，大師法體出現些微不適。從那之後，即使長時間處於病痛中，但除了持續了二十多天沒有睡眠，以及大師自己說下半身有些明顯疼痛以外，由於精通於甚深修持三摩地而不動搖，因而大都無需進食，也沒有任何不堪耐修持的狀況，從外表看不出有不適的現象。當時以阿闍黎十難論師為首的全體僧眾，以及在關房內的一些隨侍眾，整年都沒有絲毫鬆懈、日夜不斷地修習請住世的修法，情況難以思量，過去在此雪域中，沒有出現過這樣修習請師住世修法的情況，這是一致被傳揚的。

在這段時間，由弟子眾及不同施主對僧眾所做的供茶、供齋等承事，都是一心想着請師住世的修持，「如果大師不能住世，我等將痛失依怙！」他們懷著如此懇切殷重的心，做了無量修習。據說在修習請住世法的期間，一切供僧的供茶，內外總計使用白茶一千六百多錢。

　　由於如此修法及請住世之修持的力量，消除了一切極難遮退的障礙徵兆，大師法體終於得到康復[56]，一切天等眾生得到安慰喘息。在隔年夏安居，由人王名稱幢祈請，大師前往文地區的札西朵卡[346]，對數百位三藏法師講說中觀、量學及道次第等許多法。以寺主懂哦仁波切為首，一切具有極高功德的人，都由於殊勝信心的徐風所吹拂，而使得頂門的蓮花，在大師足前翩翩搖曳，無有滿足。

　　隨後大師再度回到大寺院格[57]丹尊勝寺，依次撰寫了《吉祥勝樂輪魯伊巴派廣釋》[347]、廣略兩本《圓滿次第具四瑜伽之引導》[348]、《修法》[349]，並校對修訂《吉祥密集根本續》及其解釋《燈明釋》。然後撰寫

346　**札西朵卡**，寺名，位於西藏自治區山南市乃東區結巴鄉。宗喀巴大師剃髮裝臟並開光七尊自己的塑像、初次接見僧成大師，都在此寺。

347　**《吉祥勝樂輪魯伊巴派廣釋》**，原名《瑜伽自在魯伊巴所著薄伽梵吉祥勝樂輪現證法之廣解‧滿願》。宗喀巴大師長期研閱勝樂法類所有密續、釋論，以及魯伊巴修法相關解釋、其它印度修法論著、藏地各種勝樂傳承，應眾多希求者所請而寫。

348　**廣略兩本《圓滿次第具四瑜伽之引導》**，此二著作解釋印度持德論師所著紅閻摩敵《四瑜伽真實性‧自我加持口訣》等相關法要。

349　**《修法》**，如月格西解釋，此處指勝樂本尊的修法。宗喀巴大師著有兩篇勝樂修法，分別為：《瑜伽自在魯伊巴派薄伽梵勝樂輪修法‧顯明大樂》以及《瑜伽自在鈴尊足派薄伽梵勝樂輪身壇城修法‧善顯密意》。

陳設揚巴金佛殿的聖像等

了詳細講解其中詞句意涵的《箋注》[350]、抉擇各品難點及總體難點的《辨析》[351]、區分各個意涵段落的《攝義》[352]；由於不間斷地宣講一切有關四續部的講說，重新振興原本極為衰敗，連名字都不存在的大寶佛教一切心要並善加光顯，這個恩德，比佛陀更為浩大！

在那時後，大師說：「如果在大殿進行修供[353]等，那些未獲得灌頂的人會看到壇城等，過失很大。所以密續的修供，應在另一間房子進行。」於是在羊年的夏天開始奠定地基，由於大師希望能有順緣[58]及信施，所以從各方送來了無[59]量的供養。即便略微稀有的銅，也從涅區等地送來多耳及二耳等大小相間的一百零八個銅釜，還有以銅錢為主的無量銅器信施。因此從雞年三月起，召集許多極其善巧的工匠，開始鑄造聖像的事宜。

整個密宗殿連帶走廊、後殿，共有七十二根柱子的面積，在中央殿堂供奉導師釋迦世尊像，比拉薩的覺沃佛更大一些[60]。在上方的殿堂中，有包含能依吉祥密集三十二本尊、魯伊巴派吉祥勝樂輪六十二本尊、吉祥

---

350 **《箋註》**・全名《如實開闡一切密續之王密集廣說燈明文義之箋註再釋》。月稱論師為《密集根本釋》著《燈明釋》，此箋註又講解《燈明釋》，故名再釋。又可分為〈正註〉和〈旁註〉。

351 **《辨析》**・全名《密續之王吉祥密集廣說燈明之難處辨析・寶苗》。

352 **《攝義》**・全名《以燈明釋廣說講解一切密續之王吉祥密集根本續之攝義》，為《燈明釋》的科判。《箋註》的〈正註〉與〈旁註〉，加上《辨析》、《攝義》，合稱《四本合釋》，解開《密續根本續》甚深密意。或以《箋註》、《辨析》、《攝義》及《燈明釋》為《四本合釋》。

353 **修供**・包含壇城儀軌、自生、自入、火供等的大型密乘修法。

金剛界諸大壇城之所依立體無量宮，純由珍寶所打造。其中無量宮及其他本尊，是銅製鎏金；諸主尊、各方如來[354][61]及心要瑜伽母[355]，則以上妙純銀打造——主尊佛父佛母，各自都是以兩大藏升多的銀打造而成，金剛界的主尊則是少於兩大藏升的銀所造，眷屬十二本尊則各少於一點五藏升。在這些聖像身上，飾無量上等寶石、綠松石等不可思議的裝飾物。

另外，還造了至尊文殊金像、無量壽佛[356]金像、至尊彌勒怙主金像、薄伽梵能怖金剛九面三十四臂完整金像，皆高一箭桿長[62]。以及各一肘高的薄伽梵母頂髻尊勝佛母[357]金像、頂髻白傘蓋佛母[358]金像兩尊。將無量上妙綢緞捶打成碎布泥，而製成泥塑薄伽梵能怖金剛完整身像，背光高十七磔手[359]。

這一切的聖像，都不是普通的造像度量及工法——雖然已有多種由舍利弗[360]及梵天艾[63]札子[361]所請問的度量相關記載，但此處大師主要是將

....

354　**各方如來**·密集壇城中，位於主尊四方、最近的四位眷屬。
355　**心要瑜伽母**·勝樂壇城中，位於主尊四方、最近的四位眷屬。
356　**無量壽佛**·長壽本尊名，屬於蓮花部。
357　**薄伽梵母頂髻尊勝佛母**·事續如來部本尊，能增福壽、迴遮非時死亡，尤其能淨犯戒罪墮，是宗喀巴大師與許多祖師相當重視的長壽本尊。
358　**頂髻白傘蓋佛母**·事續如來部本尊，能延壽、迴遮詛咒與非時死；濁世中諍鬥之禍嚴重之時，祈求此本尊將得感應。
359　**磔手**·張開拇指和食指之間的長度。
360　**舍利弗**·釋迦世尊聲聞弟子中智慧第一，與神通第一的目犍連尊者合稱第一雙。
361　**梵天艾札子**·相傳為佛教第一位畫師。

《吉祥勝樂輪律儀所生續》[362]的一品中所詳述的本尊身量，寶命所撰其《廣釋》[363]中特別詳細抉擇處，以及在吉祥紅、黑閻摩敵續兩部各品中所開示的本尊身量，善加對照並引用總體線度，然後鑄造出具足佛所說諸尊身量的尺度；此外，也如理修持加持材料的儀軌。連造像工匠都驚歎：「在灌模過程中，過去沒出現過導引液態金屬入模如此順利和完美的！」一切都成為令人視之奪意的眼甘露。

其中，特別是在鑄造三座無量宮時，最先灌模而造出的第一件成品，是一尊彩色的勇父堪札嘎巴拉[364]身像。那個鑄件是銅的材質，但在放入鑄模那一刻，完全沒有出現芥子許的銅色，全身都變成五色光明的聚合體。其中藍色是藍寶石的色澤所無法比擬[64]的；紅色比上妙精煉的硃砂更勝七倍；橘色則讓黃丹都黯然失色；黃色也令上妙金飾的色澤只能與黃銅為伍。另外，還有白色、綠色、茶紅色等多種顏色相互間雜，如同天上彩虹，環繞著聖像，成為令人難以直視的大光明聚；未經任何煉磨，自然光滑純淨，極其稀有。便呈給大師看並請問：「怎麼會這樣？」就算使用很多清洗物去徹底清洗，光芒的顏色只是比先前更加清晰。觀看造像過程中切除銅渣的切面，所有銅色也完全轉化成五[65]彩輝耀的光芒。大師說這尊聖像不需作打磨，供上裝飾及上妙衣服即可。

....

362 **《吉祥勝樂輪律儀所生續》**．原名《吉祥勝樂出生大續王》，無上密母續勝樂法類的釋續之一。

363 **寶命所撰其《廣釋》**．原名《吉祥總攝出生大續王之難處釋．具蓮》。寶命，印度祖師名，梵語音譯為惹那惹奇達，是恰譯師（西元1197-1264）的上師。

364 **勇父堪札嘎巴拉**．勝樂眷屬中二十四勇父之首。堪札嘎巴拉，意為「塊狀顱骨」。

於是，這些聖像及密宗殿的粗略部分在當年竣工；附近[66]的僧眾及洽[67]雷聚落的居民都匯集過來，舉行盛大稀有的開光法會，依著清淨續部所說儀軌，廣大地進行圓滿的開光。自此以後，烏如上下地區[365]，迎來豐年，風調雨順，講修增盛等，比往常更為稀有殊勝。

　　在狗年期間，大師在甘丹寺持續為來自各地的幾百位三藏法師，以及本地常住僧眾轉法輪[68]。宣說了吉祥密集的《燈明釋》及其箋註、一些釋續、廣版的五次第引導、廣版的六支加行引導、《時輪無垢光大疏》的詳盡講解；另外還有中觀、量學[69]、勝樂、道次第等無量深廣教法。夏秋之間，密宗殿走廊的壁畫完工，大師也圓滿撰寫了《入中論廣解》[366]。那年歲末，在大師心願及籌備下，將《吉祥密集根本續》及《燈明釋》開始進行刻板，順利地在豬年妥善完成。在豬年春夏兩季，大師為無邊三藏法師講授了《吉祥勝樂輪根本續》[367]等無量教法，也完成了《勝樂根本續大疏》[368]這部稀有的著作。

365　**烏如上下地區**・古地名，上烏如即拉薩河上游的直貢至達孜縣，下烏如即拉薩河下游的達孜縣至曲水縣。

366　**《入中論廣解》**・全名《入中論廣解・善顯密意》，宗喀巴大師中觀五論之一，逐字清晰解釋《入中論》文義，又有對其總義的廣泛探討，並講解《入中論自釋》的難點，和盤托出佛護、月稱、寂天論師所許的清淨中觀應成見。

367　**《吉祥勝樂輪根本續》**・無上密母續之主，其廣說生圓二次第與作業集，在母續中無出其右；又因其詳述獲得法身的不共因，與《密集根本續》同為格魯派密續學院的重要修學典籍。

368　**《勝樂根本續大疏》**・全名《吉祥勝樂輪續廣說・普顯隱義》。宗喀巴大師長期研學勝樂法類所有密續及釋論，以及魯伊巴、鈴論師、黑行者三派為主的眾多論述，詳盡闡釋《勝樂根本續》的無垢密意。

總而言之，一切世間^[70]唯一的眼目——我們的這位導師，被殊勝本尊所直接攝受，以及一切善樂的根源——大乘善知識所攝受的情況，是無與倫比的。而且對於極其微細的三乘律儀遮戒，都如同保護眼珠般珍愛執持，而成為一切執持能仁禁行者中的頂嚴。恆時一^[71]心思慮著聖教及有情，以如是大乘清淨增上意樂的偉大佛子心力所推動，連一切三門極細的行為，也都沒有無義空過的時候。

　　在正理上以許多勤勞努力進行多聞，心的能力達到極致，這樣的人無論如何善加觀察，也無法探測其底的智慧整體達到圓滿。大師以善為勤習無垢理路的殊勝近取因，由無邊集資淨障^[72]的助伴而恆時修習，由多聞的不可思議俱有緣所執持，所以對於獲得佛陀授記解釋一切佛法佛的密意諸開大車軌師³⁶⁹，分辨其如何解釋的密意，絲毫無有錯亂垢染；在一切執持大寶聖教不隱勝幢的人當中，宛如第二導師能仁。這個道理並非諂媚奉承的諛辭，抑或修飾辭藻的虛誇，而是我以無誤正量善加成立的。

　　這是如何證明的呢？就像獲得佛陀授記的諸開大車軌師的教典，正理自在的人對它任作多少觀擇，都找不出前後承許相違的垢染。同樣地，我的這位大師，也著了極為繁多的解釋契經、續部^[73]意趣的論著，對於這一切，用斷除二邊——因為是我的善知識所說，而認為正確的增益；以及心被嫉妒毒飲所迷醉而一心尋求過失的損減——的無垢理路所出的智慧善

369　**諸開大車軌師**，中觀理聚六論等作者龍樹菩薩、慈氏五論作者至尊彌勒、《瑜伽師地論》等作者無著菩薩。

加觀擇，都無法觀察出「大師所說超出了上下續部、大小乘、各個宗義等
任何所說的宗規，會被這段文句、道理所駁斥」或是「就算以那個宗派為
準，也有這樣的自語矛盾」這些垢染，這是為現量所成立的。以上就是能
成立的正理。

因此這種情況，即使是過去那些被多麼稀有智者的稱號飛幡所莊嚴的
大德們，他們的論著，在以某個宗派為基準的時候，仍看得到多處自語矛
盾的過失。因此能[74]與我的這位上師的稀有聰慧[75]相比的善知識，過去
雪域境中，從未有過，這是我的信許量所成立的。

即便如此，在有多少多聞的同時，就在心中將彼彼內義付諸實修；由
於以修持作為核心，因此在三學的現證功德上無與匹敵，這是比多聞更難
以思量的功德薈萃。

就這樣，這位至尊仁波切，在雪域境中，以一切方式，從根本上建立
佛陀薄伽梵大寶聖教的清淨稀有大傳規，進而使它增長廣大。

過去，藏地出家眾所奉行並認為是應該的情況，是這樣的：「由讀誦
課誦的方式趣入，背誦諸大論典的詞句，並從阿闍黎處求得[76]誦授，心
中思惟其內涵，問答抉擇，而以綜論方式進行抉擇。由講說、辯論、著述
的方式精勤聞思時，舉凡飲用酒類、非時飲食、種種放逸遊戲、唱歌跳舞
等高尚俗人尚且不齒的行為，為了滋養努力聞思的身體，或令精神振作，
都可以受用、實行，而沒有過失。」這樣的說法，在上至自詡為大善知識
的人們，下至少年剛披上袈裟[77]的人中，都如風般地流行。

同樣，在努力聞思的時候，進行糾紛、爭執、征戰、軍事等；在修行的時候，也沒人不會呵責說：「這一切不應該做，不是佛法，是破壞出家的行為！」另一方面，進入讀誦聞思的寺院後，大部分的人都毫無猶豫、自然而然地趣入這些不應該的行為，誰也沒有忌憚。不僅如此，當看到其他人在聞思期間還希求、學習開示佛陀至言究竟道的方面——金剛乘的生圓二次第、壇城的儀軌等，這時師友及心懷親近悲憫的人都會對他說：「此時不是做這個的時候。它派不上用場，沒有意義。而是有一天，不能負荷聞思及講聽時，再去一個靠近村落的寺廟，透過朵瑪、奉浴、抓鬼等儀式，以求裹腹的辦法；現在則會成為聞思的很大障礙。」很努力地令其遠離金剛持[370]果位。一個補特伽羅對顯密進行的聞思，完全不能相輔相成。

　　另外，還會認為「自許是密咒金剛乘行者的人，如果不飲用酒類，不受用非時食等，會產生墮罪、違犯誓言。」這樣顛倒的謬論流傳很廣，導致那些極其貪愛五欲的人，由於符順自己的欲望，非常愜意。由此而在趣入密乘的形式之後[78]，捨棄出家律儀猶如野草[79]；即便是已經自詡為許多人的導師、受眾多大人物承事供養的上師，竟一邊披著袈裟勝幢，一邊公然養育兒女妻室等大家庭，自己毫不在乎，別人也不會譏議。在此情況下還為希求出家及近圓戒的弟子們，全無猶豫地傳授戒律，這種[80]專門毀壞聖教的惡行者，就是用「特別是密乘行者，受用欲望沒有過失」這樣

370　**金剛持**．世尊宣說密法所現之相，亦是密乘菩薩所求之究竟果位。其內在持五智、幻身、雙運無二智為自己的體性，外相手持金剛杵，故名。

的話來誑惑世間！

同樣的，宣稱「在密法中要捨棄正理觀察」的這種愚蠢言論，在大眾中流行，而導致那些絲毫不想學經論的自誇密乘行者，產生所謂「愚者為同類所喜」的情形，這種現象非常稀奇。將一句「在密法中沒有需要分別觀察的」奉為圭臬，卻把那些比外道宗義更低級的道理、不學教理的愚者都能領悟的內涵，宣稱「這是從上師口訣傳來的密法最大關鍵！」大部分的人對此不加詳查，就相信這樣的道理，使得續部的密意、諸大成就者所闡述的道之究竟扼要，連名稱都不復存在！

又有一些去到山林、寺院，想要依靠寂靜處所勤修禪定的人們，承許道：「律典中所說斷酒、斷[81]過午食等律儀，是就聲聞行者而言，或對勝解下劣乘的人才那麼說的。對於上乘、明了自心本性的人，那是束縛，並非善行[82]。」不僅不假思索地拋棄出家行持，有的甚至刻意拋棄法衣及僧裙等僧人的象徵。同樣的，認為「對於勤於修定、向內安住的人，閱讀或聽聞佛經及其釋論都是該斷的。因為那只會拓展外在的學問知識，在思惟內心實相時都是散亂的因；即便沒有那些，也可以透過上師口訣而證悟真理。」並且，「應當捨棄修持壇城輪、誦修殊勝陀羅尼咒、進行禮拜供養等有戲論的善行，只應專修無戲論行——實相義理。關於修持實相義理，不需獲得追隨著正理的定解，只要毫不作意，安住於平凡心識自然的狀態即可。」這些都是修禪定者們異口同聲的說法。

對於以戒律為基礎，然後透過聞思來抉擇實性，以修所成作意其內涵，這樣的三學次第順逆無有錯亂這一點，佛陀如此宣說，而他們盡力地

遮止，並認為顯教與密教，聽聞與修行就如冷和熱般相違，而駁斥其中一方。所有人也發自內心破壞正法——毘奈耶[83]的清淨學處戒律，使得雪域的聖教徒留假象。值此之際，這位至尊仁波切，由於執持聖教的偉大願力，為了復興北方此境的大寶佛教而來，如上述的傳記所說，以極其稀有的強猛精進，行持不可思議的自他二利。所以近來聞思之士，在努力聞思的同時，也會珍重學處；尤其是稍微知名[84]的三藏法師，在修持時也會以飲酒、非時食等貪婪無厭之舉為恥。

過去大寺院的出家人，多半連坐具、缽盂等沙門的資具，都不容易認識；甚至沒聽過七衣、五衣要加橫條等。最近從克什米爾到中國漢土之間一切地區，遍佈清淨的沙門行相及衣著，還有連斷酒及午後食、手授與淨水、不過夜宿等微細學處以上，都殷勤行持的如理沙門。要好好去思考：這樣的結果若不全是由於我們這位具德[85]正士上師、至尊仁波切的恩德，還能依靠誰而出現呢？

原本，努力聞思經論的人，就頑固地一心耽著在聞思上。就算擁有名聲的飛幡，但當修行有需要時，所謂「調伏自心的方法，諸大教典所說，行持的次第是這樣子的」這一點都舉不出來，甚至不曾懷疑諸大教典當中有這些修持的扼要。一旦自己被老苦使者所追捕，開始怖畏死主的懲罰時，就會去到一個盡其一生隱於山林、什麼都不學的愚夫面前求救。對他所說的教授一點都不能違犯，而對於過去所努力的一切聞思，卻當成是深

感憂悔之處。安住於支那和尚[371]的宗規—什麼都不作意的畜生修法，認為諸大經論在死時毫無用處，在被極大的謗法業障壓迫下，完全就這樣度過了一生。

　　而在近來，相信開示修行究竟扼要的即是諸大經論，而稍微想要修行時，就會在珍愛戒律的基礎上，努力淨罪集資。會想到：「對於諸大佛語的密意，需要符順諸大車師所解釋的而去修，不然任作怎樣刻苦[86]的努力，都只是勞而無果。」擁有這種清淨見解，並如此行持的無邊善知識，遍佈在雪域的疆界中，令非法大幅衰退。這若不全是由於我們這位至尊上師的恩德，還要憶念哪一位存在卻不可見者的恩德？

　　近來致力於聞思法相教法的善知識們，還不僅僅滿足於此，而會發大歡喜，努力地趣入密咒金剛乘。若在過去，會認為所謂的密法究竟口訣，並不用觀待續部經典，只需要聽聞上師的話即可；而今卻已了解到：口訣所要證達的究竟深義，只有大寶續部[87]中才有，為了證達它的內涵，而努力希求大寶續部。過去，符順大成就者解釋的續部密意口訣扼要，大多皆已消失殆盡，名亦不存。而今透過品嘗這位至尊上師的語教甘露後，若能勤於自己努力修持，無疑能如大成就者密意般，無誤理解一生獲得金剛持果位的教授扼要，然後完全[88]定解生圓二道，並且如理修行，珍愛誓言及律儀，安住本尊瑜伽，對於續部的內義獲得無所畏懼，登上攝受具緣

371　**支那和尚**：此即頓悟派和尚摩訶衍那，西元786年至西藏桑耶寺，主張一切分別作意皆是繫縛，不作意便能成佛。在藏王赤松德贊主持下，與蓮花戒論師有一場辯論。

者的大金剛阿闍黎位。透過修習生圓二道[89]，生起符順續部的殊勝覺受，得到許多藏地號稱成就者的人所不能匹敵的堅固三摩地，為殊勝本尊所加持，由近修、誦咒[90]的稀有修行，而得到自他魔類災障不能阻礙[91]的能力等等。

總之，符順續部的執金剛[372]，有著清淨的別解脫戒及律儀行持，並如同大乘經藏所說而珍愛菩薩學處，具八功德的三乘律儀之河，毫無渾濁地充滿心續。這樣的三藏法師有幾千位，遍佈在西起雜蘭達惹[373]，東至大海的漢地國土一切地區。能有如此盛況，全是這位至尊上師難可思量的稀有事業！

此外，我們的至尊上師，由於過去修習不可思議妙行的因緣之力，這生未曾為了如法的生活資具而忙碌；甚至在雪地、山林、曠野、僻靜處等地，一心尋求捨世專修時，都還有從衛區、後藏、多康、漢地、克什米爾各方所供奉的稀有財富與生活所需資具。人們[92]由於信心而折服了心中的固執，無論地位為最、為上、為卑、為中，都在大師這樣的正士福田當中，為求出生善樂果實，而恆時供養於座前；供養承事的情況，任誰也不能計量，難詳其數。連過去藏地為美名飛幡所莊嚴、徒眾繁多的大善知識的行持中，都未曾流傳這樣的情況。

....

372　**執金剛**·密咒師。
373　**雜蘭達惹**·相傳為勝樂二十四聖地之一，位於今印度喜瑪偕爾邦的坎格拉縣(kangra)。

雖然如是，大師不要說會因為顧慮國王、首長、大臣、善男信女[93]的情面，或希求回報等目的謀求積聚財物，而糟蹋了信施；自己根本就沒有執著這些的垢染，而是一心為了聖教，以遠離布施過失的方式，施予無邊所化機不計其數的資財。透過四攝，順應各自的緣分，使得一切所化機成熟解脫。另外，大師也拿這些來供養大經堂、善逝如來的身語意像以及三寶。也恆常在先輩上師們的圓寂日、如來四大紀念日進行供養，並施予生活資具給千百位努力讀誦修行的人。這樣的情況難以思議。

　　所以，在上師的一生當中，任何時候都完全沒有提過「心裡特別留戀這樣的資具」，或說一粒青稞以上的饋贈「是我的」；未曾為了生活及財產，哪怕將一升的田地說成「是我擁有的」，所以大師從一開始就自然斷除不如法的世間事業。這雖然只是傳記中的一小部分，但是光這一點，也是許多雪域大德的行誼所難以比擬的。

　　過去在聖地[374]印度，導師佛陀示現涅槃後幾百年，集結經典的聖者們都已在寂靜界中獲得清涼法。那時宣稱「大乘非佛說」的譭謗大肆流傳著，一時間在聖地中，連大乘之名都似乎不復存在的衰微之際，聖者龍樹降世。如同佛所授記般，徹底復興了顯密大乘的一切心要，並且破斥一切顛倒邪說，使得大乘教法如太陽般光顯。所以在聖地印度，諸開大車軌師及大成就者，大多一致認為：龍樹菩薩無庸置疑地比佛陀恩德還大！

374　**聖地**‧指印度，賢劫千佛皆於此示現十二事業，故名。

就像聖者龍樹在聖地印度所做的廣大佛法事業那般，在當今這種末世，大師在這雪域境地，將聖教一切心要，依照佛陀的密意，從根基徹底復興並且顯揚，這也是與龍樹菩薩毫無差異的。當見聞正量士夫這些超勝稀有的行誼時，不要像毒蛇聞到麝香的味道般如坐針氈，而應當仰望追隨大師！

　　此處作頌曰：

具德遍視佛語目	您是遍視一切佛語的具德眼目
無垢正理千眼具	擁有無垢正理的千隻眼睛
您事勢理千股杵	您事勢正理的千股金剛杵[375]
令邊執山成空名	粉碎邊執高山，令其僅存空名
難忍正理乘風力	難忍正理強風吹起之力
處諸方隅尋隙者	將各方伺機損害的一切顛倒論宗之雲
謬論雲翳盡摧壞	全部掃蕩無蹤
利樂蜂友飾虛空	利樂的蜂蜜至親[376]正嚴飾着虛空

....

375　**千股金剛杵**・即天帝釋的兵器。
376　**蜂蜜至親**・太陽、日輪。

持無垢理鋒利劍	您執持著無垢正理的利器
您雖遠離粗暴行	雖然遠拒粗暴的加行
猶使一切雄辯獅	仍使一切善說獅子的我慢鬃毛
我慢鬃毛頓墜地	瞬間全部散落在地
善逝教法大地上	善逝教法的大地上
嘉言支柱為撐持	砌起嘉言的支柱
具德智者悉頂受	撐持著勝乘轉輪王您所說的教敕
勝乘輪王您教言	一切具德智者都叩首承接
高尚佛種大悲界	高尚的佛陀[94]之種——大悲界
處慧母腹依靜慮	處於智慧佛母腹[95]中
暖樂適中善成熟	依靠靜慮的溫暖舒適而成熟
生三世佛嫡傳子	生這位紹繼三世諸佛[96]血統的佛子
增上意樂明女懷	具有圓滿悲心月輪的少年
少年悲心圓月明	在增上意樂普明[377]美女的懷抱中
稀有精進急登上	以稀有的精進而急速登攀
利他東山樓閣頂	登上了利他東山樓閣的頂端

377 **普明**‧此處指虛空。

爾時正法睡蓮開	彼時正法的睡蓮綻放了
並見佛教白裳身	同時見到披上聖教白色衣裳的身軀
三地眾生離黑暗	便道：「三地有情遠離了黑暗！」
諸佛歡喜而等捨	一切諸佛因此歡喜而作等捨[378]

為摧諍世而來此	為了摧毀諍時[379]而來
環山境中如圓劫	令此群山環繞的境域中猶如圓劫[380]再啟
無餘遍樹三學幢	三學的勝幢無餘遍佈
如您美名飛幡揚	如您的美名飛幡般豎立

於此末世蜂蜜友	因此在這末世之時
能仁日輪盡普照	能仁[97]日輪如嘉言的蜂蜜親友[381]般
光耀三地眾生師	無餘覆映，光照三地的眾生之師
同您光明再無人	再無其他與您相等的光明！

《至尊上師宗喀巴大師傳記・起信津梁》——〈第五・略述大師成為法王之後，如何利益聖教及眾生品〉

....

378 **一切諸佛因此歡喜而作等捨**・意指不必再為眾生痛苦而辛勤發起悲心。
379 **諍時**・佛經說人間享受法、財、欲、樂四者中只能具備其一的時候。
380 **圓劫**・佛經說人間享受法、財、欲、樂最圓滿的時候。
381 **蜂蜜親友**・日輪。

校勘

〔1〕 在那　雪本作「現在」，誤。

〔2〕 淨罪　德格本作「聰慧」，誤。

〔3〕 繪畫　德格本、雪本、塔爾本作「詢問」，誤。

〔4〕 迎請　德格本作「引施」，誤。

〔5〕 缽盂　德格本作「墮捧」，誤。

〔6〕 大師從捨離事務開始　中國藏學出版社本作「從大師再次捨離事務開始」。

〔7〕 初修業　德格本作「業者」，脫「初修」。

〔8〕 中庸　雪本作「隨從」，誤。

〔9〕 由於　雪本、塔爾本作「由於看見」。

〔10〕 共通道　雪本作「共多道」，誤。

〔11〕 豐厚　德格本作「圓滿踩踏」，誤。

〔12〕 布施　德格本作「膠」，誤。

〔13〕 痊癒　德格本、雪本作「清明」，誤。

〔14〕 粗罪　德格本、雪本作「數量」，誤。

〔15〕 施主　德格本作「膠主」，誤。

〔16〕 三藏　塔爾本作「親愛藏」，誤。

〔17〕 區　雪本作「鞋」，誤。

〔18〕 空　雪本作「走」，誤。

〔19〕 淨罪　德格本作「聰慧」，誤。

〔20〕 了悟　德格本作「已塗抹」，誤。

〔21〕 當　德格本、雪本作「束」。

〔22〕 僻靜　德格本作「需要」，誤。

〔23〕 僻靜　德格本作「需要」，誤。

〔24〕 一切　青海本原作「方便、斷」，誤。今依德格本、雪本、塔爾本改之。

〔25〕 基礎　雪本作「殊勝」，誤。

〔26〕 的　雪本作「啊」，誤。

〔27〕 報答　德格本作「學習」。

〔28〕 之後　塔爾本作「現在」，誤。

〔29〕 特別　雪本作「契約」，誤。

〔30〕 不會覺知　雪本作「不彼」，誤。

〔31〕 春季來到吉雪　雪本作「來到力量」，塔爾本作「蒙古來到吉雪」，誤。

〔32〕 了　雪本作「我」，誤。

〔33〕 師　德格本作「侄」，誤。

〔34〕 材　雪本作「外面資」，誤。

〔35〕 蒙　德格本、雪本作「混合」，誤。

〔36〕 帶　塔爾本作「絲音」，誤。

〔37〕 八　青海本原作「八世」，誤。今依德格本、雪本、塔爾本改之。

〔38〕 連　塔爾本作「猴」，誤。

〔39〕 上　塔爾本作「猴」，誤。

〔40〕 泡　德格本作「斷除」，誤。

〔41〕 至　雪本作「拔出」，誤。

〔42〕 《本生論》　雪本作「全生」，誤。

〔43〕 侄　德格本、雪本、塔爾本作「親教師」，誤。

〔44〕 未間斷　德格本、雪本、塔爾本作「未踩」，誤。

〔45〕 兩　雪本作「罪」，誤。

〔46〕 供燈的瓶子十四個　德格本、雪本作「燈芯布：供了14匹茶色細毛布」。

〔47〕 甘松　塔爾本作「草原，腫」，誤。

〔48〕 王妃　雪本作「漸女」，誤。

〔49〕 侄　德格本、塔爾本作「師」，誤。

〔50〕 沃　德格本作「波」，誤。

〔51〕 懂哦仁波切福賢　德格本、雪本、塔爾本作「索桑瓦」。

〔52〕 難　青海本原作「經」，誤。今依德格本、雪本、塔爾本改之。

〔53〕 熱種寺的　雪本無。

〔54〕 修　青海本原作「門」，誤。今依德格本、雪本、塔爾本改之。

〔55〕 兆　德格本作「箋」，誤。

〔56〕 康復　雪本作「牽引」，誤。

〔57〕 格　雪本作「達」，誤。

〔58〕 緣　塔爾本作「上昇」，誤。

〔59〕 無　雪本作「正確」，誤。

〔60〕 一些　雪本作「一切」，誤。

〔61〕 來　雪本作「爭辯」，誤。

〔62〕 長　雪本作「斷」，誤。

〔63〕 艾　雪本作「噢」。

〔64〕 比擬　德格本、塔爾本作「出生」，誤。

〔65〕 五　塔爾本作「濕潤」，誤。

〔66〕 附近　雪本作「魚轉」，誤。

〔67〕 洽　雪本無。

〔68〕 輪　雪本作「不悅年」，誤。

〔69〕 量學　雪本作「斷」，誤。

〔70〕 世間　雪本作「壞，憑信」，誤。

〔71〕 一　雪本作「偶爾」，誤。

〔72〕 淨障　德格本作「聰慧」，誤。

〔73〕 續部　青海本原作「自體續流」，誤。今依德格本、雪本、塔爾本改之。

〔74〕 能　塔爾本作「捧舉」，誤。

〔75〕 聰慧　雪本作「上，議論」，誤。

〔76〕 求得　雪本作「病」，誤。

〔77〕 袈裟　雪本作「鴨，根本」，誤。

〔78〕 之後　雪本作「後酒」，誤。

〔79〕 野草　雪本作「根」，誤。

〔80〕 這種　德格本、雪本、塔爾本作「隨處這種」。

〔81〕 斷　雪本作「浸泡」，誤。

〔82〕 非善行　德格本、雪本、塔爾本作「沒有意義」。

〔83〕 毘奈耶　德格本作「銀」，誤。

〔84〕 知名　雪本作「厲害」，德格本作「自以為是」。

〔85〕 具德　雪本、塔爾本作「尖鋒杆子」，誤。

〔86〕 刻苦　青海本原作「悠閒」，誤。今依德格本、雪本改之。

〔87〕 續部　青海本原作「續流」，誤。今依德格本、雪本、塔爾本改之。

〔88〕 完全　德格本、雪本、塔爾本作「抹殺」，誤。

〔89〕 修習生圓二道　雪本作「漫步生圓二道」。

〔90〕 為殊勝本尊所加持，由近修、誦咒　德格本、雪本作「由殊勝本尊所加持的近修、誦咒」。

〔91〕 自他魔類災障不能阻礙　雪本作「制伏自他魔類災障無阻礙」。

〔92〕 人們　塔爾本作「出生」，誤。

〔93〕 信女　青海本原作「無子」，誤。今依德格本、雪本、塔爾本改之。

〔94〕 佛陀　德格本作「勝利之」，誤。
〔95〕 腹　德格本作「見解」。
〔96〕 諸佛　德格本作「勝利」，誤。
〔97〕 能仁　雪本作「成辦」。

最後事業中陰現證圓滿報身

❧ 六、示現涅槃之事業

　　由於大師如此稀有廣大地饒益聖教及所化機，對於雪域境內直接的具緣所化機的義利大抵都已達到究竟。在豬年秋季，有人祈請大師說：「如果能去堆龍的溫泉，對身體會極有幫助！」在眼前因緣的促成下，大師自己主要則是想去覺沃佛跟前作此生最後的朝拜，也如同佛陀度化外道極賢[382]與乾闥婆王[383]那般，為了利益此生許多直接所化機，以及對過去曾經成熟的無邊士夫，作最後的善說開示。於是大師從甘丹寺出發，去了拉薩作清淨供養及發願，而後到了堆龍的溫泉[384]池畔，但也只用溫泉稍稍浸泡足部[1]，主要則對堆龍河谷上下部[385]的無邊大眾[2]，賜予正法及加持，接受稀有的承事供養。下至一睹大師容顏，一聞法語的人，都產生了饒益。

　　之後，大師再次[3]去到哲蚌寺[386]，當時迎接大師的轎子，頂端透出絢麗的五色彩虹。抵達哲蚌寺之後，為大眾說法時，五色彩虹就矗立在說法場中央的虛空中，猶如一柱擎天，至極明顯，現前可見。此外，在駐錫哲

382　**外道極賢**，漢地舊譯須跋陀羅，世尊滅度前最後之直接所化機，當時120歲，是具有阿羅漢虛名的外道，世尊為其示八聖道，方證羅漢。

383　**乾闥婆王**，世尊滅度前倒數第二位直接所化機，名極喜，世尊現乾闥婆身，與其較量彈奏琵琶而伏其慢心，說法令證聖果。

384　**堆龍的溫泉**，地名，位於拉薩市堆龍德慶區德慶鄉。

385　**堆龍河谷上下部**，地名，位於堆龍德慶區。

386　**哲蚌寺**，格魯派衛區三大寺之一，位於拉薩城關區西郊，由妙音法王吉祥具德建於西元1416年。

蚌期間匯集了兩千多位三藏法師，由內鄔地區，以總體及個人等方式做了不可思議的承事供養。當時大師宣講了《道次第》引導、《那若六法》、《入中論》、《密集金剛續》等法。

過去，大師是不為任何俗眾[4]傳引導的，特別是曾經立誓在大眾集會中不可傳道次第的引導。然而當時無論來了哪些聽眾，何時來到，全無差別；下至對成群聚集的乞丐，都開放讓他們聽道次第及中觀等法類。在哲蚌的某一時間，大師以其他大部分人不知道的方式，暗示要造薄伽梵大日如來[387]的大型銀像，並且令工匠立下嚴誓。

過去除了時輪以外，其他續部都沒有停在中間不講完的傳規。但那時大師這樣大轉正法輪後，在《密集續・第九品》時將講法告一段落，大師表達想儘快回到寺院。施主及聽法眾都勸請大師再慈悲安住一個月或半個月，將剩下的法圓滿傳授，至少能把剩餘的續部段落以誦授方式完成。雖然這樣殷切勸請，但大師仍不應允，說：「如今我儘快啟程，大家都會高興。前些天就已說過不會傳授完密續及道次第了。」於是停下講法。這無疑也是大師事先想好，要有一個顯密傳法的講解傳承尚未圓滿，仍需長時延續的緣起，才這樣安排的。

大師隨後前往拉薩，到了覺沃佛跟前，進行禮拜供養，廣發清淨宏

387　**薄伽梵大日如來**・四部密續皆有的如來部本尊。依據本書196頁，此處當指行部密續的毘盧遮那佛。

願，依然祈求大寶聖教久住世間。

　　此後，法王釋迦智[388]迎請大師來到色拉確頂寺。由於大師過去就曾指示他，而他本身也有廣大希願。特別是他想到：「在雪域境內，密續的清淨講聞，徹底湮沒已久；雖然有許多品嚐大師清淨善說語教甘露的人，智慧之身得到徹底滿足，但至今仍沒有專門進行密續講聞的僧院。如果能設立一個清淨講聞密續的根據地，不是很好嗎？」由於他有一心想著聖教的強猛心願，適逢大師也指示他，法王便在色拉確頂寺努力承擔起建寺順緣的責任。依循毘奈耶事的清淨學處，對於建造講聞《吉祥密集》與《勝樂根本續》的清淨僧院作任命，以及任命說法阿闍黎等。為了符順殊勝緣起，大師在那塊地上進行布薩，各講了一座兩部續部之王的開頭。

　　此後依次來到壩朗德千則，大師在那裡指示了札嘎宗本夫婦，他們也以強大信心，歡喜地頂戴大師的教言重任，在德千則建立起既結合吉祥密集的清淨講聞，而不失壞毘奈耶律儀作法的僧院。大師自己也賜予[5]無量資材當作啟建順緣，而由宗本來承擔圓滿建寺的事宜。事後便祈請大師在當地進行開光，大師說：「此次若不完成，不會再有下次，所以這次要做開光廣軌。」因而進行了廣大的開光，也為彼處的大經堂取名為「昂卡[389]」。

. . . .

388　**釋迦智**・宗喀巴大師弟子中事業最大的三人之一（釋迦也協，西元 1352-1435），西元 1409年代替大師應詔赴北京，為明朝皇帝灌頂、講法。西元 1419年倡建色拉寺，西元 1434年受封為大慈法王。

389　**昂卡**・今名桑昂寺，漢譯為密咒城，位於拉薩市達孜區，寺內供奉有克主傑大師所造的六臂怙主像。

隨後前往札嘎宗，之後由於有人迎請，而又去到主西。那時[6]從哲蚌出發，在還沒到寺院的途中，只要有地方提出邀請，大師都會說：「今後不會再來了，所以這次要去。」在抵達主西那天晚上，傳來敲擊楗椎的巨響，所有人都感到疑惑。四處探查，僅能確定不是某一個人所敲打，但完全不能找出是何人在何處敲擊。響聲維持很久，而且一直非常響亮。

　　另外，尚未從哲蚌出發北上之前，大地曾突然搖動，虛空中多次出現一道從遠處天邊而來的絢麗彩虹，如同天上使者來迎般，時常橫亙在甘丹寺的山頂上。

　　大師又從主西出發回甘丹寺。最初先抵達揚巴金[390]大經堂，大師說：「我不會再來了，要陳設廣大朵瑪。」因此在釋迦世尊像、各個無量宮，以及本尊像前，佈置了豐盛的供養與朵瑪，而做許多祈禱發願。之後由於一次齋僧的因緣，大師來到大殿的僧眾中央，在回向祝願的最後，沒有任何施主祈請，大師自己進行了廣大的極樂發願。在僧伽海會圍繞之中，稱頌吉祥祝願，顯然是特意要作為安排未來的殊勝緣起。

　　隨後大師回到自己的寢室，剛坐上座位，就說：「現在回到了自己自主的寺院，心裡很舒坦！」過了半夜，大師示現法體有些不適，於是隔天所有僧眾都努力勤修請住世等修法。雖然如此[7]，一直到了隔天中午，大師只說法體各部明顯有些疼痛而已。之後的兩天，並無劇烈痛苦，從稍微

390　**揚巴金**・即甘丹寺的密宗殿，今多稱為羊八蹱，參見本書164-167頁。

疲憊到意識清晰的期間，弟子們都在修請住世法。

對於阿闍黎十難論師仁波切[391]等人，由於過去已有詳細指示如何進行聖教事業等，當時就沒再廣泛宣說。對寶幢上座等大師跟前的弟子，大師只說：「要知道是這個情況了，應修菩提心！」

此外，在大師示現法體略有不適的期間，也從未間斷過去的四座瑜伽及自入法等修持定課，持續安住於最勝內在三摩地為主的修持中。

之後在二十四日午後[8]，大師作了一次薄伽梵勝樂輪的廣供。當時大師說：「拿一個沒有酥油的顱器來！」而對它作內供加持廣軌，自己領納甘露三十二次，亦即兩輪的十六次。由於那時是與勝樂供養儀軌相係屬，所以應是以勝樂修法而行，不然誰也無法瞭解是以哪位本尊壇城來領納甘露的。而有一位在大師跟前的弟子，依憑數量來判斷，則認為是由薄伽梵吉祥密集之門而修。

另外，當時大師看到了各個本尊等許多殊勝所見現相，是有很多明顯的徵兆的。但在大師跟前的弟子眾都說：「不敢請示到底如何？」隨後，據說在夜間，大師一心安住於修持中，從外表看來顯然是在進行金剛唸誦等。但總之，一定是在修持死光明與法身結合的口訣。

....

391　**十難論師仁波切**・此處指賈曹傑大師。

隔天，二十五日的白晝之初，大師雙足結金剛跏趺，雙手定印，一心進入修持。在陽光初照之時，三種空依次溶入，而現證一切空——光明勝義諦。由於鼻息的粗分風行已經溶入於內，過去因法體不適以致略顯暗淡的面部，在那時也忽然成為滿月一般的皎潔光亮。法體一切支節變得像發光的少年天子，完全沒有消瘦、乾瘦、枯槁等狀況。

　　過去身上雖有皺紋，但如今就連毛髮析為百分之一大小的皺紋都消失了。具有令人觀之無厭的光明聚，有些人看到身光橙色，有人看到身光亮黃，有些則看到純金色。具有十六歲韶齡的天身，就像沒有穿戴裝飾而樸素的文殊師利童子，一心安住於內在的等引。當時所有頓失依怙，心被憂苦所逼使，連自己生活都無法顧及的近侍弟子們，都說：「唉呀！這樣的稀有是難以言說的！我們如今得以親睹天身。」雖然正被憂惱所亂，無法自主，但仍為驚奇所撼動而雀躍起舞。

　　關於示寂時膚色光澤及身肉細嫩等，總的來說，由人身轉化為年少天子般的身軀，這樣的情況在過去歷史上可曾聽過嗎？可有詮說這是什麼原因？有聽說過去印度成就者嘎雅達惹班智達[392]，在喀熱示寂後身體變得很小，並具有如同孩童年齡的少年肉身；但不曾聽過前代西藏的哪位上師有這樣的情況。

392　**嘎雅達惹班智達**・卓米釋迦智（釋迦也協，西元 993-1074）的上師，西元 1041 年入藏講說《喜金剛續》等，共入藏三次，與廓譯師庫巴勒澤共譯諸多續部論典。

然而我知道其中的原因──在薄伽梵的佛語中說過：當誰的心續中生起見道，或者現證阿羅漢而獲得甘露時，會出現諸根極其清晰、臉色潔淨、膚色純白等，從過去的身體色澤而轉化的許多現象。所以大師當時是現證光明勝義諦，透過將死有轉為法身的方式，而現起中陰幻身，並且在中陰現證圓滿報身的最勝悉地究竟果位，這是絲毫不用懷疑的。所以要知道，上述那些情況就是象徵著這些。

　　另外，關於在中陰現證圓滿報身，我雖能詳盡講述：「大師此生心中都已善為生起了成就它的眾因」等的理由，但由於不被開許在大眾中[9]宣講，所以在此不作敘述。一些可以用文詞表述的內容，已經在不共傳記[393]中講述了。

　　如果問道：「那麼，大師不是被授記並自己承認將投生於兜率天中，成為妙吉祥藏菩薩嗎？」那就如同說聖者龍樹獲得初地而生極樂世界[394]，但又說[10]現證大金剛持果位[395]，兩種說法並不相違。如此這般[11]，那是就化身所示現的情況而言的。

　　在大師等引於法身的期間，正對面部很近[12]的距離，有極為明晰的五色彩虹，光芒綻放，彷彿為了象徵幻身而刻意化現的，如同大柱矗立般

<hr />

393　**不共傳記**，即《宗喀巴大師密傳大海略說一滴・寶穗》，見本書228-231頁。
394　**說聖者龍樹獲得初地而生極樂世界**，此說出自《入楞伽經》：「於南大國中，有大德比丘，名龍樹菩薩」「證得歡喜地，往生極樂國。」
395　**又說現證大金剛持果位**，此說出自月稱論師所著《燈明釋》。

不會晃動，經久不變。

在那段時間，就如同一切世間所能了解的，現證一切空光明的情況即是如此：虛空了無纖翳，極為潔淨，遠離一切凡庸的雲翳塵垢。地表各處的氣流全部停息，乃至不起絲毫微風。於四十九日當中，寺院從各殿堂間到大師寢室，各棟房舍樓頂的牆檐，都燃起無量火炬光網，晝夜不息。在大師寢室門前，及室外說法場中，大師面對的方向等處，整齊地排列火炬燈鬘，全都通宵徹亮，輕風不興，毫無閃爍。

另外，還有許多天人現前進行供養，並且午夜傳來[13]勇父空行所現前演奏不可思議的各種樂聲；即使在白天，種種從所未聞的樂聲仍不絕於耳。天人撒下的天花，大部分都如白蓮般潔白，如珍珠般光亮，從高處撒下時，有如月光，熠熠生輝。有藍色、黃色、紅色，大如成人掌心，甚至有大如車輪者；如雨飄降，難以思量。

此外，在虛空中出現極其奪意的白色虹光，如華蓋般懸掛，如飛幡般擎舉。在甘丹寺左右，及前方的一切區域，有多彩的虹光，遍佈空中，猶如彩旗，種種這類的瑞兆維持了數日。當時的情況，就如同薄伽梵在拘尸那城[396]進入最後的眠臥而示現涅槃時[14]，諸天人進行供養一樣。

396　**拘尸那城**．古印度城名，又譯上茅城。位於印度北方邦的哥拉浦（Gorakhpur）東方約51公里處之卡西亞小村。

頌曰：

善說千道白光網　　　具有善說的千道白光之網
聖教白蓮唯一親　　　美麗聖教白蓮的唯一親友
轉瞬消隱寂滅界　　　瞬間西沉於寂滅界
三地頓為黑暗覆　　　三界眾生頓時全被黑暗遮擋

長久依您諸眾生　　　長久依靠您的眾生們
憂惱烈焰燃其心　　　憂苦的烈焰[15]熾燃在心上
淚水涓流長洗面　　　淚水涓流滿佈臉龐
一心沉浸猛苦定　　　一心沉浸於猛利的痛苦靜慮中

明慧無死利樂源　　　明慧無死眾的利樂根源
悲智涼蔭遍諸方　　　悲智的涼蔭遍覆各方
空前樹王登滅界　　　空前的如意寶樹登上了寂滅界
求脫依誰除心悲　　　求解脫者還能依止誰去除心中的憂傷？

聖教雪山之上衣	「聖教雪山的上衣
於一時間竟隕落	瞬間俱時隕落！」
諸天驚恐而哀嚎	諸天驚怖地哀哭
敲擊無雲虛空鼓	敲擊無雲的虛空大鼓

輕薄天衣大海藏	大海如輕薄度古拉[396]天衣
憂惱風所猛震盪	為憂苦的風劇烈吹襲
樹木毛髮咸晃動	樹木毛髮悉皆豎立搖動
持寶此身久顫抖	這個持寶[397]之身長時顫抖不已

世間眼目今隕落	一切世間的眼目隕落
損害其心堅固意	使她堅固的心意衰弱
虛空美女無羞恥	虛空之女無羞恥地
棄雲朵裙於海中	將雲朵下裙拋棄在大海中

---

397 **度古拉**・從內到外悉皆透明的一種天衣。
398 **持寶**・大地的雅稱。

彼時三時諸天眾	由此三時者的天眾
由於慚愧而倉惶	慚愧而倉惶失措
將彼奪目絢麗衣	趕緊以絢麗上衣
遍覆遮蓋虛空女	遍覆整個虛空之女

分別心所乘騎風	分別心所騎乘[16]的風
悉皆摧滅無餘故	已經無餘地滅盡
流動之風盡生怖	使得一切氣流的活動
如阿修羅遁地下	如同阿修羅恐懼而遁入地底

依怙現證法身時	「依怙現證法身當下
我等不應等捨住	我等不應淡然不動！」
諸天言訖現神變	空中諸天以神變幻化
增上生花撒滿空	遍灑著增上生的蓮花

見您意嚐寂靜露	廣大喜悅的月光環抱著尊身
喜悅滿月環抱身	是因為看到您的心領納寂滅甘露的妙味
爾時隨從眾星辰	一時隨從月亮的許多星辰
如自空墜離本處	如同從空中墜落而各自離開本處

依怙您捨吾等去　　　依怙您離開了我們

圓滿幻身為巧戲　　　以身的圓滿幻化來巧戲徒眾

然憂鐵鉤繫心象　　　然而心意大象被憂惱鐵鉤拴住

眾咸哀呼莫捨離　　　所有人都哀呼：「請您別捨離我！」

然言「最勝上師尊　　　但是當說道：「最勝上師

現證廣大三身位」　　　正現證廣大的三身果位」

我等傷悲豈應理？　　　我們熱惱於心豈是正確的？

反當對此勤生信！　　　對此還要再努力生起淨信！

　　那段期間，幾百位僧眾在許多天當中，開啟了諸內外大壇城，視上師與金剛持佛為無二無別，進行廣大的外、內、秘密供養令師歡喜；以修自入法而受灌頂等方式，清淨誓言及律儀，圓滿大師的心願。並懷著「願我等一切在任何時候，永不離開最勝上師的智慧觀視！」這種心情廣發大願。同樣的，也對衛藏許多大寺院盛大地供養豐厚的茶及供品。

　　在後期的許多出家人，每當親教師、軌範師、上師等示寂的時候，就會中斷聞思修與講法等善行，蓄髮超過限量，改換服裝、收起大經堂的飛幡等，這些處理後事的做法是很普遍的[17]。但我等符順大師的心意，徹底斷除這樣的後事做法，而是作意「一切諸行的性相即是如此」的厭患之

195

相。因此，透由更加精勤於二輪的事業[399]，不斷去做能完成大師心願的事。

隨後當修供圓滿之際，阿闍黎盛寶仁波切[400]登上大師法座、入住大師寢室，成為所有追隨者永久的殊勝頂嚴。

為了大師殊勝事業不間斷的因緣，以阿闍黎名稱幢仁波切為首的一切上座大善知識，都一致向賈曹仁波切祈請，於是繼位為廣大教法事業之主。而後如同先前大師所教導的，圓滿地鑄造一尊薄伽梵大日如來的大型銀像，並如理作開光儀式。

有人問道：「鑄造這尊聖像的意趣為何？」大師先前鑄造勝樂、密集、金剛界的稀有無量宮，主要是考慮到能否對已經衰頹的無上瑜伽及瑜伽續部的講聞稍作復興，為了結合這樣的緣起而鑄造。而大師曾說：「如果不稍加建立行部[18]《毘盧遮那現證菩提續》[401]的講說傳規，四續部的其中一支就會徹底隱沒，所以也必須作一個緣起。」我認為無疑是基於這個目的。

隨後，對於從法身等引中出定後，是否要進行色身的荼毘火化，還是

---

399 **二輪的事業**‧聞思輪、禪定輪。

400 **阿闍黎盛寶仁波切**‧即賈曹傑大師。

401 **行部《毘盧遮那現證菩提續》**‧此密續為一切行部密續之主，屬於如來部。若詳細研學此續，則能確切了解行續法類修行的差別。

保留長住不壞，經過商議後，考量到將色身妥善保存，對聖教延續極有利益的這個重大意義，因此決定讓色身永久留存。於是由各各虔信之心所供養的十八大升銀子，打造出大舍利塔，以多種寶石而裝飾。色身由九衣袈裟善為披覆，而安置於純旃檀製成的寶箱，在塔腹中長久保存。

之後，以乃東[402]及止貢為首的諸多施主徒眾，供上幾百幾千錢的供品供養舍利，另外還有吩咐各方要供養銅信施物，因此供來許多銅。靠著這些，在兩位阿闍黎仁波切[403]指示下，塑造一尊內所依[404]的大型金像，比覺沃佛大近一肘，極為善妙稀有。為了安置靈塔及內所依，興建了一個極大的經堂，在鼠年內完成所有開光以前的事宜。

在迎請靈塔到新落成的經堂時，天空遍佈彩虹，普降花雨。另外，在鼠年十月時，甘丹寺有數百位金剛阿闍黎，修無量的壇城法，在數日間進行圓寂日的供養[19]。在首日和最後一天都降下珍珠白的花雨，花型雖小，但具足六瓣、花莖等特徵。在二十五日當天，花雨也如同白雪般遍覆大地。這六瓣花雨，有的顏色像海螺，有的如純金，或者如黃丹、如藍寶石，大如成人手掌，無量無邊。

當時，由宗本虛空賢叔侄[20]將以釋迦智法王為首的許多僧眾迎請到

---

402 **乃東**·縣名，在西藏自治區南部雅魯藏布江和雅隆河匯流處。
403 **兩位阿闍黎仁波切**·即賈曹傑與持律師。
404 **內所依**·一般指佛殿裡的佛像、經函、佛塔等聖物之總名。

惹喀岩[405]，廣作圓寂日的供養[406]。當僧眾作祈禱時，一樣也是降大花雨。

總之，在示現涅槃之後，大師的稀有事業仍持續安立著無量所化機於成熟及解脫道中。

《至尊上師宗喀巴大師傳記‧起信津梁》——〈第六‧示現涅槃之事業品〉

校勘

〔1〕 浸泡足部　青海本原作「煙薰足部」，今依德格本改之。
〔2〕 大眾　雪本作「生眾」，誤。
〔3〕 再次　塔爾本作「炒鍋」，誤。
〔4〕 為任何俗眾　雪本作「在眾多俗眾當中」。
〔5〕 賜予　德格本、雪本作「賜膠」，誤。
〔6〕 那時　雪本作「隨後」，誤。
〔7〕 如此　塔爾本作「現在」。
〔8〕 午後　德格本、塔爾本作「密意後」，誤。
〔9〕 在大眾中　雪本作「密集的」，誤。
〔10〕 又說　德格本、雪本、塔爾本多「在此生」。
〔11〕 這般　青海本原作"鬼"，誤。

---

405 **惹喀岩**‧地名，位於拉薩市城關區北邊，宗喀巴大師父子三尊曾在此閉關。西元1408年大師在此著作《辨了不了義善說藏論》。
406 **圓寂日的供養**‧即圓根燈會。

〔12〕 **很近** 雪本作「很圓滿」，誤。

〔13〕 **傳來** 青海本原作「發出」，雪本作「傳來」。

〔14〕 **時** 德格本、雪本作「的」，誤。

〔15〕 **烈焰** 德格本作「燃膠」，誤。

〔16〕 **騎乘** 雪本作「青年男子」，誤。

〔17〕 **是很普遍的** 雪本作「是沒有很普遍的」，誤。

〔18〕 **行部** 雪本作「淨治」，誤。

〔19〕 **供養** 雪本作「增長」，誤。

〔20〕 **侄** 德格本作「官」，誤。

跋文與後記

長夜盤踞幽暗處　　　您[406]心中長夜盤踞暗穴的毒蛇之舌

猛毒毒蛇舌兩端　　　以貪瞋為兩端

貪瞋二分銳如電　　　如同閃電的震顫般鋒利

劇毒能奪善樂命

愚癡令其遍全身　　　由愚癡而將奪取善樂性命[1]的劇毒

此因從佛意瓶中　　　速遍全身

流出嘉言妙甘露　　　願能透過佛陀心意寶瓶所出的善說甘露

令您心意出三毒　　　予以救濟

猶如孔雀聞　　　宛如孔雀的耳畔

夏季雲雷響　　　響起夏季密雲的雷鳴

一切勝士夫　　　一切殊勝士夫

聞聖跡而足　　　由於聽到殊勝的事跡而滿足

....

407　**您**・據如月格西解釋，指透過善說甘露而得救的讀者們。

我撰十方女　　　　　因此由我來撰寫

挽抱在耳旁　　　　　詞句的花團錦簇

完美調配香　　　　　具有完美合成[2]的芬馥芳香

詞句鮮花束　　　　　讓十方美女[407]將它抱在耳旁

雖盛言闡述　　　　　用盛大的詞句來撰寫

小人心嫉妒　　　　　卻成為下劣之人心中嫉妒的芒刺

刺如火燒灼　　　　　如同被火燒灼[3]

同時心喪膽　　　　　同時心中膽怯退縮

吸取日光明　　　　　吸收著和煦的陽光

新蓮含甘露　　　　　新生的蓮花湧出甘露

然而懷忿蜂　　　　　對此恚惱的蜜蜂

飲象嘴邊涎　　　　　反去飲用大象嘴邊的口涎

408　**十方美女** · 即藏文修辭學中方位的雅稱。

然我將相稱	儘管如此
稀有頌揚鬘	我仍將相稱而稀有的
冠於正士夫	稱頌之鬘
鹿眼美女髻	配戴在正士鹿眼[408]美女的髮髻上
千萬善說諸奇珍	千萬的善說珍寶
充滿您心智慧庫	充滿您心中的智慧寶庫
從彼生源湧此詩	從那生源中湧現出這樣的詩句
狹慧心量未可究	是狹隘的心量無法探究的
如四大海深廣量	面對四大海的深廣水量
有智誰以滴計量	有識之士誰會用水滴來計數？
如是欲數尊德量	如是您功德的總量
大力咸皆感畏怯	若要衡量，所有大力者都會卻步

409　**鹿眼**，形容美女，猶華語之鳳眼。

然猶南風所吹喚	但是如同被南方的薰風所召喚
蜜蜂趕赴花穗旁	蜜蜂趕赴盛開花朵的香穗旁
依怙功德蓮花香	依怙您功德蓮花的芬芳
我意蜂兒競奔忙	令我心意蜂兒不自主地奔忙
故於尊師德藏源	所以在至尊上師的功德寶源[409]
我在起信津梁上	這生起信心的津梁上
漸次築起詞句階	我依次搭起詞句的台階
撰寫此論洗心塵	著下此論，將我心的垢染滌蕩
經劫難遇您名諱	勝乘善知識您的名諱經劫罕遇[4]
勝乘知識足下塵	以此善業，願我生生世世終不捨棄
此善願我於世世	將您的足下之塵
不離依止作頂嚴	奉為頂嚴，永作依止！

---

410 **寶源**・大海的雅稱。

於此三門一切行	在此[5]，我三門一切的行為
辛勤唯為令您喜	所努力的只為令您歡喜
願由此力出心髓	願能因此流淌出您的心髓精要
尊語甘露而養命	我的存活[6]，依靠您的甘露法語

勝乘道體菩提心	勝乘道的主幹菩提心
正見扼要二次第	正見扼要以及二次第之道
願無誤解而精勤	願能對此獲得無謬的定解
修尊語教為心要	以精進修持您的語教作為心要

　　此篇一切佛陀的悲智總聚、所有聖教五百歲時的頂上牟尼、在濁世的聖教中等同佛陀再世、無餘眾生唯一的摯親——一切遍智善慧稱揚吉祥的傳記《起信津梁》，是由無邊教證功德珍寶充滿心意寶庫的上座——大善知識確桑瓦[411]及寶幢二位殷切勸請，另外還有許多大善知識數數囑託。於是依止在具有無緣大悲的具德殊勝上師足塵下、由其深恩而活命[7]的多聞僧侶善妙祥賢，在後藏娘堆正理生源處[412]撰寫此論。願於一切時處恆得吉祥！善樂增長！

....

411　**確桑瓦**‧此師為宗喀巴大師的主要隨從，曾隨大師前往拜見洛札大成就者，大師的許多大弟子也從此師聽聞《文殊法類》。

412　**正理生源處**‧根據克主傑大師眾多著作的跋文判斷，多指江熱寺或檔千山。

大慈恩・月光國際譯經院真如老師總監，如月格西授義，主譯譯師釋
性景2018年10月11日殊勝日中，奉師令始譯；2019年1月10日初稿譯訖。
2019年9月18日，與主校譯師釋如密、主潤譯師釋性泰會校訖。參異譯
師：釋性柏、釋性懷。考據譯師：釋性理、釋性覺、釋性田、釋性利、釋
性喜。譯場行政：釋性回、釋法行。譯場檀越：吳一來、郭瑞玉。

校勘

〔1〕　性命　雪本作「燃燒」，誤。
〔2〕　合成　青海本原作「行持」，今依雪本改之。
〔3〕　被火燒灼　德格本作「造作」，誤。
〔4〕　罕遇　青海本原作「命求」，誤。今依德格本、雪本、塔爾本改之。
〔5〕　此　雪本作「旗」，誤。
〔6〕　存活　雪本作「損傷」，誤。
〔7〕　活命　雪本作「損傷」，誤。

宗喀巴大師密傳大海
略說一滴・寶穗

克主・善妙吉祥賢　著

恭敬頂禮具足無緣大悲、與勝者遍主大金剛持無別之至尊上師尊足下，祈請您以大悲心於一切時中隨攝受！

一切勝者之悲智	一切勝者的悲心與智慧
由此眾生盛福德	隨著此地眾生的盛福德
化為依怙您色身	化為像依怙您這樣的色身形象
願令有情資生勝	願令芸芸蒼生的生命得到滋養！
由您事業所造出	我已就眾人共同談論的殊勝之說
殊勝絕倫之言說	也就是您的事業
普遍共通所傳揚	努力精勤地於他處宣揚[412]
我於餘處已勤宣	但是如今
然今當再述說此	我要再宣講
密中最密大寶藏	祕密之中最極祕密的大寶藏
稀有無上之言語	這稀有無上之言
大力亦復難思量	連大勢之士也難以思量！

....

413　**於他處宣揚**・指《起信津梁》。

依怙尊口妙瓶中	從依怙您的口中妙瓶
欣善而賜甘露流	欣喜地賜予流注的甘露
我心虔信雙手併	我用心中虔信的雙手
珍愛捧接而執持	珍愛地將它捧住
故為些許具善緣	為了那些少許的
堅信而復善持守	福緣善妙、信心又堅固
於諸勝乘之知識	並持守著至心恭敬大乘善知識的禁行者
至心恭敬禁行者	我將施與你們應得的那份甘露
施彼應得甘露己	善緣具信的美女
善緣信心窈窕女	心懷欲求的鹿目女子
具足希求鹿目女	請配帶起
配此耳飾莊嚴物	這妝點您耳畔的飾物！

　　再者，我們的具德殊勝上師至尊宗喀巴大師，於三世間中白淨的美譽之幡飄然飛揚，他的行傳功德大寶生源之中，共通廣傳的殊勝稀有行誼，我已經在其他書中說過了[414]。然而不共的傳記，也就是身語意無上的祕

414　**在其他書中說過了**·指《起信津梁》。

密，就連智慧超勝的高士們也難以思量，這樣的內容不可計數，但大師只
開許為少數具緣的人宣講。我就心中所確定的部分，在此述說。關於謁見
上師鄔瑪巴之前的事蹟，已如共通傳記所述[415]。

上師鄔瑪巴在無量生以前，便已積聚了廣大福智資糧。特別是在多生
之中，由於至尊文殊的攝受之力，所以今生自從童年在多康地區放牧的時
期，雖然沒有勤勞地近修，從胸口心間的位置，就會發出「阿惹巴雜那」
嗚嗚的咒聲，使得全身汗毛直豎，幾乎到了內心無法自持的地步。有一
次，還因為發生了這樣的情形而暈倒過去；等到清醒時，便親見了眼前安
住著一尊身色黑色的至尊文殊的現象。這之後，聽聞隨許法以及修行的經
教，極其精進地近修。於是就如共通傳記中所說的那般[416]，達到平時都能
親見聞聲的境地。傑仁波切到了後藏絨區與此師會見，由上師鄔瑪巴作為
翻譯，傑仁波切作為請問者而向至尊文殊請益了諸多教法上的問題。

特別是對於中觀正見，由於聖龍樹師徒曾說過，如果不去尋求此見，
那就未獲道之命脈[417]；但是即便去尋求，也是極難獲得的[418]，而且如果顛

415 **共通傳記所述**．見本書110頁。
416 **就如共通傳記中所說的那般**．見本書118頁。
417 **聖龍樹師徒曾說過，如果不去尋求此見，那就未獲道之命脈**．如聖龍樹《六十正理論》云：
「有不得解脫，無不出此有，遍知有無事，大士當解脫。」聖天菩薩《四百論》云：「如身
根遍身，癡遍住一切，故一切煩惱，由癡滅皆滅。若見諸緣起，愚癡則不生。」
418 **即便去尋求，也是極難獲得的**．如聖龍樹《中論》云：「由知有執者，難達此見底，是故能
仁意，退轉不說法。」《四百論》云：「如想所作事，成者極稀少，此非無涅槃，諸行解難
得。」

倒執取的話，其錯誤和過患比其他都更嚴重[419]！因此，就是這樁心事一直
壓在心頭，所以對於真實性的尋求，大師就如同常啼菩薩一般。

　　那時大師大都是向至尊文殊啟問正見的問題。於是請問至尊文殊：
「我的見地是應成見還是自續見？」本尊回答：「都不是！」當時大師的
心中，仍然較為接受沒有任何承許，而且什麼都不可以取執的見解。

　　之後，他對於正見的法類，作了許多啟問和問難抉擇，至尊文殊一再
地對他說：「顯現品與空品二者，絕對不可有所偏倚，尤其必須重視顯現
分。」後來大師駐錫噶哇東時，也多次發生同樣的情形。總而言之，至尊
文殊為了破除將「無可安立名言量成的地方，只是藉由錯亂方面，除了就
他方而安立，自宗並無可安立處」這種誹謗因果的極大斷見，執為最勝的
中觀正見，因而鄭重地大力強調。

　　在多番的請問、問難抉擇之時，至尊文殊對他開示了應成和自續的差
別，以及如俱生和遍計兩種我執所執取的那般的我、正因所破的粗細之標
準、通達正見之標準、應成見此宗安立世俗的方式等，將這些內容都各作
了極為簡練的提示[420]。另外，還開示了密宗和顯教共與不共道的區別；吉
祥密集的五次第之體性、次第、數量決定等的不共要義，融會貫通而作開

─────────────

419　**如果顛倒執取的話，其錯誤和過患比其他都更嚴重**．如《中論》云：「不能正觀空，鈍根則
　　自害，如不善咒術，不善捉毒蛇。」及《四百論》云：「求福者隨時，非皆說空性，良藥不
　　對症，豈非反成毒。」
420　**提示**．藏文直譯作種子。如月格西解釋，此為藏人敘述習慣，因小種子可以生成大樹，故將
　　論述的標題或提示稱為種子。

示。大師當時仍啟白說：「有不懂之處」，於是至尊文殊告訴大師說：
「不要忘記這些內容，寫下筆記！視上師與本尊無別而祈求、近修；善為
精勤地集資淨障；用理智觀擇教典的意涵並細細地思惟，結合這三者進行
修持。切勿輕易地感到滿足，要加長時間善作觀擇，待時機一到，又加上
我現在為你播下的這些種子作為因緣，你將會迅速地獲得善妙的領悟。」

　　由於大師對於聖龍樹父子宗規的《中觀》和密集金剛法類有著極大的
求知欲，因此他向本尊問道：「在藏地，探討這些法類的上師誰最屬
害？」答道：「沒有比仁達瓦更好的。但是他依舊無法讓你發起完全斷定
的圓滿領悟，還是由鄔瑪巴擔任譯師而為你講解，那是最好的。不過，看
來他得儘快前往多康一趟，所以現在不作講說，你且避世遠俗，依止寂靜
之處，按照上述的三合實修，善加努力地修護所緣行相，不久就將會獲得
那些意涵的。」

　　此外，關於佛法扼要，以及應依何種教典而尋求等等，至尊文殊也作
了無量的開示，並且說，印度的諸善巧班智達，也有一些少許例外的論
著，不可執為完全無誤。因此大師問道：「那麼，關於解釋聖龍樹意趣的
著作，是否可以執持月稱阿闍黎[421]的論著是完全無誤的？」答道：「月稱
是上方世界佛土中某尊如來跟前的一位菩薩，觀察力和心力最為超勝。他
為了闡明聖龍樹的宗規、教法的心要，因而乘願投生。因此，他所解釋的

421　**月稱阿闍黎**．龍樹菩薩後期的大弟子，曾任那爛陀寺堪布。著有《中論顯句釋》與《入中
　　論》，釐清中觀自續派與應成派的觀點，反駁清辨論師在《般若燈論》向《佛護釋》提出的
　　質難。相傳此師已證金剛之身，至今住世利益有情。

聖龍樹意趣，無論於顯於密，都沒有絲毫錯誤。因此你在一切時處當中，必須定解其為純然的可信依處。」

上師鄔瑪巴曾向至尊文殊請問大師前後世等的情況。至尊文殊答道：「往昔佛陀住世的時候，此師生為印度的一位婆羅門童子，那時他見到了一位身著比丘裝束、名叫勝解慧的菩薩。童子對他心生歡喜，作為他的侍者，聽聞了諸多佛法。菩薩又帶童子到釋迦能仁跟前拜見佛陀而發起菩提心，那時童子以虔信之心供養導師釋迦能仁一串一百零一粒的無垢水晶鬘，並且作了發願，由此種下無倒證達空性見的種子。下一生將會到兜率[422]勝者不敗尊[423]的法座前，受用無量的大乘富饒，名為妙吉祥藏菩薩。」在大師跟前請問這段史事時，大師說：「關於後世將往趣兜率天，這是我的上師鄔瑪巴和上師金剛手師等諸師異口同聲所說的。」另外，有很多心中會出現悟境的人說了不少大師前後世的本生，不過大師自己說過，他心裡並不這麼認定，所以，就不寫下這些內容。

那時，大師對於略作講聞事業，自己也有強烈的意願。上師鄔瑪巴也表示同意，於是向至尊文殊請求說：「以他這麼年輕、智慧非凡、大有所為的一個人，如果繼續進行講聞事業的話，會對教法帶來極大的利益。在他能大興講聞事業的時候，讓他去避世專修，我也將遭到眾人的責難。因此請許可他暫時仍作講說和聞法。」至尊文殊說：「怎樣對教法和眾生有

422　**兜率**‧又名覩史多天、喜足天，為欲界第四重天，也是補處慈尊天宮所在。然覩史多天子所居之處猶如城市，慈尊所居如阿蘭若。

423　**勝者不敗尊**‧至尊彌勒稱號之一。不敗尊，梵語阿逸多（ajita）音譯。

親見至尊文殊等

利，你是不懂的。至於責難，就修忍辱吧！如果不依止寂靜處而專事修持，他的壽命將不會長久，也只能有一些相似的利益。所以，還是去避世專修才合理。」

在吉雪噶哇東，大師與鄔瑪巴師徒二人單獨地作了嚴格的閉關。二師各自住在不同的房間，早茶等時段聚在一起，用茶時由上師鄔瑪巴擔任翻譯，向至尊文殊聽受了許多教法，並請問了無量的問題。那時大師先從喇嘛鄔瑪巴聽受了由文殊傳授的修定所緣，而正修持著。當時，大師心想，從近期開始，祈禱、近修至尊文殊的話，似乎意義極大！於是向上師鄔瑪巴啟白此意，上師說：「一定要這樣做。」於是大師晝夜都將至尊文殊與上師視為無二無別而祈禱、近修。未經多日，有一天他明顯地真實看見有一座中心面積適中的壇城，好似用上好的靛青塗抹般，極其瑩澈，久看不厭！壇體為圓形，周邊全是五彩光芒，就像彩虹織成的光網遍佈，中央青色核心大小適中，上面有一尊結跏趺坐的文殊，並有紅花色的「阿惹巴雜那」咒文，久看不厭。大師親見了這樣的身像顯現，雖然還沒有向喇嘛鄔瑪巴啟白，但是喇嘛鄔瑪巴卻向大師說：「你似乎見到了本尊身像顯現。」印證了此事。大師說：「這樣的本尊身像顯現，任何時候想要謁見，只要一作啟請，大致上都能直接地持續顯現。從那時候開始到現今一直都在。」

此外，傑仁波切透過喇嘛鄔瑪巴作為譯師，親自從至尊文殊而得受獨

勇至尊文殊、無上瑜伽等諸本尊[424]、受敕閻摩法王內外密三尊[425]等隨許法、加持三摩地四種灌頂等等。在傳授獨勇的隨許時，至尊文殊自己現為獨勇的身相，在內修與密修等等灌頂時，獨勇尊又立即轉成佛父佛母相合的身相。在傳授護法[426]的隨許時，立即轉變成薄伽梵大威德金剛的身相，而教敕閻摩法王等等，顯示了如此這般稀有的神變。這之後，大師又從喇嘛鄔瑪巴得聞至尊文殊傳給喇嘛鄔瑪巴的事業集、修護所緣次第等等許多法的誦授。

　　此後，便決斷要去修行，而向至尊文殊請問應當帶哪些隨從。至尊文殊開許了帶著共通傳記所記載的八位弟子[427]。後來，護送喇嘛鄔瑪巴到多康的隨從來到了拉薩，於是彼此商議：「我們師徒暫時不會見面，應該在這個具有加持力的地方，向至尊文殊祈請，請求一個總攝修持扼要的教授。」於是在拉薩托登瑪[428]南邊的黃金飛簷下，陳設供品而猛利祈禱，因此至尊文殊宣說了總攝修持扼要的一些偈頌。大師當時有依照著開示的次第而書之於文。

424　**獨勇至尊文殊、無上瑜伽等諸本尊**·至尊文殊親傳之「文殊法類」當中，身壇城文殊、密修文殊、內修文殊、至尊黑忿怒母、白勝樂佛父母為無上瑜伽本尊，加上獨勇至尊文殊、具幢白度母、閻摩法王內外密三尊，共十種隨許。其中的獨勇至尊文殊，為紅黃文殊寂靜身相，並非獨勇大威德金剛。

425　**受敕閻摩法王內外密三尊**·宗喀巴大師主要護法之一，為三士道中共下士道的護法。

426　**護法**·此處指外修、內修、密修等三種閻摩法王。

427　**共通傳記所記載的八位弟子**·見本書125頁。

428　**托登瑪**·指拉薩大昭寺上層中的頂樓。

離世專修與親見本尊聖眾

之後，就如同共通傳記所記載的，前往專修[429]而到了沃卡曲龍。歷經冬春，大師師徒一行人全都以集資淨障作為主要的修持核心，那時大師行持《墮懺》結合百拜的修持，不斷地親見三十五佛的身相。

同時，大師還親見至尊彌勒怙主，身如純金，珍寶嚴飾，手結說法印而捻花莖，在寶座上結跏趺坐，如此極為高大的身形。又親見藥師佛[430]身著黃色七衣，以及至尊彌勒怙主垂足而坐，出家裝束，披著九衣，手持龍華樹，以淨瓶為標識。此外，還親見無量壽佛等許多諸佛身相。但是，由於大師認為這都是悟境，並不是非常的確定，所以也不認為這些境像有太大的意義。然而多登文殊海上師是一位真實無誤現見至尊文殊身相，親聞至尊文殊語教的人，至尊文殊對他說：「大師所見到的現象，並非普通的悟境，因此，要猛力地祈禱，未來會有殊勝的緣起。」多登巴的這些境像，也在大師跟前作過多次的觀察。大師還詢問了甚深的法要，大抵也都得到無誤的答覆，因此心中善為生信。

在那一年春季，至尊文殊教誡並勸勉大師修行道：「粗暴難調諸有情，教說安能成大益，故思隱居勤修持，當得自他歡喜道。」之後大師朝拜了精奇寺的彌勒怙主像，又前往了嘉索埔，使得修持之力大為增長。那時，大師親見至尊文殊身像，高大巍峨、威嚴端肅、美妙圓滿，有無數的

429　就如同共通傳記所記載的，前往專修·見本書126頁。

430　藥師佛·東方琉璃世界教主，曾發十二大願，對濁世眾生的加持尤其大。克主傑大師說宗喀巴大師自宗承許《藥師經》為密續經典。

諸佛菩薩圍繞。又親見了聖龍樹、聖天[431]、佛護、龍菩提、月稱、無著兄弟[432]、陳那[433]、法稱、功德光[434]、釋迦光[435]、天王慧[436]、莊嚴論師[437]、蓮花戒[438]、阿跋雅等[439]諸多班智達，以及因札補帝王[440]、大婆羅門薩惹哈[441]、大阿闍黎魯伊巴、鈴論師、黑行者等諸多大成就者的身的顯現。由於大師心想，對於這些心中的境像，不必太過相信，因此至尊文殊仍然如同之前

---

431 **聖天**·龍樹菩薩四大心子之首，亦作聖提婆，現生證得八地，與龍樹菩薩同為二勝六莊嚴中的善巧中觀者，著有《中觀四百論》等闡揚龍樹菩薩意旨，龍樹菩薩諸餘弟子皆視此師為等同龍樹菩薩之定量。

432 **無著兄弟**·無著為兄，世親為弟。二人同為二勝六莊嚴中善巧阿毘達磨者。世親菩薩博通大小乘藏，著有《唯識三十頌》等許多論著闡述唯識、經部、毘婆沙宗，宗喀巴大師譽之為「贍洲智者頂嚴之世親」。

433 **陳那**·世親菩薩弟子中最善巧量學者，從世親菩薩聽受一切大小乘藏及至尊彌勒所傳口訣，能隨時親見文殊，為施予眾生正理慧眼，著《觀緣論》等上百部量學論典，以及含攝彼等要義、易於受持的《集量論》。

434 **功德光**·世親菩薩弟子中最善巧戒律者，也通曉眾多大乘經典與口訣，精進修持，成為聖者，著有《律經》、《百一羯磨》等律學圭臬之作。

435 **釋迦光**·古印度持律大師，師承功德光論師，二人同為贍部洲二勝六莊嚴的二勝。此師著有《聖根本說一切有部沙彌三百頌》及其自釋《具光》等重要典籍。

436 **天王慧**·法稱論師親傳弟子。法稱論師著《自釋》解釋《釋量論》第一品，而命此師完成後三品的解釋，此師遂著《釋量論釋》，將其究竟密意解為唯識實相宗。主要弟子有釋迦慧。

437 **莊嚴論師**·釋迦慧親傳弟子，本名慧生源隱，因其著《釋量論莊嚴》而得名。

438 **蓮花戒**·此師為靜命論師的心子，應藏王赤松德贊之請，赴藏破斥支那和尚摩訶衍那的謬論，並將自己運用教、理破邪顯正的內容寫成《中觀修次三篇》，又著《中觀光明論》以理路闡發中觀妙道。

439 **阿跋雅等**·阿跋雅，意為無畏，全名無畏生源隱，曾任金剛座、超勝寺和那爛陀寺堪布，廣弘大小乘及顯密教法。「等」字，依本書第264頁《密傳祈請文》中「寂天論師具德阿跋雅」，可指偉大行派的開派祖師寂天菩薩（約西元7-8世紀）。

440 **因札補帝王**·佛世時印度鄔丈那國國王。在其勸請下世尊宣講了密集金剛法，為密集金剛傳承世系的第一位。

441 **大婆羅門薩惹哈**·印度那爛陀寺堪布，為傳授怙主龍樹比丘戒及密法最主要的上師。

那般，對大師說：「這不是普通的心中境像，應當猛力地祈禱。依靠他們的論著，有成就自他廣大饒益的緣起。」那時，大師還親見了薄伽梵大威德金剛的身相，面容手臂都非常圓滿宏偉威嚴，難以堪忍。從那時候開始，大師每天都修習大威德自入法，未曾間斷。

又在那時候，大師親見如先前所顯現的至尊文殊身相，文殊胸間裡頭，劍柄朝外刺出，劍鋒朝向大師胸間刺入，有白黃色的甘露流，極為光澤，像光明的水流一般，從至尊文殊的心間，經過寶劍而不斷地注入到大師的心間，因而生起不可言喻的無量大樂，充滿全身。大師說道：「那時，有許多認識與不認識的隨眾，張著口而承接甘露，有些人的口中流入很多甘露，有些人的口中只流入少許，也有些人雖然張著口，卻完全沒有流進任何甘露。」總之，在那個地方，見到了這樣的淨相，並在相續中生起了無量的現證功德。

這之後，依照著至尊文殊語教的勉勵，大師修復了精奇寺的殿堂，詳情在共通傳記中已經敘述過了[442]。

大師說：「那時，依照至尊文殊的教言：『以十方一切諸佛對至尊彌勒怙主作大光明灌頂為基礎，你要撰寫《至尊彌勒怙主讚・大寶明燈》。』於是我寫了《至尊彌勒怙主讚・大寶明燈》。同樣的，《往生極樂願文・開勝剎門》，以及我自己未來在何處示現化身成佛事業的剎土，

---

442 **在共通傳記中已經敘述過了**・見本書127-128頁。

受持這些的發願文，也都是因至尊文殊的勸發，由至尊文殊宣說意涵的體性、次第等等，再經我構詞成文的。」

又在那時候，完成了至尊文殊剎土莊嚴的白描草圖之後，大師進行了開光，於是見到至尊文殊身親自降臨而融入其中。在那晚開始所供的油燈便能經夜不滅[443]。

另外，在準備要畫三十五佛像的時候，畫師不知該如何繪畫諸佛的身色手印等等，於是到大師跟前請問。那時大師經過祈請之後，符合所應繪畫的次序，依次看見三十五佛身像，按照著所看見的境像，吩咐畫師們：「應如此繪畫身色等。」不僅如此，大師還說：「為其他莊嚴佛土開光的時候，在召入智慧本尊時，也未曾不出現那些本尊融入其行相的境像。」因此，要知道那些佛像、經塔，與真實的佛陀和供養福田無二無別。

這之後，大師來到洛札時，謁見了至尊虛空幢。有徵兆顯示在大師四十五歲時會有嚴重的壽難，那時結下了以薄伽梵大輪金剛手遮退障礙的緣起。

另外，當大師想前往印度的星吉里時，至尊文殊說：「應在精奇寺的彌勒怙主跟前，供上全套的沙門用具，並且寫下如是意涵次第的讚歎祈請

443　**經夜不滅**·藏文原文不易理解，如月格西解釋為，本來供的油燈不能持續一整夜，從那晚開始大師所供的油燈便能持續整夜而不滅。

儀軌《梵天寶冠》而獻上，這有著未來依清淨毘奈耶學處律儀而對教法行廣大饒益的緣起。」大師便依言落實。

大師說：「後來也是透過至尊文殊的殷重勸勵，對於毘奈耶是教法根本生起了強猛的定解。由於不忍教法衰微之力，於是不顧舊有的作風，善為建立還淨以上的圓滿毘奈耶的作法，這豈是為了表現出超勝別人而作的？」

大師還說，這之後，從雜日回到涅區的路上，在莫拉[444]山腳下過夜的那天晚間，真實地見到至尊彌勒怙主身形偉岸，巍峨如同妙高山王[445]，威光熾盛宛若日輪，以獅子吼音勸慰說：「善男子！要知道，你就像佛陀來到這個世間！」出現了令大師心生歡喜的現象。因此，這是以「在這個濁世當中，至尊上師對於佛陀的教法而言，與佛陀沒有差別」的讚詞而作讚歎，這是符合事實的說法。有識之士，何不將大師視為與導師世尊無二無別呢？

大師駐錫在涅區下部僧格宗時，多番地觀擇吉祥時輪圓滿次第六支等道的扼要，因而生起了無謬的定解，正確地深入其義，而獲得了無畏，不斷地見到薄伽梵獨勇時輪[446]的身相。有一晚，夢見本尊對大師說：「你對

---

444 莫拉，山口名，位於西藏自治區隆子縣境。
445 妙高山王，須彌山別名。光輝、高度均勝於餘山，故曰妙高。
446 薄伽梵獨勇時輪，時輪佛父單尊，沒有佛母和其他眷屬。

於時輪，就像月賢王[447]來降臨此世一般。」大師說：「之前說法都沒有產生過這麼驚人的利益，我想這是意味著自己相續中生起了清淨的領悟。」

大師駐錫於涅區時，有一天夢見妙音天女向大師說：「你能住世到五十七歲，在此之間將成辦無量的自他義利。」大師請問道：「如果向至尊母尊勝佛母等諸尊作祈禱，而作近修的話，不能夠延長壽命嗎？」回答說：「這大體上是因為往昔的願力，以及心中強烈地欲求分辨諸法的智慧等，以致於一切都成為智慧輾轉增長的因，不會如所努力那般對於壽命產生幫助。」多登巴轉述至尊文殊的話：「從今以後，如果專門針對壽難而修迴遮方便，並且善為結合延壽的內外緣起，雖有些困難，但還是能夠遮退。」

又大師駐錫在涅區的僧格宗時，向至尊文殊請問了顯密道的體性、次第、數量決定等等的問題，特別請問了止觀的修持要點，至尊文殊對大師說：「現在不必一再地向我請問，詳細地抉擇諸大教典吧！那與我開示的大體上都完全符順。如果出現一點點不符順之處的話，所謂的教授才是該被捨棄的，諸大經典是不能棄捨的！」另外又說道：「以口訣作為鑰匙而抉擇經、續、釋論，由此觀擇圓滿的量，是獲得經教理路所引生的定解之後，內心對義理產生決斷，心裡再也沒有不穩妥的行相。那時，就是觀擇其義到達圓滿了。」之後大師自己便生起了如此無誤的量。

....

447　**月賢王**・香巴拉七代法王之首，世尊宣說《時輪根本續》的請法暨結集者，次年撰寫《時輪根本續》的《廣釋》六萬頌，並於香巴拉王宮南方的瑪拉雅苑興建眾寶所成的時輪立體壇城。

大師從涅區前往達波拉頂。從離世專修前直到那時之間，大師雖然不斷地觀擇應成及自續見地的要點，但是對於究竟的扼要，依舊無法引生將不安徹底遮除的定解。而在此處，大師視上師與至尊文殊為無別而多番的猛力祈求，於是在某一天晚上，夢見了聖龍樹父子五尊正討論著自性有無的要點，以綜論的方式而作討論。這之中，有一位說是佛護阿闍黎的班智達，身色青藍、體形魁梧，手中持著一本《中觀》的梵本，來到大師前而作加持。出現了一個這樣的徵兆。

　　隔天，大師閱讀了《中論佛護釋》，便不費工夫就對於應成見的要點，以及劃定所破的界限等等，產生不同於先前的深刻定解，止息了一切相執的緣取，並且對真實性義毫無遺留地拔除了懷疑為其他理解的增益[448]。大師後來對自己的隨學者屢屢教示：「要閱讀這部佛護論師的解釋」，其原因是：「閱讀此論有著對於正見獲得殊勝定解的緣起，所以才這麼做的。」後來，在著《中論廣釋》時，對於論中的難點，大多也引據《佛護釋》的解釋，刻意這麼做的原因也是如此。大師又對於導師以獲得定解而不退的信心之力而作讚歎，著作出《由說甚深緣起之門而讚歎·善說藏》。

　　之後，大師到了沃卡的噶埔與札當、掖區德鄔山宣說諸多正法。大師說：到了曼隆的嘉索埔，在大神變節日十五天內，陳列了圓滿豐饒的廣大

448　**懷疑為其他理解的增益**·如月格西解釋，譬如空性本是無遮，而卻懷疑空性是否可能是非遮，這即是對空性疑為其他理解的增益。藏文直譯作「懷疑為他邊的增益」。增益，指對於本非如此、本非存在的事物，卻如此妄加認定的想法。

供養，並以三摩地而作加持，修持令一切供境歡喜的供養儀軌，廣發增長現前究竟利樂的無量祝願。當大師猛力觀緣迎請所供養的福田十方諸佛，並作熱切祈願時，東方的一切如來，都是身色白色、毘盧遮那佛[449]的行相，遍佈整個東方的虛空界。同樣的，南方、西方、北方、中央或上方一切虛空中，依次都被寶生佛[450]、無量光佛[451]、不空成就佛[452]、不動佛[453]行相的如來所遍滿，以這樣的陣式，沒有間隙地遍滿上方及周圍的一切虛空界，如來之身就像帳篷一般覆蓋而受用供養。這樣的所見境相多次地直接顯現。後來在拉薩舉辦大神變節不可思議的廣大供養，名為大祈願法會的時候，也持續不斷地出現這樣的境相。那時對一切的供境與供品都以空樂封印而作獻供，因此這一切都顯現為樂空的遊戲。

此後從大師往娘波當兜寺，到二大長子[454]為主的僧眾，大多在興建修行聖地——卓日沃甘丹尊勝林，而傑仁波切則到了欽與沃卡等處，這之間的其他所有傳記，就如同共通的傳文所說的那般。

大師駐錫在沃德貢傑山腳下的強巴林寺時，顯現至尊文殊的語教勸發大師說：「要為龍菩提的《建立次第》寫一部釋論，會有廣大的饒益。」於是馬上撰寫此論。關於著作《金剛持道次第廣論》，大師說：「除了之

---

449 **毘盧遮那佛**‧五部如來中如來部的部主。
450 **寶生佛**‧五部如來中珍寶部的部主。
451 **無量光佛**‧五部如來中蓮花部的部主，即阿彌陀佛。
452 **不空成就佛**‧五部如來中事業部(又稱羯摩部)的部主。
453 **不動佛**‧五部如來中金剛部的部主。
454 **二大長子**‧指賈曹傑大師與持律師名稱幢。

前住在嘉索埔時曾說過[455]：『依著諸大成就者及阿跋雅的論著，會成辦廣大的饒益』之外，正當著作的時候，時程非常迅速，也沒有經過長時的祈禱，因此沒有其他特殊的原因。」

這之後，就在大寂靜處甘丹寺奠基的時候，大師住在沃卡桑旦林寺的期間，嚴謹地閉了關，緣念著上師與本尊無二無別而多次猛利祈求，並且希願著作吉祥密集圓滿次第五次第的廣版介紹──《五次第明燈論》。正當起稿的時候，便出現了稀有夢兆；當時大師心想不能遺忘這個夢兆，便用隱語寫成偈頌，安置在不為大眾所見之處。偈文如下：「敬禮至尊文殊尊。迦札其上之贊札，眼和月之數三中，談論之水相合水，滿嘎拉夏欲相賜。獨父壇城主尊言：『從最勝過三百十』，亦見二尊論法義。數目第四具相者，於高座上將根本，託付之已囑作主。三次高舉密咒印，知同前兆於第五，於洛殊勝心精髓，粗略解已於第六，獲決定已於第七，研閱和合極決定，所謂喪饗亦能知。如是稀有奇徵兆，恐忘失故書成文，願此義利究竟成。牛年十二月七日，書於沃卡桑旦林寺中。願成吉祥！」

現在，我將依著傑仁波切所說的話，如實地解釋這些偈頌的意涵。「迦札」是虎的對字，「其上」，理解為牛年。「贊札」是月的名稱，「眼」是二，而「月」是一，在「一」之字之下放個「二」字，就是「十二」，所以理解為十二月份。所謂的「三」，是指那個月初三的晚上。那

---

455 **曾說過**‧此指至尊文殊曾說過。

時，顯現一切諸佛的獨父——至尊文殊金剛[456]十九尊圓滿壇城，而壇城主尊[457]打算將儲滿水的眾多妙飾寶瓶賜與大師。「嘎拉夏」是瓶子的對字。瓶中的水，混合了大覺窩吉祥阿底峽駐錫在涅塘吉曲河[458]畔時，至尊文殊和至尊彌勒談論是三身還是一身的法義之水。說：「此水從大覺窩直至於今，已經過了三百一十年，在這之間，沒有找到可以交付予此水的人，現在就交付與你了！」那時也有看到談論正法的至尊彌勒和文殊二尊。

四日的夜晚，在眾寶莊嚴的高座上，坐著一位稱為是布敦仁波切的上師行相者，他授與了《吉祥密集根本續》的經函。說：「你來作此法的主人吧！」本來大師心想，是否經函的結尾不完整，翻閱了之後發現整部經函是完整的。於是用雙手受取經函。布敦仁波切三次唸誦「吽班雜烏帝叉」的咒文，並結手印而置於大師頭上。大師心想：昨晚打算交付與我裝滿水的瓶子，應該也是這個徵兆。五日，粗略地領解了洛札瑪爾巴的殊勝心髓和合往生法類。六日，定解了這是合於密續及聖父子密意的稀有口訣。

七日的白天，閱讀了聖天阿闍黎的《攝行論》[459]，因此見到所有睡眠、夢、與和合法類的口訣的根基，都有其深邃的根底，於是獲得了極大

456　**至尊文殊金剛**，此處指智足派密集壇城的主尊。

457　**壇城主尊**，即上述密集文殊金剛。

458　**涅塘吉曲河**，流經涅塘的拉薩河。涅塘，拉薩市曲水縣境內的一地名，阿底峽尊者曾駐錫此地，弘法九年，並圓寂於此。

459　**《攝行論》**，全名《攝行炬論》，抉擇密乘的見解與行持，從義理上解釋龍樹菩薩所著《密集五次第》。

的定解。前一天晚上，在一幅薄伽梵勝樂輪的能依所依壇城的畫像下面，橫書了題文：勝樂十日設供圖。下面又加了一行字：「此是辦喪饗[460]。」這是指在第七天晚上，理解到本來薄伽梵勝樂輪的法類，後期在雪域當中，就像滅亡了一般。而傑仁波切將之善為開顯，如同一個人逝世之後，舉辦喪饗一般。在《圓座引導文》與《明燈論》中寫到：「獲得所欲求的堅固徵兆」，指的也是這個意思。

之後，大師到了大寂靜處甘丹寺，以善說的盛宴令所化機們心滿意足，並作了無量關於四部密續的解說與著作。由於仍然沒有獲得遮止壽難的堅固徵兆，因此大師開始進行閉關等等，這些在共通的傳記中，已經詳述[461]。尚未示現病相之前，在五十六歲那年極為嚴謹地閉關時，有一次大師在進行專修的期間，夢見中脈的下端，有「唉旺」的陀羅尼，像一條光繩般，從下長長湧上到上端方位。從那時起，大師心中生起了不共的殊勝融樂與空性相合的樂空智慧——以四喜與四空為體性。從此以後，由於持續地修持殊勝的空樂智慧，因此在等引之中的空樂智慧，是續部中所說的，也是大成就者論著中所提及的。這並非徒具樂空智慧之名卻只是內外道共通的三摩地，大師等引於如是的三摩地，在後得位任何的顯現，都現為天尊壇城空樂的遊戲，以此渡過時日。這樣的情況，是大致了解續部與大成就者口訣的人也難以思量的現證功德。要知道，大師心續之中已經生起一生即能賜與金剛持位的道次第。

460　**喪饗**：藏族習俗，在亡者過世之後，尚未出殯之前，每天會將糌粑做成手握食子放在亡者掌心供亡魂享用，稱為喪饗。

461　**在共通的傳記中，已經詳述**：見本書160-162頁。

這之後，在五十七歲時，大師示現病相，說：也讓一些人來關房內作閉關的助伴；於是讓安住於誓言律儀而精熟本尊瑜伽、近修、誦咒合量的七位根本金剛弟子[462]，日夜不斷地隨侍在側而精勤修習本尊瑜伽、迴遮與護輪等等。傑仁波切自己則白天主要修持薄伽梵大威德金剛以及大輪金剛手，夜間則專精等引於空樂無分的三摩地。

當比較明顯的障礙徵兆歸於息滅的時候，傑仁波切正在座墊上以垂足坐勢而坐，在跟前修法的弟子也坐在周圍。當誦修而心智敏銳時，大師親見薄伽梵大能仁的尊身，威光熾盛，猶如純金一般明現清晰，周圍具有千萬日輪的光芒，手結大降魔印，來到面前的虛空。當時，大師以堅固的三摩地，再次迎請此尊能仁，觀想其進入自身之中，於是見到能仁直接融入大師身中，並以堅固的佛慢壓伏了一切魔羅，獲得了無畏的果位。緊接著，由六臂智慧怙主[463]領頭，閻摩法王用繩索緊拴著一個興災魔羅的脖子，將他牽來，藥叉喀欽札巴拉[464]等隨後驅趕威嚇，在大師面前以彎刀斬斷魔頭，放進傑仁波切運用定力所變現的洞穴之中。同時，外面的黑方凶曜、龍、食肉、部多等四種暴惡魔類及其部屬喊著：「打敗仗了！」難以猝聞的嚎啕哭聲，震響十方。當時，大師跟前覺受境相較為賢善的近侍，同樣也有見到。不久，大師的法體也就漸漸痊癒了。

462　**七位根本金剛弟子**・賈曹傑大師、克主傑大師、甘丹寺北頂法王虛空德、東頂法王寶幢、大慈法王釋迦也協、善知識雷桑瓦、法王童勝。其中法王童勝最年輕，儀軌侍者由他擔任。

463　**六臂智慧怙主**・大悲觀音的忿怒尊，有普除災障和如意摩尼等多種身相，能救拔一切怖畏，尤其是中陰的險難，並惠賜一切悉地。

464　**藥叉喀欽札巴拉**・意為護國藥叉，為六臂智慧怙主最主要的受敕眷屬。

另外，當每次障礙的惡兆較凶險時，大師說：「我每次都會見到薄伽梵大威德金剛及大輪金剛手，由於本尊的力量，障礙的徵兆也快速地停息下來。平時也大都直接親見薄伽梵尊勝佛母、度母、大白傘蓋佛母，光明天女[465]、藥師佛、無量壽佛等等身相，並且持續地見到六臂智慧怙主、寶帳怙主、四臂怙主、多聞天子的境相。」閻摩法王、藥叉喀欽札巴拉二尊，則會如同僕人一般地完成大師的指示。

　　到了身體稍稍康復時，有一次，至尊文殊授記說：「今後如果精勤地主要修持生圓瑜伽的話，透過無上密咒，在相續中會快速地生起殊勝的證量，而且具緣的七位弟子[466]也會生起殊勝道證。」大師說：「我對於身體不適時的境相不是特別確信，要問一問多登巴。」大師交待了之後，多登巴說：「不必再次請問。對於能棄捨現世、堪為法器的弟子眾，開示顯密全圓道之後，令其修持。如果大師自己主要精勤閉關修持的話，那麼大師自己相續中能速疾生起彼道[467]的內因──殊勝的樂空智慧等，先前就已經生起了；外緣──剎生使女作為助伴等等的勝緣，也會立即到來，殊勝本尊也會加持。由於因緣條件圓具，彼道會快速地在相續中生起，這是至尊文殊所開示的。」

　　這之後，有一天晚上，多登巴於夢中，見到一座說是傑仁波切的塔，

─────────────────────────────

465　**光明天女**，事續如來部佛母，能救護一切迫害，尤其是仇敵、盜賊、國王的刑罰等怖畏。

466　**具緣的七位弟子**，賈曹傑大師、持律師名稱幢、克主傑大師、甘丹寺北頂法王虛空德、東頂法王寶幢、多登巴文殊海、多登巴南喀修雷。

467　**彼道**，如月格西認為，這是在密乘圓滿次第幻身、光明的階段。

度量圓滿。摩尼寶頂高聳雲間，宛若白瓷般色彩潔白、質地堅硬。塔上聚集了許多空行母，有的就像人間的女孩，有的像天女，身上戴著各種骨飾和寶飾。無量的人，手中捧持裝滿白色甘露的寶瓶，以甘露流奉浴塔身。

塔的跟前有與其獅子座大小相等的六座塔，有的說：「該以甘露奉浴了吧？」有的說：「這些塔還要修改，現在先別奉浴，等到改好了之後再進行。」又有人說：「這還有一個安塔之處，要奉浴嗎？」有人回答說：「現在還沒有塔，暫且不必。等到塔蓋好了，再作奉浴。」多登巴醒來之後，向至尊文殊啟問：「以前從未作過這樣的夢，而今出現這樣的夢相，是何意涵？」至尊文殊說：「這表示人師心中善為圓滿了顯密的領解。是圓滿次第的殊勝證德——殊勝的樂空智慧在相續生起的徵兆。」多登巴便向大師請問：「這一切圓滿的領解在相續中生起，是怎樣的情況？」回答道：「對於密咒一切的扼要，完全無餘地去除疑惑而達到圓滿，是五十六歲以後。波羅蜜多的扼要，雖然先前已經圓滿了，但是要徹底地領悟波羅蜜多實際現前的方式，還是要觀待善為領解密咒行的某個階段。」

這之後，大師的法體善為康復，也建起了稀有的經堂，不間斷地轉動深廣的法輪，這些傳記在共通本中都已詳明[468]。

在六十二歲的冬末，大師囑咐道：「在供養諸護法朵瑪時，同時唱著聲調，會使護法歡悅，因此往後也要這麼作。」之後便撰出迎請、讚頌和

---

468 **在共通本中都已詳明**・見本書 162-167 頁

勸請閻摩法王等四種音調。那時，有一天晚上，有位住在大師身邊，精勤近修的人，夢見閻摩法王身像高大威嚴，從山口石堆那邊走過來說：「讚頌的音調要這麼拉長。」說完，閻摩法王自己便拉長著音調，於是整個大地山嶽全都晃動了起來。其他的人，也出現了幾次這樣的夢兆。之後大師指示練習音調的人們說，沒有陳設這位護法的朵瑪時，不可以唱誦音調，所以，不要這麼作。

　　有一次，便請問大師：「這麼作的原因為何？」大師說：「本來閻摩法王就會以他自己真實的相貌頻繁前來，另外還會特別化現成時常在我的跟前承侍的任何一個人的形相，在寢室內走來走去，在我身邊做許多事。時常在我耳邊悄悄地指示事情的樣子，不斷地談論許多話題。許多經常在我寢室裡的人，也都看到過，並且會變現成其他的模樣而來，因而讓人誤以為真，認不出是他。前幾天開始唱音調時，他都會這麼過來談話，所以必須要供朵瑪。供朵瑪的話，再唱吼音的時候，他就會有各種歡悅的表情。」

　　這些只是我從大師無有窮盡、深底難量的現證功德大海中，取出毫髮端許，而在此敘說而已。不要說完整的一切，就連大致的部分，也都無法完全為我們這些人的心所理解。這位大師的教證功德，雖然圓滿富饒，說之不盡，但是卻沒有絲毫自滿與增上慢的氣息。不僅如此，連微小的現證功德，也都藏起來而不外現，更不用說那些特別偉大的了。大師早在無量劫前，就連在夢中都已經遠離為了恭敬利養以及名聲等等而彰揚自己；不僅如此，就算那些對自己極其努力修習信心的弟子們殷重地勸請，大師也好像難以言之的樣子，怎麼可能在各種談話之間透露出來？這是因為大師

知道，沒有看見對他人有所利益等殊勝目的，就汲汲於宣揚自己很圓滿，這不是正士夫的作法。

雖然如此，由於我以猛利不退的信心對傑仁波切長時祈請，特別是對於大師的一些現證功德有所了解，因此，精勤努力地對勝乘善知識修習信心。另外，我也發願在一切生中以此勝士的善說甘露維生，殷切想著「何不將此作為常修的瑜伽？」於是我先供上盛著黃金花朵的曼達而作祈請，至尊上師懷著無緣大悲而垂顧著我，歡喜地為我宣說了一小部分。有許多對大師具足堅固信心、執持三藏及密續、教證功德富饒的善知識們，以猛力的希求心殷重地囑咐，勸我寫出來。我被這些教令之擔所重壓，於是又向至尊上師祈請，而得以頂戴著作成書的開許。這之後，便為了饒益跟至尊上師這些稀有現證功德有緣的人，而將殊勝祕密的論談盛宴書之於文。

此中如果有任何錯誤，我在具足無緣大悲的至尊上師跟前懺悔，願能以大悲愍心寬恕我，祈請加持不會成為我的蓋障。對於大師一心專信並且具足福緣的人們，也別將這些文字當作資談之柄，要以最勝祕密之談的遊戲，努力地令信心廣為增長！

如是我由一切佛	一切諸佛佛子的總聚體
佛子總集尊悲藏	至尊大悲寶藏
無等眾目宗喀巴	無與倫比的眾生唯一眼目——宗喀巴！
偉懿功德大海中	我從他宏偉功德的大海中

地上士夫皆不明	取出一分
稀有現證如意寶	不為大地上的士夫所明了的
取此一分而安置	稀有現證功德如意寶藏
具緣信心之幢頂	安置在具緣者的信心幢頂

若由我心過愆故	如果因由我自心的過罪
顯明隱義諸時中	在開闡隱義等過程中
但凡有所誤失處	有所錯誤
勝師尊前我愧悔	我心懷慚愧地向最勝的上師懺悔

經劫難遇您名諱	勝乘善知識您的名諱經劫罕遇
勝乘知識足下塵	以此善業，願我生生世世終不捨棄
此善願我於世世	將您的足下之塵
不離依止作頂嚴	奉為頂嚴，永作依止！

於此三門一切行	在此，我三門一切的行為
辛勤唯為令您喜	所努力的只為令您歡喜
願由此力出心髓	願能因此流淌出您的心髓精要
尊語甘露而養命	我的存活，依靠您的甘露法語
勝乘道體菩提心	勝乘道的主幹菩提心
正見扼要二次第	正見扼要以及二次第之道
願無誤解而精勤	願能對此獲得無謬的定解
修尊語教為心要	以精進修持您的語教作為心要

　　一切諸佛悲智的總聚體、所有五百者的頂嚴[469]、在這濁世等同佛陀而弘聖教、無餘眾生的唯一至親、瑜伽自在、一切遍智善慧稱揚吉祥，名稱顯耀於三地，其最勝秘密如大海般的行傳中，略談其中少許部分，題名《寶穗》。此書係恭敬頂戴具足無緣大悲的具德殊勝上師之足下蓮花、蒙其深恩而得以活命的多聞僧侶善妙祥賢，在成就聖地，超勝一切諸方的大寺──卓日沃切山格丹尊勝林寺中撰寫。願於一切時處善而吉祥！善樂增長！

---

469 **所有五百者的頂嚴**‧佛經授記釋尊教法共住世五千年，此五千年又可分為十個五百年。「所有五百者的頂嚴」，係指人師在每一期五百年當中都是頂嚴。

大慈恩・月光國際譯經院真如老師總監，如月格西授義，主譯譯師釋如法2018年7月15日始譯，月餘初稿譯訖。2019年9月23日，與主校譯師釋如密、主潤譯師釋性泰會校訖。考據譯師：釋性覺、釋性田、釋性利、釋性喜。譯場行政：釋性回、釋法行。譯場檀越：王晨遙闔家。

ༀ། །རྗེ་ཐམས་ཅད་མཁྱེན་པའི་རྣམ་ཐར་ཡན་ལག་གི་ཉིང་ཁུ། །
རྣམ་ཐར་བསྡུས་པར་བརྗོད་པ་ལེགས་བཤད། །
ཞེས་བྱ་བ་བཞུགས་སོ།། །།

至尊宗喀巴大師廣傳之附篇
總攝善說

多登‧文殊海　著

南無古汝唄

傑仁波切──一切遍智、難以直呼其名、善慧稱揚吉祥賢的出生事蹟：

東宗喀是麥氏的地區，大師的父母兩位都具有信心與菩提心，精勤於修持正法。據稱猴年的年底，父親在夢中，有一位號稱來自中國五臺山[470]的出家人，穿著許多花鬘裝飾的法衣，及據稱為「三十三天[471]的樹葉」、黃絲綢般的下裙，拿著經函，說：「我要來向你借宿！」然後便進入房子裡的佛堂。由於大師父親平常專以《文殊真實名續》[472]作為課誦，因此在作了這個夢之後，心裡就想著：這是文殊的化現。

大師的母親也在夢中，看到一個鮮花的平原上，有一千位女子排成隊伍，她自己也在其列。從東方來了一位白色童子，手持瓶子；西方來了一位紅色童女，右手拿著放有孔雀翎羽的盤子，左手拿著一面大鏡子。他們倆正在就這一切女人進行討論，「這位可以嗎？」童子向童女問道。童女一一提出其他女子的過失。隨後童子指著大師母親，問：「這位可以嗎？」童女微笑地說：「這位可以！」「那麼妳來作奉浴！」接著就唸著

470　**五臺山**，中國佛教四大名山之一，位於山西省，為文殊菩薩道場。

471　**三十三天**，為欲界第二天，又作忉利天，此天位於須彌山頂，因該處有天主帝釋天等三十三位主要天神，故名。

472　**《文殊真實名續》**，此密續讚揚至尊文殊的功德，有將其詮釋為瑜伽續和無上瑜伽續的不同傳承，其中蘊含顯密一切道要，尤其開示了時輪法類。相傳宗喀巴大師常誦此續，每日早晨必誦三遍。

「如是宛若初降生」等文[473]，並伴隨韻律而進行奉浴，產生了身體垢染洗淨的舒適感。醒來之後，出現了身體輕盈、心情愉悅的諸多善妙現象，心裡懷疑著這是什麼徵兆。

從那時候開始，鄰里以及當地的人們，都夢到許多僧眾從衛區迎請覺沃佛來這裡，還有太陽、月亮、星辰三者同時出現。而白天也降下花雨，飄著薰香的氣息，以及空中傳來奏樂聲、大地震動等；這些稀有徵兆，在那個地方是眾所共見的，這在多麥、衛區一切地區都很出名。

此後，在雞年的正月初十晚上，母親夢到僧尼二眾，數量不可思議，擎舉無邊的寶幢、大鼓等各種樂器，說要迎請觀世音菩薩；但自己環顧四方卻都沒看見。之後再注視，雲朵上則有一尊像山一樣的金像，光輝如太陽普照十方、發出法音；眾多說是天子、天女的盛裝者環繞周圍。當金像徐徐降下時，就越變越小，到了頂門時，只有一磔手大，極其莊嚴，接著融入身中。它的周圍眷眾，以及迎請的人，也都進入自身，對自己禮拜、旋繞、供養、稱頌吉祥頌等。隔日早上，便產生相當歡喜而清晰的意識。從此之後，即便在不加留心時，也會自己想到：「不能輕毀我的這個身體！」會自然地去珍惜愛護、並勤於保持潔淨。

而在大師父親的夢中，則夢見從柳葉宮[474]拋來一支熾燃的金色金剛

473 **「如是宛若初降生」等文**．全文為「如是宛若初降生，諸天灌沐如來身，天界淨水實無垢，我亦如是敬奉浴。」
474 **柳葉宮**．金剛手菩薩所居淨土。

傳授了《淨治續》[475]等。也具備了順緣，成辦送大師去衛區的大大小小所有準備。因此大師說：「此師恩德極大！」只要一提到這位上師的名諱，就會合掌、流淚，至今仍不間斷地作示寂日的供養。

以上是稍微說了出生的歷史。現在要就所化機們所共同顯現、自己眼見耳聞，但又沒有記載於其他處的傳記，作概要的宣說。

如上所述，這位菩薩從兩三歲到十三歲之間，在義成寶上師座前，聽聞諸如：金剛界、金剛頂、吉祥勝、法界語王[476]、九頂[477]、不動佛[478]、五隅天女等大部分下三部密續、印度論典、壇城儀軌、口訣等，並且領會於心。也聽聞了諸如：黑閻摩敵、能怖金剛、紅閻摩敵等三法類；盧黑枳三派[479]勝樂法類；特別是大輪金剛手等許多無上密的法類，而如實通達。上師說：「你守護障礙的本尊是大輪金剛手，生起智慧的本尊是阿惹巴雜那文殊，長壽本尊是澤達里所傳的無量壽佛[480]，成辦順緣的本尊是多聞天子，救護人與非人的損害、並成辦順緣的本尊是六臂智慧怙主。這些也都是我的本尊，現在我傳給你，不要間斷近修這些本尊、供朵瑪等。」上師

475　**《淨治續》**．即《淨治一切惡趣威光王如來應正等覺觀察》，見本書117頁註釋201。

476　**法界語王**．本尊名。

477　**九頂**．瑜伽續本尊。

478　**不動佛**．此處指阿閦佛，事續金剛部本尊，東方妙喜世界的教主。宗喀巴大師《極樂願文》提到不染微細罪墮的不動比丘，即是此佛前世。專心唸此佛名，可消除雨雹為災、非時霹靂等種種怖畏。

479　**盧黑枳三派**．分別是魯伊巴、黑行者、鈴論師，三位大成就者依序開創的三大勝樂法脈。

480　**澤達里所傳的無量壽佛**．澤達里，意為勝敵，是阿底峽尊者的密乘上師之一；其所傳的無量壽佛九尊，為事續蓮花部部尊法類。

是這麼說的,但大師說:「最初第一年如實成辦,但後來在去衛藏的路途,以及在德哇巾及蔡寺學習的時候,大部分都中斷了。所以最初在進入顯教學習時,暫時受用匱乏、某些時候發生了許多損害,以及現今許多疾病,這些依次是因為對多聞天子、六臂怙主、秘密主等近修、供朵瑪已經中斷,不能如上師所說而行的緣起。」從此就不間斷大輪金剛手的自入法近修。

之後跟著許多多麥的旅客一起,與兩位舅舅結伴去了衛區。在止貢時向法王達摩惹雜[481]聽聞甚深法,及大部分的《止貢巴全集》。之後在德哇巾接觸了《般若》學之後,去了蔡寺學習《八支集要》等醫學論著,極為善巧其典籍、口訣、作法。後來在生病期間,十七八位醫生一起會診時,都說:「關於什麼病要用什麼藥、藥方配伍、寒熱差別等,我們都請問大師,並且照著去操作。」那些有名的醫學專家都多次表達:「現今雪域中,沒有比法王仁波切更善巧的醫生。因此,我們到他面前配藥,而聽他說了許多藥的差別之後,比過去多年所學更有心得!」

此後,大師在德哇巾寺學完《般若》學,也學習了其他許多論典。在衛藏進行巡迴立宗時,雪域中所有講說《般若》學的,都傳揚大師的論義善妙、飽學印藏的論義,是很好的導師。

. . . .

481 **法王達摩惹雜**・即本書83頁的懂哦仁波切法王。達摩惹雜,即其本名法王(確吉嘉波)的梵語音譯。

之後前往娘堆等地，向年本慶喜德、仁達瓦等上師聽聞學習七部量論的注疏，成為無可匹敵的智者。大師還從至尊仁達瓦上師處聽聞了大部分雪域有在講聞的中觀論著，大家都看到大師無餘通達其字詞及內義。另外在覺摩隆寺學習毘奈耶、阿毘達磨達到究竟，並在諸多大寺院中，向許多阿闍黎聽聞而通曉了一切顯教經典及其釋論。在作四難論典的巡迴立宗時，諸多智者們都說：「在西藏進行四難論典的巡迴立宗者當中，沒有比這位更為超勝的！」

　　之後去了丹薩堤寺，聽聞從《善逝帕摩竹巴全集》開始的傳承上師語錄、那若六法等許多教授、一切教誡。總之，大師向懂哦名稱菩提聽聞了達波噶舉的所有法類後，加以修持，心中生起了該派證悟的最高境界。

　　在沃卡等處，從博東派聲明學家虛空賢[482]，聽聞了《迦羅波》[483]及《旃陀羅波》[484]等，而善為通達，但是大師沒有親口承認。大師還從那位上師聽聞、學習了《詩鏡》等諸多修辭論典，成為極其善巧者。當時所著的《妙音天女讚》[485]「蜂眸湧動蓮花美容顏」等文，被稱道為體現了修飾

482　**聲明學家虛空賢**・即本書96頁的譯師虛空賢上師（南喀桑波，西元1333-1379）

483　**《迦羅波》**・印度聲明學十大名著之一，相傳前十五品為六面童子天所著，後十品為一切鎧婆羅門與勝愛婆羅門合著。

484　**《旃陀羅波》**・印度聲明學八大名著之一，月官論師著。巴尼那婆羅門著《巴尼聲明論》二千頌，有龍王為其著《瑪哈跋喀釋》十萬頌，月官論師再依該釋而寫此論，有三十二品、七百頌。

485　**《妙音天女讚》**・原名《迎請聲韻天女而讚頌祈禱》，是《宗喀巴大師文集》中所錄兩篇妙音天女讚之一。

法[486]的感覺。

隔年，懂哦名稱菩提上師示寂，由於僧俗有地位者等勸請為作傳記，大師因此著了《須彌傳》[487]，被譽為無有更勝於此的修辭。後來修妙音天女，在桑普寺得見尊顏以後，恆時得其攝受，因此講論著的事業極其廣大。尤其是大師著的瑜伽部及無上密護法等聖眾的讚頌音調、道歌法頌等，都音聲悅耳、婉轉動人，比其他更為超勝。其中瑜伽等大讚音，已經達到究竟顯赫的程度。

由於仁達瓦上師勸大師要進行講聞，所以在德哇巾等地講聞了七年，將十幾本論排在一起，依循各自所本的論宗，每本論都結合兩三種釋論而多次宣說。尤其是在將要去捨世專修之前，大師連講了二十九部論，使所有人都感到稀奇。在那之前，在德哇巾寺撰寫了《現觀疏》[488]。

捨世專修後，大師在夏魯寺從上師穹波雷巴童福聽聞大部分的四續部灌頂、密續、口訣，尤其是薩迦派及布敦派的一切瑜伽、無上密法類。在這之中，尤其是密集瑪爾巴派、廓譯師[489]派、覺窩傑派等聖者派，以及智

486 **修飾法**．分為詞句修飾法與意義修飾法，詳見古印度修辭學《詩鏡》。
487 **《須彌傳》**．全名《稱覺吉祥賢菩薩摩訶薩傳記詩篇·加持須彌》。
488 **《現觀疏》**．即《般若波羅蜜多教授現觀莊嚴論及其釋論之廣解·善說金鬘》，見本書104頁註釋141。
489 **廓譯師**．阿底峽尊者的後藏主要弟子，本名庫巴·天護（勒澤）。此師兩次譯校《密集根本續》及《燈明釋》，宗喀巴大師盛讚印度傳進西藏的密集聖派各個講解密續的傳規中，以此師所傳最為殊勝。

足[490]派、慶喜藏[491]派等印藏的講說傳規，大師都善加通曉。大師在一座者
的大僧團中得到近圓戒以後，連毘奈耶中極細的開遮都能實踐。之後到了
沃卡等處，修復了強巴林寺[492]等大經堂。

　　其後大師心中認為，已經善加聽聞通曉了西藏現有的經論、口訣，而
仍有增益未被斷除。為了斷除疑惑等，特別為了抉擇中觀及密續──尤其
是密集與勝樂的法類，想要去印度，在能飛聚落[493]、那爛陀[494]等處，求教
於龍菩提等大成就者。師徒十三人觀察徵兆及夢境，與發願的緣起相符
後，便從涅區出發，取道洛札，打算經過印度星吉里去謁見大成就者彌札
卓吉，然後去摩揭陀國[495]。在洛札見到大成就者洽多瓦虛空幢上師，上師
說：「如果去印度，大師本人會是一位精通十八明處[496]的大班智達，成為
金剛座[497]的堪布；但是壽命短促，難以利益徒眾。比起那樣，如果住在藏
地，向文殊祈求，會迅速得到攝受。」於是便從上師座前聽聞他身上所擁
有的誦授、口訣，尤其是顯教道次第等噶當派法類、金剛手的修法，金剛

490　**智足**・密集智足派開派祖師，獅子賢論師之高足，此師親見文殊，並將其傳授圓滿次第的語
　　　教記錄成《文殊語教》。

491　**慶喜藏**・密集慶喜藏派開派祖師，為八十四大成就者之一，著有《密集續釋難》。

492　**強巴林寺**・即精奇寺，全名為精奇甘丹強巴林寺。

493　**能飛聚落**・寺名，位於那爛陀寺北邊，建於波羅王朝初期。

494　**那爛陀**・古印度最高佛教學府，位於拉查基爾（Rajgir，王舍城）北方十一公里巴臘貢
　　　（Baragaon），建於西元5世紀至6世紀初，有八大僧院，求學者常至萬人。

495　**摩揭陀國**・中印度古國名，位於今恆河中下游比哈爾省，金剛座、大菩提寺、那爛陀寺等諸
　　　多聖蹟皆位於此國境內。

496　**十八明處**・此處指古印度共外道的十八門學科，分別為：伎樂、欲技、生計、數論、聲明、
　　　醫方、宗教、工藝、射藝、因明、配置、聽聞、憶念、占星、曆算、幻術、先朝史、典故。

497　**金剛座**・佛教重要聖地，位於中印度菩提伽耶，是釋迦牟尼佛等賢劫千佛成道處。

手圓滿次第等這些法類的經驗引導。

之後返回涅區[498]，在四難論師法依賢[499]座前聽聞毘奈耶、阿毘達磨、中觀等顯教法類、一切噶當派的教法；還有其他許多法，都善為聽聞並通達。在涅區的色切崗[500]，修文殊法而現見尊容，解決了許多佛語的難點扼要，生起殊勝的中觀證悟。在那時，由緣起的角度讚歎佛陀，作為啟白證德當中最究竟的證悟。

之後在止貢與娘波等處居處不定，一心專修，也會稍作座間的餘務。後來在南澤頂，三位智者[501]一起轉法輪。在噶東寺，透過文殊成就者鄔瑪巴精進獅子，密名勇金剛，作為大師與文殊之間的翻譯，在顯密不可思議的修持扼要上，斷除疑惑，生起殊勝定解。因此說傑仁波切的這個宗義，即是文殊的宗義。

又透過了勇金剛請示了諸多此生來世一切規劃，諸如：單純只作顯教的講聞，或進行密法灌頂、教言密續的講聞，或者專一修持，哪個能利益聖教續流？我應該如何做？來世將往生何方淨土？特別是極樂世界與兜率天，哪個比較有緣？文殊都予以清晰回答，特別指示道：「要由顯密兩方

---

498 **涅區**‧此處特指涅區中的札果寺，此寺為諾敦確跋建於西元1111年，位於隆子縣。

499 **四難論師法依賢**‧向宗喀巴大師傳授噶當教典派道次第的上師(卻嘉桑波)，此師自幼依止精通律藏的措納瓦大師及其通達阿毘達磨的心子——門札巴大師，盡得噶當教典派傳承，擁有說法無畏辯才，證量達到不退轉位。

500 **涅區的色切崗**‧地名，位於山南市隆子縣。

501 **三位智者**‧仁達瓦大師、宗喀巴大師、勝依吉祥賢。

面行聖教事業，不要進行灌頂教言之類，否則將會短壽，離成就變得遙遠，對聖教的利益會變小。」因此說大師住世時，只會傳一些隨許法，完全不傳灌頂的原因就是這個。

之後與大譯師勝依吉祥賢共同駐錫在熱振寺，大譯師講中觀等法，傑仁波切則宣講道次第等。特別在寺院上方，一尊被稱作大尊側首的阿底峽聖像前，經歷多日的祈禱，親見從佛陀到虛空幢大師的一切噶當派傳承上師，尤其是阿底峽尊者、種敦巴、博多瓦、霞惹瓦[502]，在一個月當中，現身賜予諸多教授教誡。最後博多瓦等三位祖師融入阿底峽尊者中，阿底峽尊者將左手放在大師頂上，說：「對聖教作廣大事業吧！我會成為你成就菩提、利益眾生的助伴！」隨後即消失。出現了這些不可思議的徵兆。

其後，堪欽蘇埔巴[503]、大譯師勝依吉祥賢、止貢法王等衛藏的大部分著名智者、大人物都殷重勸請大師撰寫道次第；因為符順先前的好徵兆，緣起合適，因而著作了《三士道次第》[504]，由於這個因緣，念青唐古拉[505]山神、秀地區[506]的舉波神[1]等衛區許多喜愛白法的地祇，來向大師請求：

502　**霞惹瓦**·噶當教典派祖師，本名德稱(雲丹札，西元 1070-1141)，博朵瓦大師的心子，此師將三藏及大車論典多數憶持於心，能自在地將一切經論攝入菩提道次第而開示，宗喀巴大師譽之為：「智慧無與匹敵霞惹瓦」。

503　**堪欽蘇埔巴**·蘇埔寺堪布，本名寶吉祥賢(袞確貝桑)。

504　**《三士道次第》**·此處指《菩提道次第廣論》。

505　**念青唐古拉**·山名，在西藏自治區中部納木錯湖南沿一帶。

506　**秀地區**·位於拉薩市拉孜縣扎西崗附近。

「我是蓮花生大師[507]、阿底峽尊者等大德的優婆塞弟子，現在要成辦你的順緣，願能悲心攝受。」以三門而恭敬頂禮。所以，大師在《法相道次第》[508]的迴向文時說道：「成辦修成善道諸順緣，消除違緣所有人非人，祈願生生世世不遠離，諸佛所讚圓滿清淨道。」

另外，由止貢法王等勸請，也在當地撰寫了《事師五十頌釋》等諸多論著。之後在娘波山岩等處、止貢的擦玉地區[509]、沃德貢傑大雪山等增長修持的處所，依著十二頭陀功德[510]，修持大寶三學道，由此奠定了無勞任運成辦自他一切義利的根基。

就如同大師所說：「有時於佛增信樂[511]，有時感念大車恩。餘時敬仰善知識，於苦眾生起悲憫，欲令法寶久住世，此等如賽互相增。」這就是執持佛菩薩行誼的言教。

由於長久熟習顯密諸大論宗，自力辨別合理與否的智慧能力無邊增廣；此外還有至尊文殊親自攝受加持。因此善巧、戒嚴、賢善三方面的美

507　**蓮花生大師**・寧瑪派開派祖師，於西元8世紀中應赤松德贊之請入藏，與靜命論師一同創建桑耶寺，剃度藏地首批僧眾。

508　**《法相道次第》**・此處亦指《菩提道次第廣論》。法相，即顯教。

509　**止貢的擦玉地區**・位於拉薩市直貢梯寺附近。

510　**十二頭陀功德**・持糞掃衣、但持三衣、但持毳衣、但一座食、次第乞食、不作餘食、處阿蘭若、常住樹下、常露地坐、常住塚間、常期端坐、隨處坐等十二種。

511　**「有時於佛增信樂」等六句**・出自宗喀巴大師所著《辨了不了義善說藏論》之結頌。

名，遍覆整個雪域，像是噶瑪寶童[512]這樣的具量上師，也都對大師恭敬頂戴。

特別是至尊文殊攝受的情況，大師自己曾說：「猶如霞雲繞金山[513]，上繫帝青為頂髻，紅黃色身奪意頂，靛青五髻所端嚴。妙音於我一切生，歡喜攝受施大恩，於最難測正法海，智慧無礙願皆入。」由大譯師勝依吉祥賢等人勸請所撰寫的《密宗道次第》等論著，也都是如至尊文殊所說而寫下來的；這樣的著作在過去有沒有出現過，智者們觀察就可以得知。

能被文殊如此攝受的因緣，如《密宗道次第廣論》所說：「聞說佛父妙音尊[514]，慈目欣然微顧視，皆能授與最勝慧，通達甚深佛密意。久遠恆依為本尊，終不棄捨更依餘，惟願慈悲妙智藏，令我求果皆成就。」不直接稱呼這位本尊的名字，而是稱為妙智藏。

當時在那個地方，講了總體的密法，特別是無上密，尤其對於譯成藏文的勝樂法類所有內涵廣作開演。所以那個地方被稱為密咒之家，其他人也這麼稱呼。之後去了色拉確頂寺等地，當時衛藏大部分的善知識都來集會，大師廣大講聞了顯密教法。

---

512 **噶瑪寶童**・相傳此師為當時藏地無與匹敵的大智者，最初入桑普寺學五大論，後從噶瑪巴遊戲金剛聽受許多密乘的灌頂、誦授、引導。

513 「**猶如霞雲繞金山**」等八句・出自《密宗道次第廣論》最後的迴向文。

514 「**聞說佛父妙音尊**」等八句・出自該論皈敬頌。

另外，因為要嚴格閉關，所以指示貢汝沙門等一些老法師們：「我們師徒出現了一些障礙的徵兆，為了消除障礙，我要去其他地方幾個月。」他們問道：「要去哪裡？」大師說：「現在就說出來，恐怕有不得成辦之虞。」一夜，師徒三人在無人察覺的情況下，去了惹喀岩。

　　當進行嚴格閉關時，文殊菩薩為大師講了中觀、唯識宗義的扼要，並交代：「如今你要將這些內涵簡略寫成文字。」因此大師撰寫《辨了不了義善說藏論》。該論也有提到：「令無邊佛歡喜者，攝一切智妙吉祥[515]，我由猛利無間信，心中蓮蕊殷重依，故見經中真實義，如理唱此稀有語。」

　　那時由於傑仁波切的美名飛幡在三世間飄揚的緣故，人王大明皇帝以殷重迎請大師去漢地的詔書及眾多贈禮，由大臣悲波奉旨前來。由於過去多次迎請都沒成辦，這次說是要來供養，繞道澎波[516]，在黎明到達色拉確頂寺，想要與大師會面。當時突然颳起大風，使得僧眾集會必須解散，由內鄔宗宗本作為證人證明大師不在此處。當時如果不誠實說，則成為妄語，如果誠實講，則會造成師徒們心意受擾；大師基於這些考慮，所以不說出去哪裡，關鍵也在於此。所以大家都說：「這位菩薩智慧無礙，已經到達善巧的彼岸。」

515　**令無邊佛歡喜者，攝一切智妙吉祥**·現今留存的藏文本《辨了不了義》無此二句。
516　**澎波**·澎波曲（澎波河）流域，約位於今拉薩市林周縣。

之後由於本尊授記，以及欲令大寶聖教興隆等諸多原因水到渠成，大師有意興辦祈願大法會。靠著許多人供養大師的黃金，以及內鄔宗宗本奠定順緣的基礎；牧人們帶來財物作協助；多麥、衛區、康區資財富足的信眾供了許多信施；雪域當中的僧伽，全部匯集於此。在教主聖像——釋迦牟尼佛面前，發下宛如大海般的祈願。從大神變節的初一到十五日，有燈明神饌等種種供養。大家都傳揚：「具戒精勤的三藏法師相聚歡慶，過去雪域當中，沒有發生過比這更熱鬧的情況。」

　　當時將導師聖像釋迦牟尼改成報身的裝束。據說過去這尊聖像從鄔金[517]要去印度的時候，鄔金人將其頭冠留下來作為勝解所依；而在那之前是有頭冠的。大師供獻了黃金打造的天冠，是為了符順之前的裝束，另外也看到了一些緣起的關鍵，這是利益聖教及眾生的無上方便。但一些蒙昧者異口同聲說：「這不應該，因為把化身打造成報身的緣故。」這是不懂報身在指什麼的愚痴之言。有人說見到大師用鐵釘將天冠釘在佛像頭上，這是不是真的，去問拉薩的盲人都能知道。

　　在那不久後，就啓建卓日沃切格丹尊勝林寺，使三藏及大寶三學的佛陀聖教如月光顯照。之後，大師生病的那段期間，親見善逝如滿天星辰，獲得無量的教授教誡；尤其是恆時不斷見到文殊、彌勒、觀自在、度母、《墮懺》的三十五佛等，聽聞許多法。親見三十五佛的情況，是由於想要

517　**鄔金**：古印度國名，又名鄔丈那，意譯飛行國，位於今巴基斯坦西北，另一說位於阿富汗境內。

畫三十五佛的壁畫，而祂們的手勢在清淨的經論中不甚明晰，在考慮應該
怎麼作的時候，那些佛陀就來到虛空，大師見到不同的身色及手勢，便如
同所見，畫在甘丹寺的揚巴金大經堂，及僧眾的大殿等處。

在生病的那段時間，沒有一種護法是大師沒親見的，尤其是吉祥六臂
怙主，大師說是從在色拉確頂寺親見以來，從未稍離，並認為是諸多怙主
之中最殊勝的。大師在遺教中，交代在怙主殿也要塑一尊六臂怙主的聖
像；據說當法王十難論師等人去落實的時候，只是把因緣聚合，無需費力
就自然而然來到。

另外，在塑造大尊能怖金剛時，根本面容是自然生成的。在塑造三座
立體壇城的時候，金剛界、不動金剛[518]、魯伊巴勝樂主尊這三尊，也是彷
彿天生般生成；在勝樂金剛心間，有一點溫熱，而具色母等四天女[519]也是
自然生成。現在寢室中供奉的唐卡上，一肘長而四面具足顏色的勝樂金
剛，是天然形成的。在大尊能怖金剛開光那天，清澈的虛空中出現巨大雷
聲，佛殿裡所有人都感覺到。有些密集、勝樂的五次第瑜伽士，看到能怖
金剛的壇城遍滿虛空，從四方而來，融入塑像當中等情形。有諸如此類獲
得成就的善妙徵兆，以及親見八十大成就者[520]等殊勝上師的情況。

---

518 **不動金剛**，聖龍樹所傳密集三十二尊壇城的主尊。

519 **具色母等四天女**，「等」字包含空行母、端嚴母、段生母等三位，四位皆為勝樂金剛眷屬，
即本書165頁提到的「心要瑜伽母」。

520 **八十大成就者**，金剛座師修薈供時所見的八十四位祖師，皆是依密咒道獲得最勝或共通成就
的人，大多處於法稱論師出世六百年內。此處「八十」為八十四的簡稱。

尤其是佛護阿闍黎出現，在《佛護釋》之上講解了一遍《中論》，第二天便出現一位供養《佛護釋》的人，緣起相應，而現起圓滿的中觀證悟。大師說：「在此論之上，對《中論》進行講聞，有利益聖教的緣起。」

現今這一生能廣大利益有情，是過去在金剛座供養佛陀一百零一顆的水晶念珠，而發菩提心的果報支分，這些行誼等是不可思議的。有許多非具緣者心境不能容納的傳記，要去看江熱十難論師所著的《密傳》[521]。

另外，當從寺院上方的陡峭山上滾落許多大石，僧眾們都非常驚恐的時候，以及從四方天地間卷起狂風時，大師都是一結起期剋印就能平息。對於被傑貢等厲鬼所損害的人們，大師只需要作加持，就能拔去身心的芒刺等等。這些當下的景象，我們是看得很多的。

傑仁波切的定課次第，從半夜剛過中夜後，就廣為進行密集不動金剛的自入法，然後長時修習五次第；從黎明到太陽昇起之間，廣修能怖金剛的二次第。從太陽昇起到變熱之間，講三十頁的經典或密續。在做完以五隅天女為首的事部、行部許多朵瑪之後，具足飲食瑜伽而用餐；在用餐期間，還與格西們繼續未完成的著作，或是為求法者釋疑，然後背誦心裡記

---

521 **江熱十難論師所著的《密傳》**，即克主傑所著《密傳寶穗》。克主傑曾任後藏娘堆江熱寺寺主，事業至極廣大，故名江熱十難論師。江熱，即今日喀則市江孜縣江熱鄉。

得的甚深三經[522]到一定段落，繼而回向。此後作十個擦擦，每個各有無量壽佛、藥師佛、文殊、度母等聖像各七尊。

中午的時候，進行甘珠爾[523]或丹珠爾[524]的講法，以及繼續著作。從午後到黃昏期間，修持紅、黑、能怖三尊、六面閻摩敵的火供，大輪金剛手、四臂怙主、六臂怙主的現證法及供施朵瑪、寶帳怙主、獅面母、彎刀怙主及食煙母等供施朵瑪廣軌、勝樂魯伊巴派的自入法、修習勝樂五次第等。這些都是固定修持的次第。另外，一天當中唸誦「是智」咒[525]一萬、勝樂七字真言[526]三千、文殊心咒七千遍。而在閉關期間，也固定會有兩三座顯密的講法，這是共通能看到的。而那些一邊講法一邊供施朵瑪，而絲毫不動搖修持本尊圓滿次第三摩地等不共的法行，也有無量無邊。

以上極略的附錄傳記，為文殊海所著，願以此令大寶聖教廣弘！

至尊仁達瓦心中所出的七子，上師自己曾說：「頭陀最勝遍智智慧光[527]，成最勝子善慧稱吉祥[528]，修持最勝慶喜吉祥賢，智慧最勝其名日輪

---

522 **甚深三經**‧指《般若波羅蜜多心經》、《普賢行願品》和《般若波羅蜜多攝頌‧攝功德寶》。

523 **甘珠爾**‧意為「佛經的藏文譯本」，數量約有一百函。

524 **丹珠爾**‧意為「論典的藏文譯本」，數量約在二百函以上。

525 **「是智」咒**‧大威德金剛的業咒，也是其根本咒、心咒、近心咒三者中的心咒。

526 **勝樂七字真言**‧勝樂主尊佛父的近心咒。勝樂主尊佛父與佛母的根本咒、心咒、近心咒、鎧甲咒，合稱「四珍寶咒」，加持力極大。

527 **遍智智慧光**‧當代著名學者，絨智巴的上師之一。

528 **善慧稱吉祥**‧即宗喀巴大師。

幢，具悲最勝名號豐饒慧，善講最勝名曰福德慧，辯論最勝則為盛寶師[529]，宣說無邊教義七知識。」

一切吉祥！

大慈恩・月光國際譯經院真如老師總監，如月格西授義，主譯譯師釋性景2019年7月初始譯，十日內初稿譯訖。2019年9月10日，與主校譯師釋如密、主潤譯師釋性泰會校訖。考據譯師：釋性覺、釋性田、釋性利、釋性喜。譯場行政：釋性回、釋法行。譯場檀越：李文欣。

〔1〕 舉波神　青海版作「富有」，誤。

529　**盛寶師**・即十難論師賈曹傑大師。

清淨雪山頌

克主·善妙吉祥賢　著

南無曼殊廓喀雅

清淨雪山環鬘遍圍繞　此處我等無依救怙主
示現隨順劣慧意樂身　我今敬禮最勝上師尊

汝於往昔多生前曾為　至尊文殊弟子眾中首
自在總持辯才神通定　智慧眼目觀照一切法

一時有佛名號為王頂　即於眷屬會中演勝乘
文殊佛子海會徒眾聚　蒞臨此處雲集大法場

爾時彼佛梵音宣唱言　若有菩提薩埵大勇士
於諸不淨濁惡國土中　能無顧惜自身及壽命

以空性論圓滿勝妙香　盈滿金剛乘道百瓣蓮
一切菩提薩埵行持中　廣讚此乃最上最殊勝

大德尊汝志力大乳海　洶湧波濤翻滾極激盪
於佛大會眾中迅速起　無所畏懼嘹亮作誓言

我於無量無數不淨剎　　當不顧惜身命勤宣說
結合空性見之密咒道　　宏揚佛陀所喜善妙道

即立誓言發願當下頃　　王頂如來[530]及以十方界
一切勝者咸以同聲讚　　善哉汝乃大志菩薩云

廣讚復現眾多稀有兆　　即從此時一切佛剎中
皆說彼名大志菩薩者　　所有諸佛佛子共稱揚

爾後彼處王頂如來尊　　從身綻放億兆大光明
為我恩師大志菩薩尊　　熙怡笑顏如是作授記

- -

530　**王頂如來**・根據大寶積經菩薩見實會(父子相見經)提到的因陀幢王佛(即王頂如來)的事蹟：
「佛告諸比丘：『於過去世無量無邊流轉生死阿僧祇不可思議無始世界不可說劫中，有佛號
日因陀幢王出現於世，如來、應供、正遍知、明行足、善逝、世間解、無上士、調御丈夫、
天人師、佛、婆伽婆。彼佛如來以一一發心，如恒沙等世界中曾為眾生作利益安樂思量發
心。比丘！彼因陀幢如來作佛時，恒河沙世界同一佛剎。其因陀幢如來、應供、正遍知國土
嚴淨，離於惡趣及以八難。是因陀幢如來、應供、正遍知其國土中，所有眾生住正定聚。其
邪定眾生、增上慢眾生一向皆無，不淨身業、不淨口業、不淨意業一切皆無，亦無惡趣煩惱
作惡趣業。何以故？因陀幢如來教是眾生，令其發心止一切惡，以其善法授令修學。是因陀
幢如來國土中，曾得五種樂，所謂一得欲樂、二得出家樂、三得禪樂、四得三摩跋提樂、五
得無上菩提樂。彼諸眾生雖受其樂而不貪著。譬如蜜蜂但取其味不取花色，彼諸眾生亦復如
是，雖受其樂而不取著。』」而後經中提到，昔日的因陀幢王佛，即是今日的釋迦牟尼佛。

汝從今後當於諸不淨　　無數穢土弘揚金剛乘
甚深中觀正見所攝道　　廣大妙行畢竟悉圓滿

越諸佛剎當於東北方　　稀有殊勝莊嚴世界中
稱其名號獅子吼如來　　速當證得菩提正等覺

如所懸記成就彼佛果　　勝者獅子吼佛之壽數
住無量劫而其色身量　　長一由旬猶如綠玉色

具足眾多由旬大光明　　右手說法左手住定印
而於盈滿甘露缽中央　　具甘露光佛塔極殊勝

綻放無數光明極燦爛　　其淨剎土上根所化機
即於甫見此塔之當下　　現證勝乘妙道於心中

中下化機亦由彼如來　　為說密咒空性結合道
僅略飲用教誡語甘露　　即於當下現證諸妙道

彼剎化機因於密法理　與深中觀正見結合道
徹達通曉是故於他有　不復受生純為佛子眾

如是佛陀我等皈依處　最勝導師心中髓精髓
善達續部大海實性己　願以如教修持為心要

願一切生不顧惜身命　至心住持一切密法理
獅子吼佛成等正覺時　願我成為會上眷屬首

　　這篇以易解的方式撰寫，總攝而說至尊法王宗喀巴大師，將於何處示現成佛的無邊化身莊嚴當中一部分，並作發願的偈頌，是由對傑仁波切有不退堅固信心等眾多功德所莊嚴之仲‧虛空富饒的言語勸請下，僧侶善妙吉祥賢所撰寫。

　　大慈恩‧月光國際譯經院真如老師總監，如月格西授義，鳳山寺漢譯小組於2001年譯訖。2019年11月18日，主校譯師釋如密、釋性景會校訖。譯場行政：釋性回、釋法行。譯場檀越：趙蘊如。

至尊上師宗喀巴大師
密傳祈請文

妙音法王　著

頂禮法王宗喀巴大師！

誰之智慧廣博虛空中　如實盡所有智為光明
佛子日輪至尊法王前　具德上師足塵我頂禮

汝之身語意門諸功德　安住十方諸佛及菩薩
尚且未能無餘而宣說　然以信心略說應傾聽

功德大海讚語如花鬘　巧貫綴飾明慧頸上嚴
廣增信心福德之妙寶　我今成辦願令智者喜

大師汝之妙行福德雲　能降增長所化妙善雨
發出深廣悅耳巨雷響　具德上師猶如妙大雲

掌御眾多俱胝三摩地　勤奮著作善說及修行
瑜伽自在一切明咒主　具德上師眾生頂中尊

往昔於金剛座如來前　供佛水晶寶鬘百零一
善獻供已發起菩提心　頓成證得正見有緣人
具德上師尊足誠祈請

七齡現見至尊秘密主　　及大車師具德燃燈智
並因恆常得其慈攝受　　顯密經教悉現勝教授
具德上師尊足誠祈請

至尊法王現前親明見　　色如帝青寶般極湛藍
美妙殊麗五彩光明網　　圓環形中文殊師利身
具德上師尊足誠祈請

爾後欲見至尊智慧藏　　隨時親睹恆常得聽受
吉祥密集般若經深義　　至尊佛子法王宗喀巴
具德上師尊足誠祈請

修習七支供養儀軌時　　三十五尊如來親現身
各尊身形手印法器等　　至尊法王如實恆觀見
具德上師尊足誠祈請

左右雙手俱結說法印　　賢善坐姿慈尊作授記
猶如十力自在復來此　　成辦一切如來諸事業
具德上師尊足誠祈請

至尊佛子法王親觀見　　人天導師釋迦能仁王
藥師琉璃導師無量光　　住於眷屬海會極赫奕
具德上師尊足誠祈請

數數親見殊勝諸本尊　　悉地生源至尊聖度母
頂髻尊勝佛母光明女　　普除災障頂髻白傘等
具德上師尊足誠祈請

佛子龍樹至尊佛護師　　聖天論師具德月稱足
瑜伽自在大德龍菩提　　現前親臨恆時悉攝受
具德上師尊足誠祈請

證得三地聖者無著尊　　第二遍智世親如來子
聖者攝受論師陳那尊　　現前親臨恆時悉攝受
具德上師尊足誠祈請

善說皎月法稱大論師　　功德光與佛子釋迦光
寂天論師具德阿跋雅　　現前親臨恆時悉攝受
具德上師尊足誠祈請

因札補帝具德薩惹哈　魯伊巴與至尊鈴論師
大德黑行者與蓮戒等　現前親臨恆時悉攝受
具德上師尊足誠祈請

至尊文殊明示諸懸記　依循諸尊論典能成就
自他廣大利益之緣起　任運成就利他大菩薩
具德上師尊足誠祈請

止觀雙運瑜伽三摩地　猶如上弦新月增長時
親見能怖金剛薄伽梵　顏臂圓滿威赫最勝身
具德上師尊足誠祈請

妙吉祥與至尊勝上師　彼二胸間慧劍相連己
無漏甘露流水潤心間　俱生大樂妙定隨生起
具德上師尊足誠祈請

往生極樂世界發願文　稱揚彌勒正義讚頌篇
文殊明說旨意與次第　我師遣詞善巧造斯文
具德上師尊足誠祈請

開光佛像佛經佛塔時　智慧尊入三昧耶尊中
凡所加持本尊眷屬眾　悉皆善成眾生勝福田
具德上師尊足誠祈請

佛子龍樹主從五父子　侃侃談說甚深緣起義
其中具德佛護大論師　梵本加持領悟聖密意
具德上師尊足誠祈請

了達密續之中最究竟　吉祥時輪六支諸要旨
現前觀見時輪薄伽梵　授記大師猶如月賢王
具德上師尊足誠祈請

法輪拉薩神變大慶典　陳設珍異祥瑞百莊嚴
供養並作加持成大樂　十方諸佛菩薩皆歡喜
具德上師尊足誠祈請

現空如幻深明無二行　修此瑜伽將凡庸情器
現為大樂本尊行相時　得身金剛瑜伽法王尊
具德上師尊足誠祈請

於心間之蓮中數稱念　三門金剛出入成咒音
入住融合光明大手印　得語金剛瑜伽法王尊
具德上師尊足誠祈請

從於臍輪猛利臍輪火　熔化頂門杭字入中脈
戲於俱生大樂吉祥中　得意金剛瑜伽法王尊
具德上師尊足誠祈請

普於十方諸佛菩薩眾　迎請證明無垢淨願時
各各方位如來善逝尊　現自身相受享諸供物
具德上師尊足誠祈請

睡夢之中現前親明見　文殊金剛曼荼羅主尊
惠賜文殊彌勒所論議　法義清流所盈妙寶瓶
具德上師尊足誠祈請

一切遍智布敦大寶成　安住眾寶莊嚴寶座上
賜予經函密集根本續　囑付作為此法之教主
具德上師尊足誠祈請

269

既賜經函將咒與手印　　三次置於頭頂加持故
於瑪爾巴和合往生法　　知是續與聖者之教授
具德上師尊足誠祈請

精修勝樂輪之修持時　　現前親見壇城諸尊像
內外三處空行眷屬眾　　詠金剛歌供養令歡喜
具德上師尊足誠祈請

進行殲滅魔軍修持時　　親睹極善伏魔能仁王
猶如純金閃爍極燦耀　　千萬昊日光明所環繞
具德上師尊足誠祈請

大師之身與佛身語意　　成為無二威鎮眾邪魔
聖教護法消滅魔類時　　傳出魔軍潰敗大音聲
具德上師尊足誠祈請

衛教護法海會眷屬眾　　如昔金剛持佛所教敕
現前住持興隆大師教　　尤為虔敬如法而成辦
具德上師尊足誠祈請

文殊菩薩以及秘密主　明白授記至尊勝法王
生往兜率彌勒法主前　妙吉祥藏佛子為其名
具德上師尊足誠祈請

以此純淨意樂祈願力　等空有情痛苦得消除
生生至尊上師所攝受　住持勝妙正法祈加持

祈求現起俱生大樂智　祈求消除實執錯謬染
祈求盡斷心性疑惑網　願速如尊成就祈加持

祈求增長聞思修慧力　祈求增長講論著智慧
祈求賜予共不共悉地　願速如尊成就祈加持

奉獻普賢供雲等虛空　無始所集罪墮各各懺
一切佛子善根盡隨喜　勸請勿般涅槃轉法輪

如是造作福德廣大海　願諸眾生享用靜慮德
妙聚猶如上弦新月增　遍智如來聖教廣宏傳

在廣大福德巍巍的仲‧名稱吉祥賢兄弟言語勸請下，於數十萬教典綻放慧光；說正理者釋迦比丘吉祥具德，撰寫於吉祥哲蚌正法大寺。吉祥！

大慈恩‧月光國際譯經院真如老師總監，如月格西授義，鳳山寺漢譯小組於2001年譯訖。2019年9月12日，主校譯師釋如密、釋性景、釋性泰會校訖。譯場行政：釋性回、釋法行。譯場檀越：蔡纓勳。

附　錄

宗喀巴大師年譜
參考資料
朝聖宗喀巴大師聖地攝影圖集
宗喀巴大師傳記相關地圖

✿ 宗喀巴大師年譜 ✿

1、本年譜主要依據《東噶大辭典》的紀年，以《起信津梁》作為綱要，補充許
　多傳記上的事蹟內容。

2、藏人計算年齡，從出生當年即算一歲，故西元1357年大師即滿一歲。

3、年譜中，每一年發生之當年大事中，顯示「藍色」者為大師之上師；「綠
　色」者為大師之弟子。

1356 / 0歲

主要事蹟	父母稀有夢兆、入胎
當時大事	文殊海大師出生 懂哦名稱菩提出生 布敦大師心子寶尊勝升任夏魯寺法台

1357 / 1歲

主要事蹟	出生，義成寶法王送來加持物
當時大事	止貢與覺摩隆發生戰亂

1358 / 2歲

當時大事	噶瑪巴從楚布寺出發前往漢地，這一年抵達多麥

1359 / 3歲

主要事蹟	從法王噶瑪巴遊戲金剛受優婆塞戒，名為「慶喜藏」
當時大事	懂哦福稱出生 覺囊多登上師智幢出生

1360 / 4歲

當時大事	噶瑪巴抵達北京，獲元順帝晉見 明成祖朱棣出生

1361 / 5歲

當時大事	根據《大成就者唐東巴傳》記載，唐東傑波於此年出生

1362 / 6歲

主要事蹟	從義成寶法王受大威德灌頂，獲賜密名「不空金剛」，聽受許多密法傳承
當時大事	大司徒菩提幢刻製論藏，世稱乃東版《丹珠爾》

1363 / 7歲

主要事蹟	義成寶法王座前出家，法名「善慧名稱」 住於夏瓊寺，學習顯密教法，親見阿底峽尊者
當時大事	寧瑪派大德遍智隆欽饒絳示寂 **噶瑪巴遊戲金剛從北京回藏地**

1364 / 8歲

當時大事	布敦仁波切示寂 賈曹傑大師出生 大司徒菩提幢示寂

1366 / 10歲

當時大事	甘丹東頂上座寶幢大師出生

1367 / 11歲

當時大事	遍智絨敦巴釋迦幢出生

1368 / 12歲

當時大事	明太祖朱元璋建立明朝

1369 / 13歲

當時大事	佛子無著賢示寂

1371 / 15歲

當時大事	**懂哦名稱菩提升任丹薩堤寺懂哦** **年本・慶喜德升任紫金寺法台**

1372 / 16歲

主要事蹟	準備從多麥出發，義成寶法王賜予教誨 從多麥出發前往拉薩，途經昌都，親見十六大阿羅漢等

1373 / 17歲

主要事蹟	秋，抵達直貢梯寺，從懂哦仁波切法王聽法，撰寫《初中後善願》 蔡寺學醫 德哇巾寺學《現觀》，十八天內熟習《現觀》字句 在德哇巾寺從蔣仁巴聽慈氏五論
當時大事	博東班欽·無畏稱出生 霍敦虛空德出生 文殊海大師抵達衛區

1374 / 18歲

主要事蹟	在僻靜處確宗，從殊勝上師福幢聽法
當時大事	懂哦名稱菩提執政 持律師·名稱幢出生 帕竹法王·名稱幢出生 夏魯巴·善幢出生（第四任甘丹赤巴）

1375 / 19歲

主要事蹟	於桑普寺及德哇巾寺巡迴立《現觀》宗 著作《二十僧筆記》、《色無色定筆記》 前往夏魯，從寶尊勝譯師聽勝樂金剛灌頂 前往薩桑，從薩桑班欽瑪諦巴聽法 前往薩迦寺巡迴立宗 前往拉堆絳的達爾桑丹寺等寺巡迴立宗 前往覺摩囊寺，從覺囊尊勝十方法王聽法 前往濟沃拉寺，從該寺堪欽聽噶當教法 前往埃寺巡迴立宗 前往納塘寺，從敦桑巴譯師聽《俱舍》
當時大事	殊勝上師福幢大師示寂

1376 / 20歲

主要事蹟	前往南尼寺修持密咒，巡迴立宗 夏，前往紫金寺聽年本上師講《現觀》 聽仁達瓦講《俱舍》 秋，前往娘堆桑旦林寺，聽仁達瓦講《入中論》 秋末，前往布達拉，與菩提頂譯師結下法緣，然後到德哇巾安住

1377 / 21歲

主要事蹟	冬，前往覺摩隆寺向洛色巴學《毘奈耶》，每天持續背誦十七頁長函的《律經》 法會中唸誦《般若經》文句時入定 上半身疼痛，去了堆龍埔、德哇巾等處治療，眾多醫生會診，醫生們驚歎大師的醫學水平 冬，前往南尼寺，研閱《阿毘達磨集論》，生平第一次為他人講法
當時大事	薩桑班欽瑪諦巴示寂 明惠帝朱允炆出生

1378 / 22歲

主要事蹟	春，前往薩迦，從仁達瓦聽顯密教法十一個月 從一位善巧密法口訣老格西修哈字吐氣法，身體康復
當時大事	雅德班欽佛德示寂 明仁宗朱高熾出生

1379 / 23歲

主要事蹟	春，前往昂仁寺，參加辯論法會，從仁達瓦聽《釋量論》，夏天都住在那裡 秋，因母親來信表達懇切希望，準備回家鄉，到衛區時打消回家鄉的想法，自繪肖像寄母，母親開信，肖像即呼「阿媽」 秋，在墨竹拉隴從上師索札巴聽法 秋，研閱《釋量論》，生起強烈淨信，信淚橫流 冬，前往德哇巾寺

當時大事	妙音法王出生 **年本慶喜德示寂** 大師母親於大師出生處（湟中縣魯沙鎮）建蓮聚塔，是為塔爾寺的最早建築

1380 / 24歲

主要事蹟	春季，在德哇巾，作巡迴立宗的準備 著作《二十僧・明慧昇進階梯》 夏季，在納塘寺，從敦桑巴上師聽量論 巡迴立宗四部大論（除中觀） 秋，前往埃寺，從譯師虛空賢聽修辭學 從仁達瓦聽法 開始修持妙音天女 前往薩迦，巡迴立宗
當時大事	菩提頂譯師示寂 懂哦福賢出生

1381 / 25歲

主要事蹟	春，前往貢唐寺、桑普寺、澤當寺巡迴立宗 於桑普寺時，唸修妙音天女陀羅尼五千萬遍，親見妙音天女 在雅隆南傑寺，從楚仁巴受近圓戒 前往丹薩堤寺，從懂哦名稱菩提聽法 前往文地區白色佛殿，參加辯論法會 為擦科本波等許多三藏法師講法 著作兩本《學習教誡》 前往蔡寺，此後四年都住在蔡寺
當時大事	懂哦福稱執政

1382 / 26歲

主要事蹟	住於蔡寺期間，閱《大藏經》 開始撰寫《金鬘論》
當時大事	貢汝幢賢出生 俄欽慶喜賢出生

1383 / 27歲

主要事蹟	與三位擅長背誦者比試背書 與擦科本波去拉薩大悲觀音像前祈禱
當時大事	**噶瑪巴遊戲金剛示寂** 納塘巴智慧獅子出生

1384 / 28歲

當時大事	第五世噶瑪巴出生

1385 / 29歲

主要事蹟	冬季前往德哇巾，講法
當時大事	克主傑大師出生 **義成寶法王示寂** 帕竹法王名稱幢執政

1386 / 30歲

主要事蹟	春，前往嘉裕，對70多位格西講現觀、中觀、量學、《阿毘達磨集論》 返回蔡寺，期間繼續撰寫《金鬘論》 前往覺摩隆，從智幢大師聽時輪法類
當時大事	**懂哦名稱菩提示寂** **覺囊尊勝十方示寂** 懂哦福幢出生

1387 / 31歲

主要事蹟	夏，在德哇巾寺講經 完成《金鬘論》的著作 初冬，在堆龍措麥、昂嘎等地，學時輪 撰寫《懂哦名稱菩提傳》 應邀前往貢噶地區森布日

1388／32歲

主要事蹟	春，在貢噶地區五部佛殿，為70多位格西說法 冬，前往雅隆的門喀，講經 對一些具緣弟子授予上下續部大壇城的灌頂 閉關研讀經論，準備講法 連續3個月講法，十七部大論
當時大事	布敦心子寶尊勝示寂

1389／33歲

主要事蹟	夏，住雅隆的歐嘎岩，閉關修勝樂，生起殊勝覺受 秋，前往布達拉，和仁達瓦討論法義 冬，在覺摩隆岩講經
當時大事	第五任甘丹赤巴覺慧護法出生 江孜大臣堅固普賢出生

1390／34歲

主要事蹟	春，前往後藏絨區努碓隴，從稱友仁波切聽法 從架千慈德上師聽六臂怙主法類 與喇嘛鄔瑪巴初次見面 在達倉宗卡，與名稱幢譯師、仁達瓦大師、敦桑巴譯師一起講法 前往跋鄔拔涅，從仁達瓦大師聽《密集根本續》 前往絨區碓隴，和喇嘛鄔瑪巴討論法義、請益文殊法類 秋末，前往貢松德千寺，從法德仁波切學時輪到初春

1391／35歲

主要事蹟	前往契雜康，向怙賢瑜伽師學瑜伽部儀軌 春末到秋初，前往德千寺，向法德大師學《金剛鬘》及大輪金剛手 秋末，前往夏魯向穹波雷巴仁波切聽密續，直至翌年夏季
當時大事	僧成大師出生 跋惹巴金示寂 架千慈德示寂

1392 / 36歲

主要事蹟	前往壩南帕巴山，從法德大師聽密法 從勝幢名稱師學密續作法 秋，前往噶東寺，與鄔瑪巴一起閉關，透過鄔瑪巴向文殊請法並勤修文殊瑜伽而得親見文殊，此後即時時親受文殊教誨 秋末，前往覺摩隆，講法 冬十月之際，帶八位清淨弟子，乘船前往沃卡捨世專修，以淨罪集資法為主 冬季、春季，在沃卡確隴，閱讀《華嚴經》
當時大事	廓譯師童德出生 喇嘛鄔瑪巴從衛區前往多麥

1393 / 37歲

主要事蹟	夏，在精奇寺彌勒像前供養並殷重發願 冬，前往嘉索埔，親見大威德，自此不間斷修大威德自入法

1394 / 38歲

主要事蹟	春，修復精奇寺 給隨侍十位弟子傳授具密文殊灌頂 前往洛札札窩寺，向洛札虛空幢仁波切學法，住了七個月 供養精奇寺彌勒三衣等出家資具，著《彌勒讚‧梵天寶冠》 動身前往印度星吉里，因本尊諭示而中途返回 返回涅區洛若

1395 / 39歲

主要事蹟	閱《教法次第廣論》，對道次第生起定解 前往札果寺，從法依賢大師聽噶當派教法 夏，前往色傑崗的雅真寺安居 前往雜日聖地朝聖，修勝樂自入法及薈供，回程時親見彌勒菩薩及時輪金剛
當時大事	止貢懂哦仁波切捨世專修 麥菩薩慧賢出生

1396 / 40歲

主要事蹟	回到涅區，修習時輪獲得定解 前往涅區獅子宗，供養色切塔 因文殊指示要振興戒律，師徒完全遵循佛制而行
當時大事	貢松德千巴·法德示寂

1397 / 41歲

主要事蹟	春，在涅區崗秋，對僧俗大眾講法，使俗眾行持齋戒，多次製作十萬擦擦 夏，熱種寺安居 熱種寺講法，並教化涅區各僧團和合 回沃卡，在沃德貢傑山下的寂靜處拉頂住了一年
當時大事	賈曹傑初見大師

1398 / 42歲

主要事蹟	抉擇應成自續兩派見解，夢中親見聖龍樹五父子獲得加持，隔天研閱《佛護釋》，證悟空性，即著《緣起讚》 著《彌勒讚》、《釋迦佛讚》、《仁達瓦讚》、《文殊讚雲海》、《極樂發願文》、《致持律師名稱幢書》 秋至隔年春，住在沃卡的噶埔
當時大事	明太祖朱元璋駕崩 明惠帝朱允炆登基（在位四年）

1399 / 43歲

主要事蹟	夏，前往掖區德鄔惹寺講法 致鄔瑪巴書信，啟白證悟空性的體會 冬，去札當寺暫住
當時大事	明宣宗朱瞻基出生

1400 / 44歲

主要事蹟	神變月在精奇寺辦供養法會，廣發大願，親見資糧田聖眾 春，在精奇寺對二百多位三藏法師講法 去娘波當兜寺夏安居，路上帽子掉在河裡 秋，前往布達拉，對衛區六大寺百餘位三藏法師講法
當時大事	班欽慈氏洲福尊勝出生 克主傑在昂仁寺與博東班智達辯論獲勝，美名遍傳

1401 / 45歲

主要事蹟	春，前往噶哇東，講《菩薩地·戒品》、《事師五十頌》、《十四根本墮》 迎接仁達瓦到噶哇東，承事供養，談論佛法 師徒兩人前往達倉夏安居 安居後，師徒一起去熱振寺、過冬 講奢摩他教授
當時大事	洛札虛空幢示寂 納塘堪布慶喜幢示寂

1402 / 46歲

主要事蹟	春，前往止貢講法，並從懂哦止貢法王聽法 前往南澤頂，與仁達瓦、勝依吉祥賢譯師一起講戒律，六百多位僧眾一起夏安居 前往熱振寺，在獅子岩下的寂靜處，著作《菩提道次第廣論》
當時大事	第六任甘丹赤巴巴梭法幢出生 懂哦慧幢出生 篤那巴具德賢出生 第七任甘丹赤巴達波慧堅出生 明成祖朱棣登基

1403 / 47歲

主要事蹟	著作《菩薩地戒品釋》、《事師五十頌釋》、《根本墮釋》，夏季和冬季都住在熱振寺 講《現觀》，囑咐賈曹傑寫《心要莊嚴疏》

1404 / 48歲

主要事蹟	大神變節作稀有供養 前往勒普寺，講《釋量論》 前往文區德千頂結夏、講法 前往沃德貢傑山下的強巴林寺，講法、閉關，並著《建立次第釋》

1405 / 49歲

主要事蹟	強巴林寺，撰寫《密宗道次第廣論》 這兩年間在沃卡、止貢等山岩寂靜處，居無定所，一心修持閉關，並著作獨勇大威德修法《戰勝諸魔》、《火供廣軌》等
當時大事	有一說達倉譯師智寶於此年出生 懂哦具德賢任丹薩堤寺懂哦 埃寺堪欽譯師名稱幢示寂

1406 / 50歲

主要事蹟	在強巴林寺閉關專修 前往絳秋隴，過冬、講密宗道次第
當時大事	覺囊多登上師智幢示寂

1407 / 51歲

主要事蹟	春，前往吉雪 在色拉確頂寺結夏、閉關，宣講密集五次第 撰寫《中論廣釋》
當時大事	懂哦具德賢示寂 止貢懂哦仁波切示寂 第五世噶瑪巴應明成祖請赴京 克主傑初見大師

1408 / 52歲

主要事蹟	在大家不知情的狀況下，悄然隱至惹喀岩閉關 著作《辨了不了義善說藏論》 回色拉確頂寺會見明成祖派來的使者，說明不能去漢地的原因 住於色拉確頂寺，講顯密教法，當時聚集各寺院大德，一共六百多位善知識 前往吉雪準布隴過冬，教誨帕竹法王名稱幢、內鄔宗宗本虛空賢籌備拉薩祈願法會
當時大事	懂哦福稱示寂 懂哦福賢任丹薩堤寺懂哦

1409 / 53歲

主要事蹟	前往拉薩，大神變日期間，興辦廣大的祈願供養法會 佛前祈示建根本道場的地址，選定卓日沃切 前往卓日沃切親自勘察建寺地址，發掘法螺及閻摩法王面具兩件伏藏 初春，前往色拉確頂寺，講法 春季後期，前往桑日埔欽，講法 前往沃卡靜慮寺，安居及講法數日 十二月，親見文殊賜聖水，隨後幾天當中對瑪爾巴密法教授生起定解
當時大事	覺摩隆堪布洛色巴示寂 以賈曹傑及持律師為首，大部分僧眾在卓日沃切建寺 明王朝冊封帕竹法王名稱幢為闡化王

1410 / 54歲

主要事蹟	二月初五，正式駐錫甘丹寺 講顯密教法 撰寫《四天女請問續》的解釋、《普集智金剛續》的解釋
當時大事	仁布宗與江孜宗之間發生戰亂 明成祖在南京將藏文《甘珠爾》刻版 勝依吉祥賢示寂

1411／55歲

主要事蹟	撰寫《五次第善顯炬論》 受文殊教誨，從冬季起，師徒三十人開始嚴謹閉關以除壽難
當時大事	九月，衛藏發生大地震，許多村莊毀壞，仁布宗全毀

1412／56歲

主要事蹟	於閉關期間，出現密法上的殊勝覺受
當時大事	至尊仁達瓦示寂

1413／57歲

主要事蹟	師徒繼續精勤閉關，在12月期間，大師親見釋迦世尊，因而降伏魔軍
當時大事	薩迦大乘法王慶喜吉祥受明成祖禮請，赴京 江孜大臣‧堅固普賢取得江孜宗政權，建娘堆江熱寺

1414／58歲

當時大事	八任甘丹赤巴願德出生 帕竹王名稱生源出生 大慈法王代大師應明成祖之請而赴京 明成祖迎請印度班智達林寶赴京

1415／59歲

主要事蹟	夏，前往文區札西朵卡，說法 為懂哦福賢傳授比丘戒 回甘丹寺，著《密集燈明釋》的《箋註》、《辨析》、《攝義》 撰寫《菩提道次第略論》、《勝樂魯伊巴派廣釋‧滿願》 夏，啓建甘丹寺密宗殿
當時大事	第五世噶瑪巴示寂 第六世噶瑪巴出生 僧成大師初見大師

1416／60歲

主要事蹟	到哲蚌寺大殿開光
當時大事	妙音法王啓建哲蚌寺 懂哦福賢示寂

1417／61歲

主要事蹟	鑄造甘丹寺密宗殿壇城聖像，並進行開光
當時大事	懂哦福幢升任丹薩堤寺懂哦

1418／62歲

主要事蹟	撰寫《入中論善顯密意疏》 夏秋之間，親自督促合刊刊刻前後所著四種《燈明釋》釋論 撰寫迎請稱頌勸請閻摩法王的四種音調
當時大事	大慈法王由北京返回西藏 江孜大臣堅固普賢受薩迦大乘法王封為大司徒

1419／63歲

主要事蹟	春夏，講授《吉祥勝樂輪根本續》等教法，並完成《勝樂根本續大疏》之著作 秋，前往堆龍溫泉，僅泡足部 應弟子祈請至哲蚌寺講道次第，並特別開許俗眾聽講，以作將來緣起 講《密集續》，至第九品時堅持停講 前往拉薩大昭寺祈願 交代大慈法王啓建色拉寺 囑咐納塘智慧獅子住持密集金剛傳承 前往壩朗德千則，教誨札嘎宗宗本啓建桑昂卡寺 前往主西 在甘丹寺密宗殿作廣大供養 在甘丹寺大殿僧眾集會中，特作迴向祝願 十月二十五日，在甘丹寺寢室內示寂，於中陰現證幻身

1421	
主要事蹟	結束四十九天之法身等持，色身完整保留於甘丹寺
當時大事	賈曹傑受囑繼任第二任甘丹赤巴法座 賈曹傑造大師靈塔及殿堂 賈曹傑依大師心願，鑄造大日如來銀像 大慈法王再度受明成祖請而赴京

1423	
當時大事	克主善財海出生

1424	
當時大事	明成祖朱棣駕崩

1426	
當時大事	明宣宗迎請大慈法王赴京

1427	
當時大事	江孜大臣堅固普賢請克主傑與遍智容敦巴辯論，未果 明英宗朱祁鎮出生

1428	
當時大事	多登文殊海示寂

1429	
當時大事	俄欽慶喜賢建鄂誃旺寺

1431	
當時大事	賈曹傑退位，命克主傑繼任甘丹赤巴 甘丹東頂上座寶幢大師示寂

1432	
當時大事	賈曹傑於布達拉示寂 克主傑將賈曹傑舍利迎至甘丹寺，在宗喀巴大師靈塔右方，建賈曹傑靈塔 帕竹法王名稱幢示寂 帕竹王名稱生源執政帕竹

1433	
當時大事	至尊智慧獅子創建下密院

1434	
當時大事	持律師名稱幢示寂 帕竹懂哦福幢示寂 克主傑著《時輪總義》

1435	
當時大事	大慈法王在回西藏途中，於奏摩卡示寂 印度班智達林寶離開漢地，到達衛區乃東

1436	
當時大事	印度班智達林寶離藏往尼泊爾

1437	
當時大事	絨敦巴於澎波建那爛陀寺 麥菩薩慧賢創建昌都慈氏洲

1438	
當時大事	克主傑示寂 二世班禪溫薩福德陳那出生 夏魯瓦・善幢繼任甘丹赤巴

❀ 參考資料 ❀

原始文獻

1、རང་གི་རྟོགས་པ་བརྗོད་པ་མདོ་ཙམ་དུ་བཀོད་པ་འདུན་ལེགས་མ།　《證道歌·善方策傳》宗喀巴大師著
（西元1357-1419）

2、རྗེ་བཙུན་རེད་མདའ་བ་ལ་ཕོག་རིགས་དུ་ཕུལ་བ་ཁ་ཤས།　རྗེ་རིན་པོ་ཆེས་མཛད་པ།　宗喀巴大師呈仁達瓦大師書
信若干篇，宗喀巴大師著

3、བླ་མ་དབུ་མ་པ་ལ་ཕོག་རིགས་དུ་ཕུལ་བ།　རྗེ་རིན་པོ་ཆེས་མཛད་པ།　宗喀巴大師呈喇嘛鄔瑪巴書信，宗
喀巴大師著

4、འཇམ་མགོན་ཚོང་ཁ་པ་ཆེན་པོ་གོང་མ་དུ་མིང་རྒྱལ་པོར་སྤྲལ་བའི་ཆབ་ཤོག　《宗喀巴大師呈大明皇帝之書
信》

5、རྗེ་རང་ཉིད་ཀྱི་གསན་ཡིག　至尊傑仁波切自己的《聞法錄》

6、ཤར་ཕྱོགས་རྒྱ་ནག་རྒྱལ་པོས་རྗེ་ཙོང་ཁ་པར་ཆབ་ཤོག་ཕུལ་བའི་ཞལ་བཤུས།　《東方漢地國王致宗喀巴大師
之書信》明成祖（西元1360-1424）

7、འདུན་ལེགས་མའི་འགྲེལ་པ།　ཀུན་དུ་རྒྱལ་མཚན་བཟང་པོས་མཛད་པ།　《證道歌善方策傳之解釋》貢汝
幢賢大師著（西元1382-1450）

8、མཁས་གྲུབ་རྗེ་ཡིས་མཛད་པའི་དཔལ་ལྡན་ས་གསུམ་མ།　《具德三地頌》克主傑大師著（西元1385-
1438）

9、རྣམ་དག་གངས་རི་མ།　《清淨雪山頌》克主傑大師著

10、རྒྱུད་སྡེ་སྤྱིའི་རྣམ་པར་གཞག་པ་རྒྱས་པར་བཤད་པ།　《續部總建立廣說》克主傑大師著

11、མཁས་གྲུབ་རིན་པོ་ཆེའི་གསན་ཡིག　克主傑大師的《聞法錄》

12、དེབ་ཐེར་སྔོན་པོ།　འགོས་ལོ་གཞོན་ནུ་དཔལ་བའམ་ཡི་བཟང་རྩེ་བས་མཛད།　《青史》廓譯師童德大師，別
名伊桑澤巴著（西元1392-1451）

13、དཔལ་ལྡན་རེད་མདའ་བའི་ཆེན་པོའི་རྣམ་ཐར་དཀོན་མཆོག་རྣ་ཤུང་།　སངས་རྒྱས་རྩེ་མོས་མཛད།　《具德仁達瓦大師傳
記·稀有珍貴》佛陀頂大師著（西元14世紀）

14、རྗེ་བཙུན་ཙོང་ཁ་པའི་རྣམ་པར་བསྟོད་པ་ཙོང་ཁ་བརྒྱད་ཅུ་པར་གྲགས་པ།　གདན་ས་ཐེལ་གྱི་ཆོས་སྨྲ་བ་འཇམ་དཔལ་ཁ་ཆེས་མཛད།
《至尊宗喀巴大師傳記讚·宗喀八十頌》丹薩堤寺說法首座文殊卡切大師著（西

元14世紀-15世紀）

15、རྗེ་རིན་པོ་ཆེའི་འཆད་རྩོད་རྩོམ་གསུམ་གྱི་རྣམ་ཐར་དད་ལྡན་དགའ་བྱེད།　　བ་ར་བ་ནེ་རིང་བ་འཆི་མེད་རབ་རྒྱས་ཀྱིས་མཛད་པ།
《傑仁波切之講論著功德傳記・具信能喜》桑桑內仁巴無死極廣大師著（西元14
世紀-15世紀）

16、དེས་མཛད་པའི་རྗེའི་མཁས་བཙུན་བཟང་གསུམ་གྱི་རྣམ་ཐར་ནོར་བུའི་བང་མཛོད།　　《傑仁波切善巧戒嚴賢善功
德傳記・財寶寶庫》桑桑內仁巴無死極廣大師著（西元14世紀-15世紀）

17、དེས་མཛད་པའི་རྣམ་ཐར་གསེར་གྱི་མཆོད་སྡོང་།　　《傑仁波切傳記金塔》桑桑內仁巴無死極廣大師
著（西元14世紀-15世紀）

18、རྗེ་རིན་པོ་ཆེ་ལ་མི་ཆེན་ཆོན་མོན་ཚུལ་གྱི་རྣམ་ཐར་གསེར་གྱི་མཆོད་སྡོང་གི་ཁ་སྐོང་གསེར་གྱི་སྤུ་གུ།　　《傑仁波切大弟子
傳・補充金塔的金苗》桑桑內仁巴無死極廣大師著（西元14世紀-15世紀）

19、རྗེ་ཐོགས་སྤྲུན་འཇམ་དཔལ་རྒྱ་མཚོའི་རྣམ་ཐར་དད་པའི་ཆུ་རྒྱུན།　　སྤུན་སྲ་བློ་གྲོས་རྒྱ་མཚན་གྱིས་མཛད།　　《至尊多登文
殊海大師傳記・誠信長流》懂哦覺慧幢大師著（西元1402-1472）

20、རྗེ་བཙུན་ཙོང་ཁ་པ་ཆེན་པོ་དང་།　དེ་ཉིད་ལ་སློབ་མ་རྗེ་སྤྲང་བུང་བའི་ཆུལ་མདོར་བསྡུད་པ་མཁས་གྲུབ་ནོར་བཟང་རྒྱ་མཚོས་མཛད་པ།
《宗喀巴大師與其弟子之略傳》克主善財海大師著（西元1423-1513）

21、བཀའ་གདམས་ཆོས་འབྱུང་གསལ་བའི་སྒྲོན་མེ།　ཆེས་ཐར་ལམས་ཆེན་ཀུན་དགའ་རྒྱལ་མཆན་གྱིས་མཛད།　　《噶當法源・
明炬孜塘勒千・慶喜幢大師著1432-1506

22、བཀའ་གདམས་ཆོས་འབྱུང་ཡིད་ཀྱི་མཛེས་རྒྱན།　བཙ་ཆེན་བསོད་ནམས་གྲགས་པས་མཛད།　　《噶當法源・心意莊
嚴》大學者福稱大師著（西元1478-1554）

23、རྣམ་ཐར་དད་པའི་འཇུག་ངོགས།　རྗེ་གནས་རྙིང་པ་ཀུན་དགའ་དའི་ལེགས་ཀྱིས་མཛད་པ།　　《傑仁波切傳記起信津
梁》至尊南尼巴慶喜善樂大師著（西元15世紀）

24、རྗེ་བཙུན་ཆོས་ཀྱི་རྒྱལ་པོ་ཙོང་ཁ་པ་ཆེན་པོ་རྟོགས་པ་བརྗོད་པའི་སྙན་དངགས་ཐུན་བསྔན་རིན་པོ་ཆེའི་རྒྱན་རོ་མཚར་བའི་མེ་ཏོག
ཆུན་པོ།　ར་རོང་ཆོས་གྲགས་རྒྱ་མཆོས་མཛད་པ།　　《至尊法王宗喀巴大師傳記詩篇・大寶聖教莊嚴
稀有花束》惹絨法稱海大師著（西元1519-？）

25、བསྟན་རྩིས་ཆོས་འབྱུང་གསལ་བའི་ཉིན་བྱེད་ལྷག་བསམ་རབ་དཀར།　མང་ཐོས་ཀླུ་སྒྲུབ་རྒྱ་མཆོས་མཛད།　　《聖教紀年法

源顯明日光極白增上意樂》多聞龍樹海大師著（西元1523-1564）

26、དགེ་ལྡན་བཀའ་བརྒྱུད་རིན་པོ་ཆེའི་ཟབ་ལམ་བརྒྱུད་པའི་རྣམ་ཐར་མདོར་བསྡུས་གཏེར་གྱི་ཁ་བྱང༌། པཎ་ཆེན་བློ་བཟང་ཆོས་ཀྱི་རྒྱལ་མཚན་གྱིས་མཛད། 《甘丹耳傳之甚深道傳承略史，寶藏錄》班禪善慧法幢大師著（西元1567-1662）

27、རྣམ་ཐར་རང་གསང་ཤིན་ཏུ་བྱུང་གཏན་གྱི་དགའ་སྟོན། རྗེ་བློ་གྲོས་ལེགས་བཟང་གིས་མཛད། 《傑仁波切極密傳稀有言說喜宴》至尊覺慧賢善大師著（約西元16世紀）

28、རྗེ་ཐམས་ཅད་མཁྱེན་པའི་རྣམ་ཐར། སྐར་ནག་ལོ་ཙཱ་བ་དཔལ་འབྱོར་རྒྱ་མཚོས་མཛད་པ། 《至尊一切遍智傳記》喀那譯師富饒海大師著（西元16、17世紀）

29、སྐར་ནག་ཆོས་འབྱུང༌། །སྐར་ནག་ལོ་ཙཱ་བ་དཔལ་འབྱོར་རྒྱ་མཚོས་མཛད་པ། 《喀那法源》喀那譯師富饒海大師著（西元16、17世紀）

30、རྣམ་ཐར་ངོ་མཚར་བའི་གཏམ་བརྒྱ་ཙ་བརྒྱད། ཏཱ་ཚག་རིན་པོ་ཆེ་བློ་བཟང་ཐུབ་བསྟན་དབང་ཕྱུག་གིས་མཛད་པ། 《傑仁波切傳記稀有之說一百零八》達擦仁波切善慧聖教自在大師著（西元1606-1652）

31、ཤཱཀྱའི་དགེ་སློང་ངག་དབང་དགེ་ལེགས་རྒྱལ་མཚན་གྱི་དགའ་རོལ་དུ་ལས་རྗེ་བཙུན་བློ་བཟང་གྲགས་པའི་ལུང་བསྟན་ལ་བརྩམས་པའི་འབེལ་གཏམ་ལོག་རྟོག་འཇོམས་པའི་གནས་ལུགས་འཁོར་ལོ། དེ་ཡོ་ངག་དབང་དགེ་ལེགས་རྒྱལ་མཚན་ནམ་མཚན་གཞན་ལྷ་དབང་བསྟན་པའི་རྒྱལ་མཚན་གྱིས་མཛད་པ། 《釋迦比丘語王善樂勝幢之零散言教中所出‧至尊善慧稱揚之授記綜論、摧伏邪說的天鐵之輪》德摩語王善樂勝幢，別名天王教幢大師所著（西元1631-1668）

32、ཐམས་ཅད་མཁྱེན་པ་དགའ་དབང་བློ་བཟང་རྒྱ་མཚོས་མཛད་པའི་རྗེའི་བསྟོད་པ་དཔྱིད་ཀྱི་རྒྱལ་མོའི་གླུ་དབྱངས་ཀྱི་འགྲེལ་པ་དབྱར་གྱི་ང་གསང༌། རྣམ་སྲིད་པ་ཆེན་དཀོན་མཆོག་ཆོས་གྲགས་ཀྱིས་མཛད། 一切智語王善慧海所著傑仁波切讚《春季天女歌音》之解釋《夏季祕鼓》南木林大學者珍寶法稱大師著1646-1718

33、རྣམ་ཐར་རས་བྲིས་འཆལ་ཚུལ་བརྒྱ་གསུམ་པ། རྗེ་འཇམ་དབྱངས་བཞད་པས་མཛད་པ། 《傑仁波切畫傳畫法一百五十三》一世妙音笑‧語王精進大師著（西元1648-1721）

34、འཇིགས་བྱེད་ཆོས་འབྱུང༌། ཀུན་མཁྱེན་འཇམ་དབྱངས་བཞད་པས་མཛད། 《大威德金剛法源》一世妙音笑‧語王精進大師著（西元1648-1721）

35、བསྟན་རྩིས། ཀུན་མཁྱེན་འཇམ་དབྱངས་བཞད་པས་མཛད། 《聖教紀年》一世妙音笑‧語王精進大師著

36、བསྟན་པའི་གསལ་བྱེད་ཆེན་པོ་བོད་དུ་རིམ་གྱིས་བྱུང་བའི་ལོ་ཚིགས་རེ་ཞིག་ཏུ་བཀོད་པའི་ཚིགས་ལྷུང་ཚིགས་རྒྱ་རྟོགས་བྱེད། བཀའ་གདམས་ཆོས་འབྱུང༌། 《藏地歷代顯明聖教大德之易解年表》一世妙音笑‧語王精

292

進大師著

37、དགའ་ལྡན་ཆོས་འབྱུང་བེ་ཌཱུརྱ་སེར་པོ། མི་དབང་འཛམ་གླིང་བ་སངས་རྒྱས་རྒྱ་མཚོས་མཛད་པ། 《甘丹法源‧黃吠琉璃》第司桑傑嘉措著（西元1653-1705）

38、རྒྱལ་བ་ཙོང་ཁ་པ་ཆེན་པོའི་རྣམ་པར་ཐར་པའི་ཉུང་རྒྱུན་ལུ་བཤད་རིན་ཆེན་ཕྲེང་བ། མཁན་རྟོ་བརྟེན་རྒྱ་མཚོའམ་བློ་བཟང་སྨོན་ལམ་གྱིས་མཛད། 《勝者宗喀巴大師傳記附飾‧授記寶鬘》喀兜忍海大師，別名善慧工穹大師著（西元1672-1749）

39、རྗེ་རིན་པོ་ཆེའི་རྣམ་ཐར་དང་འབྲེལ་བའི་རྟོགས་བརྗོད་ཀྱི་འགྲེལ་བ་དགོངས་པ་རབ་ཏུ་གསལ་བར་བྱེད་པའི་སྒྲོན་མེ། ཅོའི་གྲགས་པ་བཤད་སྒྲུབ་ཀྱིས་མཛད། 《結合傑仁波切傳記之證道歌解釋‧善顯密意炬》卓尼名稱講修大師著（西元1675-約1749）

40、རྟོགས་བརྗོད་འདུན་ལེགས་མའི་འགྲེལ་བ་མཁས་པའི་གཞུང་ལམ། ཕུར་ལྕོག་ངག་དབང་བྱམས་པས་མཛད། 《證道歌善方策傳解釋‧智者正道》普覺語王慈大師著（西元1682-1762）

41、རྗེའི་རྣམ་ཐར་ལེགས་བཤད་ཉིན་མོར་བྱེད་པ། བྲག་གཡབ་ཆུང་ཚང་བློ་བཟང་བསྟན་པས་དགའ་དབང་དགེ་ལེགས་དཔལ་བཟང་གིས་མཛད། 《傑仁波切傳記‧善說日光》小札雅倉善慧教法，別名語王善樂吉祥賢大師著（西元1683-1739）

42、ཡང་དག་པར་རྟོགས་པའི་སངས་རྒྱས་བློ་བཟང་གྲགས་པའི་དཔལ་གྱི་རྣམ་པར་ཐར་པ་སྲིད་གསུམ་དཔལ་འབར། ཝོལ་ཁ་རྗེ་དྲུང་བློ་བཟང་འཕྲིན་ལས་ཀྱིས་མཛད། 《正覺佛陀善慧名稱傳記‧三有德熾》沃卡至尊座前善慧事業大師著（西元1697- ？）

43、རྗེའི་རྣམ་ཐར་རྨད་འཆར་ལུང་བསྟན་གྱི་རོལ་མོ། རྗེ་བྲག་སྟོད་རབ་འབྱམས་པ་ཕུན་ཚོགས་རབ་རྒྱས་ཀྱིས་མཛད་པ། 《傑仁波切傳記稀有授記樂音》札構大學者圓滿極增大師著（約西元17世紀）

44、ཆོས་འབྱུང་དཔག་བསམ་ལྗོན་བཟང་། སུམ་པ་ཡེ་ཤེས་དཔལ་འབྱོར་གྱིས་མཛད། 《印漢蒙藏宗教史如意寶樹》松巴智慧富饒大師著（西元1704-1788）

45、ལམ་རིམ་བླ་བརྒྱུད་རྣམ་ཐར། ཡོངས་འཛིན་ཡེ་ཤེས་རྒྱལ་མཚན་གྱིས་མཛད། 《道次第師師相承傳》永津‧智幢大師著（西元1713-1793）

46、དགེ་ལྡན་ཆོས་འབྱུང་ནོར་བུའི་ཕྲེང་བ། །ཀུན་མཁྱེན་གཉིས་པ་འཇིགས་མེད་དབང་པོས་མཛད། 《格丹法源‧摩尼蔓》二世妙音笑‧無畏王大師著（西元1725-1791）

47、གྲུབ་མཐའ་ཐམས་ཅད་ཀྱི་ཁུངས་དང་འདོད་ཚུལ་སྟོན་ཚུལ་སྟོན་པ་ལེགས་བཤད་ཤེལ་གྱི་མེ་ལོང་། ཐུ་གུན་བློ་བཟང་ཆོས་ཀྱི་ཉི་མས་མཛད། 《土觀宗派源流‧善說晶鏡史》土觀善慧法日大師著（西元1737-1802）

48、རྗེའི་རྣམ་ཐར་གོ་སླ་བར་བརྗོད་པ་བདེ་ལེགས་ཀུན་གྱི་འབྱུང་གནས། ཚ་ཏུར་དགེ་བཤེས་བློ་བཟང་ཚུལ་ཁྲིམས་ཀྱིས་མཛད།

《傑仁波切傳記易解‧一切善樂生源》察哈爾格西善慧戒大師著（西元1740-1810）

49、བསྒྲུབ་པ་དོན་ལྡན་མ་རང་འགྲེལ་དང་བཅས་པ། གྱུང་བང་དགོན་མཚོ་བསྐལ་པའི་སྟོན་མེས་མཛད། 《具義讚》及其
《自釋》三世貢唐‧寶教法炬大師著（西元1762-1823）

50、དཔལ་ལྡན་ས་གསུམ་པའི་ཚིག་དོན་རྣམ་འབྱེད། དངུལ་ཆུ་དྷརྨ་བྷ་རས་མཛད་པ། 《具德三地頌之詞義解釋》
銀水達瑪巴札大師著（西元1772-1851）

51、རྗེའི་རྣམ་ཐར་ཁག་གི་དོན་བསྡུ་ཕྱོགས་བསྒྲིགས་རྣམ་དཀར་དད་པ་རྒྱ་མཚོར་རོལ་པའི་འཇུག་ངོགས། སློབ་མང་པ་ཐོ་ཡོན་བླ་དོན་
གྲུབ་བསྟན་པའི་རྒྱལ་མཚན་གྱིས་མཛད་པ། 《合集各種傑仁波切傳記於一本‧遊戲白淨信海津
梁》果芒學者妥元喇嘛義成教幢大師著（西元1792-1854）。

52、རྗེ་བདག་ཉིད་ཆེན་པོ་སོགས་ཀྱི་སྐུ་བརྙན་འགའ་ཞིག་གི་ལོ་རྒྱུས་ཅུང་ཟད་བརྗོད་པ་མཉན་པར་འོས་པའི་གཏམ་ཕྲེང་། རྗེ་ཉེས་
རབ་རྒྱ་མཚོས་མཛད། 《略述至尊宗喀巴大師等一些聖像的故事‧值得聽的言說之鬘》
至尊慧海大師著（出自《密集瑪手冊‧一切希求者的頂嚴》第二冊）（西元
1803-1875）

53、རྗེའི་རྣམ་པར་རྒྱས་པ་ཕྱུ་བསྟན་མཛེས་རྒྱན། འབྲུག་རྒྱལ་དབང་ཚེ་རྗེ་སྐོ་བཟང་འཕྲིན་ལས་ཀྱིས་མཛད། 《至尊宗喀
巴大師廣傳‧聖教莊嚴》法王周加巷著（西元19世紀）

54、བྱ་ཁྱུང་གདན་རབས་ཡིད་འཕྲོག་གཏན་གྱི་ཉིང་ཁུ། ཚེ་ཏན་ཞབས་དྲུང་གིས་མཛད། 《夏瓊寺志‧奪意之說精
華》才旦夏絨大師著（西元1901-1985）

55、འབྲས་སྤུང་ཆོས་འབྱུང་། དགེ་འདུན་བློ་གྲོས་ཀྱི་མཛད། 《哲蚌寺寺志》僧慧大師著（西元1924-
1979）

56、རྗེ་ཙོང་ཁ་པ་ཆེན་པོའི་རྣམ་ཐར་དང་རྟེན་འབྲེལ་བསྟོད་པའི་འགྲེལ་པ་ཕྱོགས་བསྒྲིགས་བཀྲིས་པ་ལེགས་བཤད་རིན་ཆེན་བརྩིགས་པའི་
ཁང་བཟང་། སེར་བྱེས་དགེ་བཤེས་ཡ་མ་བསོད་ནམས་ཀྱིས་མཛད། 《至尊宗喀巴大師傳與緣起讚釋合
集‧善說大寶所築妙樓》色拉杰格西雅瑪福德大師著（約西元20世紀）

57、དགའ་བ་གདོང་དུ་རྗེ་བཙུན་གྱི་ལུང་བསྟན་མཛད་པ་དང་ཚེམས་རིང་བསྲེལ་གནང་པའི་སྐོར། 《於噶哇東時至尊文
殊所作授記以及授齒舍利文》作者不詳

58、བློ་བྲག་མཁན་ཆེན་ཕྱག་རྡོར་དང་མཇལ་ཚུལ། 《與洛札堪欽洽多瓦相見的情況》作者不詳

59、རྒྱལ་བ་གཉིས་པ་བློ་བཟང་གྲགས་པ། ཆོས་རྒྱལ་གྲགས་པ་རྒྱལ་མཚན། གཉིས་ཁ་སྙེ་ཊུ་བ་སོགས་མཆོད་ཡོན་རྣམས་ཀྱིས་ལྷ་
ས་སྨོན་ལམ་ཆེན་མོ་མའི་འདེགས་པའི་དཀར་ཆག་མཆོད་སྤྲིན་རྒྱ་མཚོའི་ཟིན་བྲིས། 《第二能仁、法王名稱幢、
黏卡內鄔巴等以供具啟建拉薩祈願大法會之目錄‧供雲海之筆記》作者不詳

60、གླང་ལོ་ཆོས་འཁོར་ལྷ་སར་སྨོན་ལམ་ཆེན་པོའི་དུས་ཀྱི་མཆོད་པ་ཕུལ་བ་རེས་པ། 《牛年法輪拉薩祈願大法會時

供養之次第》作者不詳

61、བཀའ་ཆེམས་ཀ་ཁོལ་མ།　ཇོ་བོ་ཨ་ཏི་ཤས་གཏེར་ནས་བཏོན་པ།　《柱間遺訓》具德阿底峽尊者發掘。
甘肅民族出版社

62、མཁས་གྲུབ་རྣམ་ཐར་མཁས་པའི་ཡིད་འཕྲོག　ས་སྟེའི་མི་ཏ་ཅན་གྱིས་སྦྱར་བ།　《克主傑大師傳・奪智者意》名
為梭第者所著

63、རྗེ་ཐམས་ཅད་མཁྱེན་པའི་རྣམ་ཐར　མཁས་གྲུབ་རིན་པོ་ཆེ་གྲུབ་པའི་དབང་པོ་མི་ཏེ་པས་མཛད་པ།　《至尊一切遍智傳
記》成就自在梅哲巴大師著

64、དཔལ་ལྡན་ས་གསུམ་མའི་འགྲེལ་བ།　འཇམ་དབྱངས་ཤེས་རབ་ཀྱིས་མཛད།　《具德三地頌之解釋》大法台
妙音慧大師著

65、རྣམ་ཐར་སྐལ་ལྡན་པད་ཚལ་རྒྱས་པའི་ཉིན་སྣང་　མངའ་རིས་ཤྲཱིཀ་བཙུན་འཇམ་དབྱངས་ཉི་མ་བསྟན་པའི་རྒྱལ་མཚན་གྱིས་མཛད་པ།
《傑仁波切傳記・增廣具緣蓮苑之千光》阿里釋迦僧人妙音日輪教幢大師著

66、ཀུན་གྱིས་ཕྱེ་མོང་དུ་མ་གྱུར་པའི་གསང་བའི་རྣམ་ཐར་བཞུགས་པས་བླ་མ་ལ་ཡིད་ཆེས་འབྱུང་བ།　《不普傳的密傳・
於上師生信》作者不詳。

67、རྗེ་བླ་མ་ཡབ་སྲས་གསུམ་གྱི་རྣམ་ཐར་དགེ་ལེགས་རྒྱ་མཚོའི་འབྱུང་གནས།　《至尊上師父子三尊傳記・善樂
大海生源》作者不詳。

68、སྣར་ཐང་ལོ་རྒྱུས།　《納塘寺歷史》作者不詳。

69、དགའ་ལྡན་ཤར་རྩེ་ཆོས་བསམ་ནོར་སྐྱེད་གྲུ་འཆང་གི་ཆོས་འབྱུང་འཇམ་དཔལ་སྙིང་པོའི་དགོངས་རྒྱན།　《甘丹東頂僧院法
源・妙吉祥藏密意莊嚴》作者不詳

70、དཔལ་ཞ་ལུའི་གནས་ཡིག　ཞ་ལུ་བ་བློ་གསལ་རྒྱ་མཚོས་མཛད།《夏魯寺志》夏魯瓦明慧海著（現代
人）

295

中文傳記類

1、《宗喀巴大師傳》法尊法師著

2、《宗喀巴大師應化因緣集》修慧法師著

3、《菩提道次第師師相承傳》雍增智幢大師著，郭和卿居士譯

4、《宗喀巴大師廣傳》法王周加巷著，郭和卿居士譯

5、《西藏的觀世音》盧亞軍譯

辭典類

1、དུང་དཀར་ཚིག་མཛོད་ཆེན་མོ།　དུང་དཀར་སྐུ་ཕྲེང་བཅུད་པ་བློ་བཟང་འཕྲིན་ལས་ཀྱིས་མཛད།　《東噶大辭典》東噶・洛桑赤列大師著（西元1927-1997）

2、བོད་རྒྱ་ཚིག་མཛོད་ཆེན་མོ།　《藏漢大辭典》　張怡蓀主編　民族出版社

3、སྒོམ་སྡེ་ཚིག་མཛོད་ཆེན་མོ།　སྒོམ་སྡེ་ལྷ་རམས་པ་ཕུན་བསྟན་བསམ་གྲུབ་ཀྱིས་མཛད།　《貢德大辭典》貢德拉朗巴聖教心成格西著（西元1972-　）

4、བོད་ཀྱི་ལོ་རྒྱུས་ཀུན་དགའི་མེ་ལོང་།　ཕུ་གེ་བསམ་གཏན་གྱིས་བརྩམས།　《藏族史・奇樂明鏡》毛爾蓋・桑木旦著　北京民族出版社 （西元1914-1973）

5、བོད་ཀྱི་ལོ་རྒྱུས་སྤྱི་དོན་པདྨ་ར་གའི་ལྡེ་མིག　ཕུབ་བསྟན་ཕུན་ཚོགས་ཀྱིས་བརྩམས།　《藏史綱要・紅寶石鑰匙》土登彭措著，北京　民族出版社（西元1955-　）

6、བོད་གངས་ཅན་གྱི་གྲུབ་མཐའ་རིས་མེད་ཀྱི་མཁས་དབང་བརྒྱ་དང་བརྒྱད་ཅུ་ལྷག་གི་གསུང་འབུམ་སོ་སོའི་དཀར་ཆག་ཕྱོགས་གཅིག་ཏུ་བསྒྲིགས་པ་ཤེས་བྱའི་གཏེར་མཛོད།　མི་རིགས་དཔེ་མཛོད་ཁང་གིས་བསྒྲིགས་པ།　《藏漢典籍目錄》四川民族出版社

7、བཀའ་གདམས་གསུང་འབུམ་ཕྱོགས་སྒྲིག་ཐེངས་དང་པོ་ནས་བཞི་པའི་དཀར་ཆ།　དཔལ་བརྩེགས་བོད་ཡིག་དཔེ་རྙིང་ཞིབ་འཇུག་ཁང་ནས་བསྒྲིགས།　《噶當文集》一至第四冊目錄　百慈藏文古籍研究室編　四川民族出版社

8、གངས་ཅན་མཁས་དབང་རིམ་བྱོན་གྱི་རྣམ་ཐར་མདོར་བསྡུས།　མི་ཉག་མགོན་པོས་བརྩམས།　《歷代藏族學者小傳》木雅貢布編著　中國藏學出版社 （西元1923-2008）

9、གངས་ཅན་མཁས་གྲུབ་རིམ་བྱོན་མིང་མཛོད།　ཀོ་ཞུལ་གྲགས་པ་འབྱུང་གནས་དང་རྒྱལ་བ་བློ་བཟང་མཁས་གྲུབ་གཉིས་ཀྱིས་བརྩམས།

《西藏歷代智者成就者辭典》勾緒名稱生源（西元1955-）與嘉華善慧智哲（西元20世紀）合著。青海民族出版社

10、གཏེར་སྟོན་སེ་ཏུའི་དབུས་གཙང་གནས་ཡིག ་གཙིག་སེ་ཏུ་ཆོས་ཀྱི་རྒྱ་མཆོས་མཛད 《噶透司徒之前後藏地方志》噶透司徒法海大師著（西元1880-1924）

11、གནས་ཆེན་སྟོང་གི་གནས་བཤད་ལམ་ཡིག་གསར་མ།   ཆོས་འཝེལ་གྱིས་བཙམས།   《雪域聖跡導遊》群培著 北京民族出版社

12、བོད་ཀྱི་དགོན་སྡེ་ཁག་གཅིག་གི་རོ་སྟོང་མཛོད་བསྟུས།   བློ་བཟང་ཆོས་འབྱོར   《雪域名勝》瓊覺著 北京民族出版社

13、གནའ་རབས་བོད་ཀྱི་འཇལ་གཤོར་འདེགས་གསུམ་ཀྱི་ཚད་གཞི་འཝེལ་རྒྱས་དང་འགྱུར་ལྡོག་བྱུང་ཚུལ་སྐོར་སྟེང་བ།   《談古代藏族度量衡標準的發展和演變》 東嘎‧洛桑赤列

14、《藏族傳統測量方法探析》 楊曉榮 索朗玉珍 著

朝聖宗喀巴大師
聖地攝影圖集

甘丹寺後山遠眺◎攝影蔡偉民

大師足跡

西元 14 世紀,被尊稱為「佛陀第二」的宗喀巴大師於青海降生。大師 16 歲入藏,終其一生皆在衛藏學弘佛法。現今西藏拉薩、日喀則到山南地區,皆可見大師足跡。

格魯黃花

藏傳佛教幾經變遷,從興盛到衰微,教派分立、各有不同學說和修持方法。宗喀巴大師一生致力於佛教的學弘,因而復興佛教,創立了嚴守戒律、精勤顯密通達修行的格魯派,600 多年來,格魯黃花遍布世界。

❶ 德哇巾寺（惹對寺），位於拉薩近郊聶塘地區，宗大師曾於此求學
◎游瑞菁攝影

❷ 德哇巾寺（惹對寺）辯經場上供奉宗大師像◎蔡偉民攝影

❸ 此為德哇巾寺（惹對寺）中宗大師閉關即完成《金鬘論》的地方，
圖中石板是大師當年著論的「書桌」◎何順天攝影

❹ 宗大師腳印◎何順天攝影

⑤ 熱振寺，宗喀巴大師曾與上師仁達瓦大師駐錫在熱振寺三個月
　◎札西德樂旅行社圖片授權
⑥ 熱振寺外佛塔極具歷史感◎札西德樂旅行社圖片授權
⑦ 直貢梯寺位於西藏山南市墨竹工卡縣，是宗大師到衛區求學的
　第一所寺院◎札西德樂旅行社圖片授權

⑤	⑥
⑦	

大師巡迴立宗、專修之寺院、地區

大師足跡

❶ 強巴林寺為康區最大的格魯派寺院，此為強巴林寺內正殿彌勒佛像
　◎ MOOK 朱月華攝影
❷ 法王義成寶在此做許多供養，此為納塘寺正殿 ◎ MOOK 廖祐瑲攝影
❸ 宗喀巴大師的上師法王義成寶曾於夏魯寺巡迴立宗，宗大師也曾隨
　上師駐錫此處◎ MOOK 圖片授權

❹ 覆蓋上靄靄白雪的曲龍寺一景，此為大師閉關專修所修蓋的寺院◎葉舜仁攝影

❺ 宗大師曾於沃卡地區閉關專修，此為沃卡曲龍寺宗大師閉關山洞◎楊建興攝影

❻ 位於沃德貢傑山脈的曲龍寺，是宗大師和弟子們閉關時創建的寺院◎廖哲誼攝影

❹	
❺	❻

大師巡迴立宗、專修之寺院、地區

	❶	
❷	❸	

❶ 具有西藏雪山之父稱號的沃德貢傑雪山，也是宗大師閉關專修的地區
　◎葉舜仁攝影
❷ 薩迦寺正殿◎ SUTTERSTOCK 圖片授權
❸ 桑耶寺為藏區第一座擁有佛、法、僧的寺院◎ ISTOCK 授權

❹ 大昭寺佛陀 12 歲等身像，宗大師一生無數次在大昭寺覺沃佛前發下為利有情的弘誓◎ MOOK 周治平攝影

❺ 大昭寺主殿，宗喀巴大師在拉薩興辦祈願法會之前，曾修護大昭寺頂層及天窗簷等◎蔡偉民攝影

❻ 小昭寺正殿◎ SHUTTERSTOCK 圖片授權

❼ 大昭寺前廣場◎陽光小屋旅遊 李承臻攝影

❹	❺
	❻
❼	

大師足跡

大師巡迴立宗、專修之寺院、地區

❶ 塔爾寺內壁畫 ◎ MOOK 周治平攝影
❷ 塔爾寺內一景 ◎ MOOK 周治平攝影
❸ 塔爾寺中著名的「如來八塔」◎蔡偉民攝影
❹ 塔爾寺中的旃檀樹，此樹相傳是大師出生時埋下臍帶所生，每片葉子上
　皆有獅子吼佛像◎陳劍龍攝影

5 塔爾寺全景◎ 123RF 授權
6 塔爾寺九間殿前辯經◎蔡繾勳攝影
7 塔爾寺著名的大金瓦殿，內供奉紀念宗大師的大銀塔
　 ◎ SHUTTERSTOCK 授權

格魯六大寺

格焦黃花

❶ 格魯派祖庭——甘丹寺，宗大師駐錫於此十年◎蔡偉民攝影
❷ 甘丹寺揚巴金經院護法殿內宗喀巴大師靈塔，靈塔前供奉大師父子
　三尊◎ MOOK 圖片授權
❸ 甘丹寺宗喀巴大師圓寂的法座◎葉舜仁攝影

④	⑤
⑥	

④ 甘丹寺中宗大師修行處◎蘇緯博攝影

⑤ 甘丹寺揚巴金經院，護法殿內有宗大師靈塔◎蔡縷勳攝影

⑥ 甘丹寺大殿內的壁畫◎ MOOK 單汝誠攝影

格魯六大寺

❶ 於群山環抱中的哲蚌寺，雄偉莊嚴◎蔡偉民攝影
❷ 一年一度哲蚌寺曬佛◎ MOOK 圖片授權
❸ 前往哲蚌寺曬佛台山下的宗喀巴大師畫像◎蘇緯博攝影

④ 甘丹寺的後山——卓日沃切山。宗大師在此取出法螺,為大弘聖教的緣起◎楊建興攝影

⑤ 遠眺哲蚌寺後山——格培烏孜山。此處蘊育了妙音笑大師等無數格魯派智者◎ ISTOCK 圖片授權

格魯黃花

格魯六大寺

❶ 色拉寺後山俯瞰，大師多次在此處的色拉確頂閉關，並在此見到克主傑◎ 123RF 圖片授權
❷ 色拉寺正殿◎ 123RF 圖片授權
❸ 色拉寺大殿莊嚴的彩繪◎陳劍龍攝影

 4 | 5

4 塔爾寺宗大師像◎釋如群攝影
5 扎什倫布寺建於於西元 1447 年，此為扎什倫布寺彌勒殿內
的至尊彌勒像◎ MOOK 周治平攝影

格魯黃花

格魯六大寺

❶
❷

❶ 扎什倫布寺，位於日喀則，此處駐錫過溫薩巴、班禪善慧法幢等不可思議的持教者◎ SHUTTERSTOCK 圖片授權

❷ 扎什倫布寺全景，寺院金頂輝煌，遠處即能望見◎ SHUTTERSTOCK圖片授權

❸ 扎什倫布寺主建築◎ 123RF 圖片授權

❹ 扎什倫布寺大殿◎ 123RF 圖片授權

❺ 拉卜楞寺彌勒殿，其中供奉八尺高的彌勒佛◎葉舜仁攝影

❻ 拉卜楞寺的外圍，長達 3.5 公里的轉經走廊◎ 123RF 圖片授權

❼ 拉卜楞寺全景。寺內殿堂眾多，其中有聞思學院等六大學院
◎ SHUTTERSTOCK 圖片授權

❸	❺
❹	❻
❼	

格魯昌盛花

格魯六大寺

創設緣起

　　真如老師為弘揚清淨傳承教法，匯聚僧團中修學五部大論法要之僧人，於 2013 年底成立「月光國際譯經院」，參照古代漢、藏兩地之譯場，因應現況，制定譯場制度，對藏傳佛典進行全面性的漢譯與校註。

　　譯經院經過數年的運行，陸續翻譯出版道次第及五部大論相關譯著。同時也收集了大量漢、藏、梵文語系實體經典以及檔案，以資譯經。2018 年，真如老師宣布籌備譯經基金會，以贊助僧伽教育、譯師培訓、接續傳承、譯場運作、典藏經像、經典推廣。

　　2019 年，於加拿大正式成立非營利組織，命名為「大慈恩譯經基金會」，一以表志隨踵大慈恩三藏玄奘大師譯經之遺業；一以上日下常老和尚之藏文法名為大慈，基金會以大慈恩為名，永銘今後一切譯經事業，皆源自老和尚大慈之恩。英文名稱為「AMRITA TRANSLATION FOUNDATION」，意為不死甘露譯經基金會，以表佛語釋論等經典，是療吾等一切眾生生死重病的甘露妙藥。本會一切僧俗，將以種種轉譯的方式令諸眾生同沾甘露，以此作為永恆的使命。

　　就是現在，您與我們因緣際會。我們相信，您將與我們把臂共行，一同走向這段美妙的譯師之旅！

AMRITA
TRANSLATION FOUNDATION

———— 創辦人 ————

真如老師

———— 創始董事 ————

釋如法　釋禪聞　釋徹浩　釋融光

———— 創始長老 ————

釋如證　釋淨遠　釋如淨

———— 創始譯師 ————

釋如密　釋性柏　釋如行　釋性華　釋如吉　釋性忠　釋性展　釋性理

———— 創始檀越 ————

盧克宙闔家　陳耀輝闔家　賴錫源闔家　簡清風　簡月雲
張燈技闔家　賴正賢闔家　吳昇旭闔家　吳曜宗闔家　青麥頓珠闔家
劉素音　李凌娟　彭奉薇　楊勝次

———— 創始志工 ————

釋衍印　釋慧祥　釋法行　釋性由　釋性回　胡克勤闔家　林常如闔家
李永晃闔家　李月珠闔家　潘呂棋昌　蔡纓勳

創始榮董名單

真如老師　楊哲優闔家　蕭丞莛　王名誼　釋如法　賴春長　江秀琴
張燈技　李麗雲　鄭鳳珠　鄭周　江合原　GWBI　蔡鴻儒　朱延均闔家
朱威國際　康義輝　釋徹浩　釋如旭　陳悌錦　盧淑惠　陳麗瑛　劉美爵
邱國清　李月珠　劉鈴珠　楊林金寶　楊雪芬　施玉鈴　吳芬霞　徐金水
福泉資產管理顧問　王麒銘　王藝臻　王嘉賓　王建誠　陳秀仁　李榮芳
陳侯君　盧嬿竹　陳麗雲　張金平　楊炳南　宋淑雅　王淑均　陳玫圭
蔡欣儒　林素鐶　鄭芬芳　陳弘昌闔家　黃致文　蘇淑慧　魏榮展　何克澧
崔德霞　黃錦霞　楊淑涼　賴秋進　陳美貞　蕭仲凱　黃芷芸　陳劉鳳
楊耀陳　沈揚　曾月慧　吳紫蔚　張育銘　蘇國棟　闞月雲　蘇秀婷
劉素音　李凌娟　陶汶　周陳柳　林崑山闔家　韓麗鳳　蔡瑞鳳　陳銀雪
張秀雲　游陳溪闔家　蘇秀文　羅云彤　余順興　Huang ,Yu Chi 闔家
林美玲　廖美子闔家　林珍珍　蕭陳麗宏　邱素敏　李翊民　李季翰
水陸法會弟子　朱善本　顏明霞闔家　劉珈合闔家　蔡少華　李賽雲闔家
張航語闔家　詹益忠闔家　姚欣耿闔家　羅劍平闔家　李東明　釋性修
釋性祈　釋法謹　吳宜軒　陳美華　林郭喬鈴　洪麗玉　吳嬌娥　陳維金
陳秋惠　翁靖賀　邱重銘　李承慧　蕭誠佑　蔣岳樺　包雅軍　陳姿佑
陳宣廷　蕭麗芳　周麗芳　詹尤利　陳淑媛　李永智　程莉闔家　蘇玉杰闔家
孫文利闔家　巴勇闔家　程紅林闔家　黃榕闔家　劉予非闔家　章昶
王成靜　丁欽闔家　洪燕君　崔品寬闔家　鄭榆莉　彭卓　德鳴闔家　周靜
劉洪君闔家　潘紘　翁梅玉闔家　蔡金鑫闔家　慧祥闔家　駱國海
王文添闔家　翁春蘭　林廷諭　黃允聰

AMRITA
TRANSLATION FOUNDATION

起信津梁——宗喀巴大師傳記合刊

造　　　論	克主傑大師、文殊海大師、妙音法王

大慈恩・月光國際譯經院

總　　　監	真　如
譯　　　註	釋性景、釋如法、釋如密等

責 任 編 輯	伍文翠
協 力 編 輯	蔡毓芳、廖育君
美 術 設 計	蘇淑玲、黃清田
美 術 協 力	蔡毓芳、王瓊玉
排　　　版	華漢電腦排版有限公司
印　　　刷	科樂印刷事業股份有限公司
特 別 感 謝	釋如群、陳劍龍、游瑞菁、廖哲誼、楊建興、蔡纓勳、蔡偉民、蘇緯博、葉舜仁、何順天、札西德樂旅行社、陽光小屋旅遊、墨刻出版股份有限公司圖片授權。

出 版 者	福智文化股份有限公司
地　　　址	10555 台北市松山區八德路三段 212 號 9 樓
電　　　話	(02) 2577-0637
客服 Email	serve@bwpublish.com
官 方 網 站	https://www.bwpublish.com/
粉 絲 專 頁	https://www.facebook.com/BWpublish/

總 經 銷	時報文化出版企業股份有限公司
地　　　址	桃園市龜山區萬壽路二段 351 號
電　　　話	(02) 2306-6600

出 版 日 期	2019 年 12 月　初版一刷
定　　　價	新台幣 700 元
I S B N	978-986-97215-9-2

國家圖書館出版品預行編目(CIP)資料

起信津梁：宗喀巴大師傳記合刊 / 克主傑大師等
造論；釋性景等譯註. -- 初版. -- 臺北市：
福智文化, 2019.12
　　面；　公分
ISBN 978-986-97215-9-2 (精裝)

1.宗喀巴　2.藏傳佛教　3.佛教傳記

226.969　　　　　　　　　　　108020085